HUMAN
RESOURCE

한국인력개발학회 HRD 총서5

전환의 시대의 일과 삶 그리고 학습

오석영 김우철 정홍인 편저

오석영 김영석 우성미 김효선 정홍인
김우철 강원석 조현정 장주희 신범석
한수정 장성희 김태성 송영선 박지원
유지은 조연주 고미라 정혜윤

DEVELOPMENT

박영story

발간사

　2016년 인력개발학회에서 최초의 학술총서를 발간한 이래 다섯 번째 학술총서인 "전환의 시대의 일과 삶 그리고 학습"이 새롭게 출판되었습니다. 인력개발학회에서 총서를 지속적으로 발간하는 이유는 HRD 학문 체계를 정립함과 동시에 우리나라 실정에 맞는 HRD 실행 방안을 모색하기 위함입니다. 이러한 연유로 인력개발학회에서는 HRD 학문에 흥미를 느낀 다양한 독자들의 니즈를 바탕으로 학술총서를 만들어 왔으며, 이를 통해 HRD 학문 체계 정립과 실천적 HRD 구현에 이바지하고 있습니다.

　이번 총서에서는 HRD학자, 학생, 실무자들이 연구하고 고민할 만한 삶의 방식으로의 학습, 학습과 일의 의미, 학습과 테크놀로지, 조직에서의 학습이라는 네 개의 주제를 다루고 있습니다. 즉, 삶에서의 학습과 일에서의 학습을 이해하고 실천할 수 있는 내용으로 구성하였습니다. 학습은 우리의 삶과 불가분의 관계입니다. 삶의 많은 부분은 학습이며 더군다나 일터에서의 학습은 개인과 조직의 성장을 돕습니다. 또한 학습은 직업을 매개로 일의 의미를 일깨우는 역할을 합니다. HRD는 그간 개인의 소명의식과 삶의 균형, 직원몰입, 조직몰입 등 여러 변인을 통해 일의 의미를 다루어왔습니다. 일이 나에게 어떤 의미인지를 깨달을 때 더 행복한 나를 만날 수 있습니다. 더불어 테크놀로지의 발달은 학습에도 많은 변화를 가져오고 있습니다. 인공지능과 자동화에 따른 미래 학습의 모습은 분명 현재와는 다른 양상으로 전개될 것입니다. 경력개발 또한 테크놀로지 기반으로 이루어지고 있으며 일터에서의 학습도 메타버스를 포함한 새로운 형태로 전개되고 있습니다. 조직에서의 학습도 ESG경영이 대두되면서 HRD와의 전략적 연계성이 중요해지고 있으며, 팬데믹 등의 영향으로 학습과 연계된 회복탄력성, 정서 의미 등이 중요한 변인으로 등장하고 있습니다. 더불어 유리천장을 극복할 수 있는 여성관리자 양성도 지속적인 화두가 되고 있습니다. 이 책의 저자들의 고민과 성찰이 담긴 글들을 독자 여러분들께서 함께 하신다면 일과 삶 그리고 학습에 대한 새로운 관점과 아이디어를 얻을 수 있을 것이라 확신합니다.

이 책의 발간에는 많은 분의 헌신과 노력이 있었습니다. 이 책이 나올 수 있도록 전폭적으로 지원해주신 지난 인력개발학회 학회장이신 조대연 전임 회장님과 김효선 사무국장님, 그리고 실질적으로 좋은 책이 될 수 있도록 처음부터 마지막까지 수고해주신 학술총서위원회 오석영 위원장님, 김우철 부위원장님, 정홍인 부위원장님께 진심으로 감사드립니다. 또한 본 총서를 위해 기꺼이 본인의 옥고를 내어주신 모든 집필진 여러분의 헌신에 더욱 감사드립니다. 또한, 본 책의 출판을 위해 노력해주신 박영사 안상준 대표님, 박영스토리의 노현 대표님, 그리고 편집과 교정을 담당해 주신 배근하 과장님을 비롯한 편집부 관계자분들께도 깊은 감사를 드립니다.

HRD를 전공하고 가르치는 학자의 한 사람으로서 HRD를 아끼고 사랑하는 사람들을 위한 하나의 학문적 결실을 보았음에 감사드리고 자부심을 느낍니다. 본 총서 이후에도 지속해서 시대의 흐름과 맥을 같이하는 좋은 책들이 계속 발간되었으면 하는 바람입니다. 지금 우리는 많은 변화에 놓여있습니다. 이러한 변화는 우리의 삶에 영향을 미치고 있으며, 일하는 모습, 삶의 모습, 학습의 모습도 바꾸어 놓고 있습니다. 이러한 전환기에 본 총서가 새로운 HRD의 미래를 만들어나가는 데 큰 힘을 보탤 수 있기를 기대해 봅니다.

2023.1

이진구(한국기술교육대학교 테크노인력개발전문대학원 교수, 한국인력개발학회 13대 회장)

머리말

　학술총서위원장직을 맡고 총서의 제작의뢰를 받았을 때 전환의 시대의 인적자원개발을 일과 삶, 학습이라는 주제어로 재조명해보는 것이 의미 있겠다 생각되어 해당 주제로 저자들을 모집하였습니다. 이러한 주제를 선택한 이유는 대학원 교재로 일부 사용하고 있는 Peter Jarvis와 Elena Antonacopoulou 등 유럽학자들이 저술한 Learning, Working and Living: Mapping the Terrain of Working Life Learning에서 아이디어를 얻었고 코로나19를 경험하고 개인화되어가는 일터학습의 모습에서 인간 존재의 근간이 되는 학습의 모습을 재조명하고 일에 대한 의미를 재구성할 수 있는 주제들을 모집하고 정리해 보고자 하는 데 의도가 있었습니다.

　1부 삶의 방식으로의 학습에서는 학습을 삶의 방식으로 개념화하고 학습을 일터에서 변화되는 삶을 경험하고 해석하는 방식으로 보았습니다. 따라서 일터 내 성인학습자들이 추구하는 학습이 무엇이고 어떻게 연구될 수 있으며 어떻게 경험되고 있는지에 초점을 두었습니다.

　오석영의 '일과 삶, 그리고 학습'에서는 일터를 개인과 세계가 연결되고 경험되는 곳으로 정의하고 일과 삶 속에서 발생되는 변화의 네 가지 속성을 살펴보았습니다. 네 가지 서로 다른 변화 속에서 추구되는 학습의 특성은 서로 다르지만 대체로 처방적으로 수행되는 학습과 구성적으로 경험되는 학습으로 설명됩니다. 또한 학습이 일과 삶의 방식으로 실천되는 모습을 사회문화적 관점에서 기술하였고 실천되고 체화되는 과정에서 삶과 학습이 연결됨을 강조하였습니다. 마지막으로 일터에서의 실천기반 학습과정의 설계를 제안하였습니다.

김영석의 '일터학습 관련 질적연구 동향 분석: 2012년－2021년 「HRD 연구」를 중심으로'에서는 일터학습 관련 연구가 질적연구방법을 통해 어떻게 연구되고 있으며, 일터학습 연구 분야에서 보다 가치있는 질적연구가 진행되기 위해 어떠한 점을 유의해야 하는지를 제안하였습니다. 저자는 질적연구 패러다임을 소개하고 연구주제 잡기, 표집방법과 함께, 기본적 질적연구, 사례연구, 현상학적 연구 등 질적연구 유형과 분석 방법 등을 설명하였습니다. 또한 최근 10년간 학술지 「HRD 연구」에 실린 질적연구방법으로 진행된 연구를 분석하여 일터학습 관련 질적연구에서 기본적 질적연구 외 다양한 연구유형을 사용할 것과, 연구방법에서 개인면담 외 관찰을 통한 연구자료 수집방법이 사용되어야 할 것을 제안했습니다. 또한, 연구엄격성확보의 중요성을 강조했습니다.

우성미의 '여성의 생애, 일과 학습의 양상'에서는 여성의 일과 삶의 특성을 설명하고 여성의 학습 참여 현황과 시사점을 제시하였습니다. 여성의 삶은 생애주기 사건들로 특징지어지며 결혼, 출산, 양육과 같은 사건들이 노동시장에서 여성의 역할로 인식되어 배재되는 경향이 있다고 지적하였습니다. 또한 노동시장 자체에서 내재된 이중노동시장체계가 여성의 노동시장으로서의 재진입을 어렵게 하고 있고 일－가정 양립이라는 일과 가정을 이분법적으로 바라보는 관점이 남성중심문화가 지배적인 우리 노동시장에 편승하여 여성의 경력단절을 야기한다고 지적하였습니다. 따라서 일과 가정이 통합적으로 경험될 수 있도록 지원하고 돕는 사회, 문화적 환경 구축을 제안하였습니다.

2부 학습과 일의 의미에서는 단순히 학습을 새로운 기술의 개발과 지식의 획득으로 보는 것에서 벗어나 의미를 구성하고 이미지를 재구성하는 과정으로 보았습니다. 그래서 삶의 방식으로의 학습을 일과 직업의 의미 구성으로 설명하였고, 일의 의미가 청년과 일터학습자들의 진로준비행동과 직원몰입에 주는 효과 등 그 영향력을 살펴보았습니다.

김효선의 '일의 의미와 인적자원개발'에서는 하버마스의 의사소통행위이론을 통해 일이 인간이 노동과 상호작용하며 만들어지는 인간됨의 자기형성 과정임을 강조하고, 직업의 의미를 설명하였습니다. 직업은 개인에게 사회적 정체감을 부여하고 사회와 의사소통할 수 있는 기회의 장을 마련해줍니다. 따라서 직업에 대한 의미부여는 일에 대한 헌신, 개인 및 사회적 정체성 형성, 조직 신뢰와 같은 공공선의 추구로 이어질 수 있고 직업교육을 통해 이러한 의사소통을 위한 최소한의 요구를 충족시켜줘야 한다고 교육의 역할을 설명합니다.

정홍인의 '지방대학생의 일의 의미와 학습'에서는 대구, 경북지역 대학생의 일의 의미가 학습민첩성과 함께 진로준비행동에 긍정적인 영향을 미치는 것을 보고하였습니다. 저자는 일의 의미를 개인이 일에 대하여 갖는 신념, 가치, 동기, 중요성과 목적의 총체로 보았고 일의 의미가 새로운 환경 속에서 새로운 역량들을 학습하고자 하는 의지와 능력을 높이고 이를 통해 적극적으로 진로에 대한 준비를 수행하게 함을 검증했습니다. 따라서 저자는 지방대학생의 일의미 형성의 중요성을 강조합니다.

김우철, 강원석, 조현정의 '직원몰입과 일의 의미'에서는 통합적 문헌연구분석을 통해 직원몰입과 일의 의미에 관한 연구가 어떻게 수행되었는지 분석하였고 두 변인 간 관계와 관련된 변인들에 대해서도 살펴보았습니다. 저자들은 분석결과를 바탕으로 직원몰입과 일의 의미의 개념적 통합모형을 작성하여 제시하였는데 일의 의미는 심리적 자본, 잡크래프팅과 같은 개인자원, 개인－직무적합도와 같은 직무자원, 직무요구와 같은 선행요인에 기인하며 자기효능감과 같은 개인특성과 상호작용하며 직원몰입을 높인다고 설명합니다. 따라서 직원몰입에 있어 일의미를 갖는 것은 중요한 동인임을 강조하였습니다.

3부 학습과 테크놀로지에서는 테크놀로지의 발전에 따른 변화된 일과 학습의 모습을 살펴보고 다양한 테크놀로지를 활용한 일터학습, 경력개발 활동을 전망해보았습니다.

장주희는 '인공지능 활용을 통해 살펴본 일과 학습의 의미'에서 전문직종인 의사, 펀드매니저, 기자가 업무를 수행하는 데 있어 인공지능으로 일과 학습이 어떻게 변화되고 있는지 살펴보았습니다. 의료계에 도입된 IBM의 Watson이나 자산운영 데이터 분석과정에 사용되는 RPA(Robotic Process Automation), 인공지능을 활용한 기사 작성은 세 전문직의 종사자의 직무 변화를 가져다주고 있었고 인공지능에 대한 재교육, 윤리교육, 가설을 추론하고 맥락을 파악하는 역량, 자기주도학습 능력 등 새로운 학습요구가 발생되고 있음을 제안했습니다. 또한 인공지능과 인간이 협업하게 될 것이며, 인공지능은 인간이 사용하는 도구가 되고 인간은 '실천 중 성찰'을 높이기 위한 행동에 좀 더 집중하게 될 것이라고 전망했습니다.

신범석은 '테크놀로지를 활용한 경력개발'에서 디지털 기반의 직무수행 방식으로의 변화와 시스템기반 스킬의 변화, 경력개발 관련 변수의 증가가 인공지능 등의 기술을 활용한 경력개발의 필요성을 높이고 있다고 설명했습니다. 저자는 경력개발에 실제 활용되었던 온라인 자동진단시스템, 경력개발시스템, 인공지능 기반 경력상담, 경력개발평가시스템을 소개하며 인공지능에게 맡길 수 있는 경력개발 영역이 단순 정보 제공에서 경력개발과정의 의사결정까지 확될 수 있음을 전망하였습니다. 또한 직무수요와 관련된 빅데이터 분석을 통해 맞춤형 경력개발 지원이 가능해지고 있으며 교육과정에 대한 매핑, 기술포트폴리오 제공 등으로 테크놀로지를 활용한 경력개발의 발전 가능성을 강조했습니다.

한수정, 장성희는 '메타버스와 일터학습'이라는 주제로 새롭게 부각되고 있는 메타버스의 개념과 유형, 활용방안을 제안했습니다. MS사의 메쉬 등의 협업플랫폼은 공간을 초월해 협업이 가능하게 해주고 있으며 게이미피케이션을 통한 직원교육, 아바타를 통한 고객과의 소통은 새로운 형태의 직무경험을 제공해주며 현실세계에서의 학습경험의 한계를 보완해줄 것으로 전망했습니다.

4부 조직에서의 학습은 학습의 주체를 개인에서 조직(또는 여성 관리자)으로 확장시킵니다. 기존의 조직의 체계성과 효율성에 기반한 조직개발 활동에 기반한 학습을 넘어 그동안 소외되었던 가치에 주목하고, 실패나 소외의 경험을 극복하는 개인과 조직의 노력을 새로운 조직개발의 과정으로 재조명하였습니다.

김태성의 'ESG 경영과 전략적 HRD'에서는 조직과 구성원의 학습과 발전을 담당하는 HRD가 새로운 가치 창출과 기업의 지속가능성에 기여할 것을 요구받고 있다고 주장합니다. 특히 기후변화와 생태계 등의 환경, 인권과 고용관계 등의 사회, 이해관계자들간의 관계 등의 지배구조 관련 요소까지를 고려한 사회적 책임에 HRD가 전략적으로 참여할 수밖에 없는 숙명적 변화를 강조하며 HRD의 새롭고 전략적인 역할과 책임을 제시합니다. 특히 다중 이해관계자 관점에 대한 이해나 이들과 함께 할 수 있는 실천을 계획하고 ESG 경영의 핵심 내용, 지표, 실천 방법에 필요한 지식이나 역량을 개발하고 제공해주는 것이 HRD의 새로운 도전과제가 될 것이라 전망합니다.

송영선도 '디지털 전환 시대, 개인과 조직의 회복탄력성 제고를 위한 학습조직'에서 디지털 전환 시대에서 기업 간, 다양한 주체 간 상호작용과 협력의 중요성을 강조합니다. 상호작용과 협력은 새로운 가치를 창출시키고 있으며 이를 위한 학습문화구축도 요구합니다. 학습문화는 학습조직구축으로 실천되는데 학습민첩성을 기반으로 한 개인 수준의 학습역량과, 집단지성을 주축으로 한 팀 수준의 학습역량, 조직회복탄력성이라는 개념의 조직수준의 학습역량을 제시합니다. 특히 집단지성은 다양성 존중과 포용에 기반하며, 조직회복탄력성은 조직 차원의 성찰과 신뢰구축, 심리적 탈진 및 불안을 관리하는 제도와 문화에 기초한다 하여 학습조직문화가 다차원적으로 조성되고 운영되어야 함을 설명합니다.

박지원, 유지은, 조연주는 '한국기업 여성관리자의 경력성공과 경력장벽 및 극복방안에 관한 연구'에서 여성관리자들의 경력개발과정에서 경험하는 주관적 경력성공의 의미와 경력장벽에 대한 극복방안을 제시합니다. 특히 여성 관리자가 겪는 경력성공의 의미는 국가와 조직 차원에서 형성된 사회문화적 맥락을 반영해 형성되므로 여성은 남성과 다르게 자기만족, 행복과 같은 주관적 가치로 정의하고 있으며 구성원의 행복, 성공, 동반성장 등 사회적 관계 속의 가치를 추구하는 것을 성공으로 인식하고 있다고 보고합니다. 또한 경력장벽에 대한 극복을 위해 개인, 가족, 네트워크, 조직 등 다층적 관심과 지원이 필요하며 개개인의 노력과 조직 및 사회의 지원이 병행되어야 함을 강조합니다.

끝으로 오석영, 고미라, 정혜윤의 '조직 내 학습상황에서의 정서의미'에서는 이성과 지식 중심의 일터학습이 실천으로 전환되지 않는 문제를 지적하며 학습과정에서 소외되었던 정서의 역할과 의미를 살펴보았습니다. 조직 내 학습상황에서 정서는 사회적 현상이며 언어를 통한 행동의 기술로 표현되며, 특정 맥락에서 당연히 그래야 하는 태도와 관습이 되어 조직 가치에 대한 평가자역할을 합니다. 또한 일터 내 정서는 구성원들의 직업 정체성 형성 과정에 기여하며 자기주도성과 주체성 형성에 이성적 논리보다 더 큰 기여를 한다고 주장합니다.

HRD 학술총서 '전환의 시대의 일과 삶 그리고 학습'에 소개된 13개의 주제는 전환기에 성찰을 돕는 뜻 깊고 의미있는 메시지를 전달합니다. 참여해 주신 19명의 저자들께 감사드리며 책이 출판될 수 있도록 도와주신 학회장님과 학술총서부위원장님, 학회임원진 및 회원여러분들께 감사드립니다. 본고가 HRD의 연구에 기여할 것을 기대합니다.

2022년 12월 학술총서위원장 오석영

차 례

PART
01 삶의 방식으로의 학습

PART
02 학습과 일의 의미

PART
03 학습과 테크놀로지

PART
04 조직에서의 학습

arning as a way of life

삶의
방식으로의 학습

이

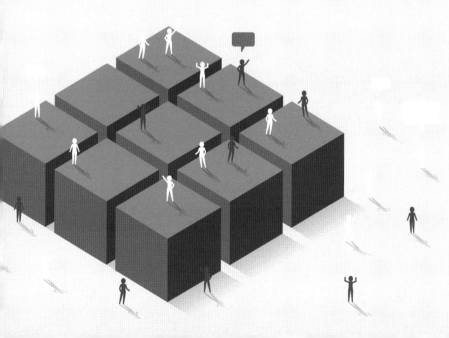

일과 삶, 그리고 학습

오석영(syoh@yonsei.ac.kr)

오석영은 미국일리노이대학(어바나-샴페인)에서 인적자원교육전공으로 박사학위 (Ph.D)를 받아 연세대학교교육학부에서 인적자원개발, 조직학습과 관련된 연구 및 강의를 하고 있다. 최근 관심연구분야는 일터 학습정서, 중소기업 조직학습 등이다.

일과 삶, 그리고 학습

오석영

일과 삶의 방식으로 학습

인간은 자신을 둘러싼 환경 속에서 의미를 찾으며 살아간다. 사람들은 타자들과의 관계 속에서 생긴 의미속에서 존재 방식을 찾으며 삶을 구성한다 (Heidegger, 1962).

일상에서 학습은 단순히 지식을 얻는 행동을 넘어 '삶의 방식'으로 간주된다. 이성과 합리성, 논리적 사고가 만들어 내는 지식을 얻는 것이 학습의 주된 방식으로 간주되어 왔지만, 배우는 방식은 일상에서 생기는 직관과 정서, 실천을 통한 성찰 등 다양한 삶의 현상을 포함한다. 학습의 다양한 방식을 고려한다는 것은 삶을 풍요롭게 해주는 동시에 삶과 학습이 하나가 될 수 있도록 돕는다. 객관적 지식을 논리적 분석을 통해 얻는 것은 지식과 삶을 구분하고 학습자가 무엇을 얼마나 알고 있는가에 집중한다면 직관과 정서, 실천이 포함된 학습은 삶을 가공하거나 개념화하지 않고 주어진 것으로 여기고 그 속에서 의미를 찾는다. 여기서 학습은 나와 세상을 연결하는 삶의 방식이다.

일터에서의 학습은 삶 속의 학습과 구분되어 생각되는 경향이 있다. 실제로 조직(고용주)의 관점에서 성과를 중시하는 다양한 학습상황은 원하치 않는 학습도 경험하게 한다. 표준화된 지식이 일의 체계와 구조를 만들고 정해진 시간 안에 최소한의 역량과 기술을 요구한다. 일터에서의 역동성은 직관보다는 이성을, 정서보다는 합리적 사고를 통해 단순화되기도 한다.

하지만 현대 사회에서 일터만큼 자신(the self)를 더 넓은 세계와 연결시키고 경험하게 하는 곳은 없다. 일과 삶을 구분지어 생각하는 사람들은 자신의 삶의 온전성을 일로부터 보호하려 하지만, 사실 일은 현대인에게 자기실현의 기회를 제공하고 삶의 의미를 찾을 수 있는 몇 안되는 기회이자 통로이다. 전문성을 통한 자기정체성 형성은 직업인으로서 사회에 능동적으로 참여하게 하고, 일터가 제공하는 다양한 현장 경험은 성장의 자산이된다. 변화하는 환경은 새로운 실천방식을 요구하고 일터에서 축적된 경험은 창조적인 방식을 새롭게 구성하여 제공한다. 따라서 의미있는 경험은 일의 방식으로서의 학습에 매우 중요하다. 아리스토텔레스 부터 기원이된 이러한 경험주의 철학은 정신세계와 물질세계를 구분하지 않고 보편적인 개념이 현실세계를 떠나 그 자체로 존재하지 않음을 강조한다. 따라서 영원불변한 진리는 존재하지 않고 변화에 노출되고 경험이 선사한 다양한 의미를 재구성하면서 잠재된 능력을 개발시키는 것을 학습으로 여긴다. 따라서 일터에서의 학습은 환경의 변화와 조직을 구성하는 다양한 주체간의 역동성을 중시한다. 변화와 역동성은 학습의 방향을 제시하기도 하는데 새로운 기술의 발전이나 경쟁자의 출현은 변화 적응적, 처방적 학습을 발생시키기도 하지만 불확실성이 극대화되는 팬데믹 시대에는 주관적 의미생성과 의미체계(mental model)를 확립하는 구성적 학습을 요구한다. 사람과 조직 모두 변화를 관리하거나 통제하는 방식으로 학습을 경험하려 하기 때문이다.

이러한 변화의 속성은 크게 네가지로 설명되곤 한다 (Van de Ven & Poole, 1995). 첫째, 누구나 시간이 지남에 따라 겪게 되는 생애 단계별 성장에 대한 변화이다. 사람은 누구나 성장하고 성숙하며 쇠퇴하는 삶의 변화를 겪는다. 청소년과 성인, 신입사원과 관리자는 각자의 처지에서 이러한 시간이 부여한 단계별 변화의 속성을 이해하고 변화를 준비한다. 둘째 진화론적 변화이다. 객체는 환경에 의해 선택되고 유지되며 새로운 선택을 받기 위해 변화한다. 타지로 일자리를 찾아 이동을 하거나 새로운 기업에 입사하면 환경에 적응하기 위해 나를 변화시키고 적응하기 위해 경쟁하는 모습으로 설명되기도 한다. 셋째, 목표를 설정하고 이를 달성하기 위한 변화이다. 현재 상황에 대한 변화 요구를 충족시키기 위해 에너지와 자원을 모으고 목표를 달성하기 위한 변화를 진행한다. 모호함을 줄이고 합리성을 극대화하여 변화를 달성시킨다. 넷째, 변증법적 변화이다. 정반합의 과정으로도 표현되지만 논지가 다른 둘 이상의 주체가 서로의 한계를 인지하고 상호 모순점을 해결하는 과정이다. 이 경우 갈등상황을 변화의 동력으로 삼는다. 다양성이 보장되고 상호 의견을 이해하고 통합하는 과정으로 변화가 진행된다.

위 네가지 변화의 특성 중 생애 단계별 변화와 진화론적 변화는 변화에 처방적(prescribed)으로 변화에 대응하는 속성을 가지고 있고 목표지향적 변화와 변증법적 변화는 구성적(constructive)으로 대응한다. 변화를 이행하는 방식으로서의 학습의 특성을 살펴볼 때 역시 다음과 같은 설명과 제한점이 추가된다 (Kuchinke, 2014). 먼저 생애 단계별 변화는 불변적인 가정이나 규칙에 따라 정해진 단계를 준비하거나 이행하는 과정에 학습적 요소를 강조한다. 따라서 성장, 성숙, 쇠퇴 등의 일반화된 순차적 절차를 예상하고 준비하는 것이 중요하다. 하지만 이행하는 과정에서 겪는 구체적 경험을 일반화할 수 없고 단계별 전환시점에서 겪는 변화를 발달위기로 인식할 수 있어 타인의 경험, 반복적인 시행착오에 대한 학습의 재료화가 중요하다. 또한 단계를 뛰어 넘는 학습 설계에 익숙하지 않아 학습 내용이 제한되어 운영되는 한계를 지닌다.

진화론적 변화 역시 외부환경에 적응하는 과정에서 다양성(variation), 선택(selection), 유지(retention)에 대한 반복적 과정을 중시하므로 환경으로부터 선택되기 위한 다양한 역량개발 및 확보에 집중한다. 기존의 역량 중 활용가능한 것을 선별하고 필요하면 새로운 역량을 개발한다. 또한 이를 전략적으로 활용하기 위해 환경을 분석하고 적절한 역량을 전략적으로 조합하여 활용하는 과정을 학습으로 여긴다. 따라서 조직이나 사회가 다양한 지식자원을 보유할 수 있도록 개인의 다양성을 존중하고 경쟁자원으로 여긴다. 하지만 개인의 다양성은 전략적으로 조직이나 사회로부터 선택되고 새로운 변화가 오기 전까지 유지된다. 따라서 생애단계별 변화와 마찬가지로 학습은 변화에 순응적이고 처방적이다.

목적지향적 변화에 대한 학습은 문제해결을 위한 구체적은 목적을 수립하고 이를 해결하는 과정에 초점을 둔다. 상황 분석에서 부터 학습 목표 설정, 실행, 평가에 까지 능동적 참여가 요구된다. 현 상황에 대한 불만족은 문제의 원인이 되고 근원적 원인을 분석하고 목표를 설정하는 것으로 시작된다. 이러한 일렬 과정은 HRD 과정 설계에서 일반적으로 진행되어 왔다. 목적지향적 학습은 합리성과 환원주의의 가정에 기초하여 모호한 정치 행동이나 권력적 개입을 최소화한다. 다만 합리적이고 순차적 과정이 갖는 경직성이 현실을 반영하지 못하는 지적이 있고 정치, 권력이 포함된 학습 지원환경을 외면한다는 비판도 있다.

반면 변증법적 변화에서는 학습이 서로 다른 논리의 한계와 모순을 찾고 이를 통합되는 과정으로 설명된다. 이때 생성되는 지식은 맥락적이고 선택적이다. 각자가 가지고 있는 지식의 한계를 인정하고, 상호작용을 통해 새로운 의미를 구성해간다. 따라서 절대적 지식을 얻기보다 반복적인 모순과 갈등 상황 속에서 논쟁과 성찰을 중시한다. 변증법적 변화를 통한 학습의 가장 중요한 내용은 개인과 조직이 서로 다른 관점을 갖고 있는 것을 인정하고 조화로운 방법을 찾는 것이다. 따라서 개인과 조직의 대립은 일을 구성하는데 있어 필수적이며 학습을 통해 이들의 관계를 조화로운 관계로 전환시키는데 초점을 둔다. 다만 관계적 역동성에 정치와 권력이 포함되며 이를 드러내는 과정에서 정치 권력을 완전히 배재할 수 없다는 한계가 지적된다. 하지만 권력을 인정하고 권력의 쓰임새를 학습지원으로 전환하는 방식을 또 하나의 학습으로 간주한다

이상에서 설명한 바와 같이 일과 삶 속에서의 학습은 변화를 어떻게 정의하고 경험하는가에 따라 다르게 설명된다. 하나의 사건이 발생했을 때 이를 경험하는 주체는 각자의 이해관계에 따라 서로 다른 변화관점의 해석을 내 놓을

수도 있다. 학습 주체와 환경의 상태 역시 고정되어 있지 않고, 동일 학습 주체라도 다중적 관점을 지닐 수 있다. 따라서 현재 상황을 공유하고 함께 느끼는 지금-여기(here and now) 관점이 중시된다. 지금 여기 관점은 상황적이고 경험적이므로 그 안에서 발생된 실천적 요소를 중요시한다. 실천적 요소는 서로 다른 이해관계자들이 조화롭게 참여하게 하려는 반복적 노력인데, 노력은 각기 처한 입장이 다르더라도 과업을 함께 정의하고 공동의 목적을 위해 협력하는 의지이다. 또한 이 과정에서 발생된 학습을 내 안에 머물게 하지 않고 과업을 통해 공유하며, 상호 영향을 미치며 소통하는 과정이다. 이때 과업에 대한 갈등은 변화의 에너지가 되고 대립적 관계가 주는 긴장감은 책임이 전제된 영향력으로 발휘된다 (고미라, 오석영, 2022).

이러한 관점에서 조직학습이라는 개념을 다시 소환하지 않을 수 없다. 조직학습은 조직 및 경영연구에 근간을 두고 있고 조직 내 문제를 통찰력있게 살피고 이를 협력적으로 재구성하면서 그 효과가 조직 구조 및 조직 성과에 반영되는 과정을 설명한다 (오석영, 이진희, 2020). 이는 학습을 조직 전체를 개발하고 관리하는 수단으로 간주하고 있다하여 개인 주도적 학습과 성인교육에 뿌리를 두고 있는 일터학습과 대립적인 개념으로 비판받기도 한다. 하지만 '조직 내 학습이 없다면 조직과 개인은 그들이 익숙한 것들만 단순 반복할 것'(Garvin, 1993, p. 2)이라는 Garvin의 말처럼 학습활동은 개인과 조직의 관점을 통합시키는 실천적 활동으로 설명된다. 또한 일터라는 맥락에서 발생하는 사회-심리-정치적 현상을 학습활동에 반영하여 제도나 권력이 어떻게 조직 내 학습을 촉진 또는 방해하는지를 설명한다 (오석영, 정혜윤, 2022). Gherardi (2001)는 조직학습이 조직의 성과를 달성하기 위한 학습이라는 제한적 학습의 특성을 지니고 있지만 조직 성과는 변화대응 능력에 의존하고 변화는 학습활동과 연관되어 있으므로 조직 내 발생되는 다양한 현상을 학습이라는 '해석장치'를 통해 표현하고, 어디서 지식이 생성되고, 어떻게 학습 결과가 순환되며, 제도화되는지, 또한 어떤 해방적 기여를 하는지(변화를 선도하는지), 실천기반 학습으로 설명할 필요가 있다고 강조한다.

실천기반의 학습

학습이 일과 삶의 방식으로 실천된다는 것은 학습자와 학습의 대상이 주체와 객체로 구분하되지 않고 하나로 통합된다는 것이다. 학습 내용이 학습자와 구분되는 객체로 인식될 때 삶 속에 내재되지 못하고 겉돌게 된다. 우리가 일터학습이라고 칭하는 것은 언제부터 어디까지가 학습이라고 정의될 수 없고 반복되는 내면적 성찰과 실천을 통해 의미화된다. 이는 학습자로서 존재하는 방식이다. 따라서 실천(practice)은 앎의 주체(knower)와 앎의 대상(known)이 구분되지 않고 생활하는 방식 속에서 둘을 조정, 통합한다. 우리가 HRD 전문가가 된다는 것은 알고 있는 지식을 몸소 실천했을 때 내 지식을 확인하거나 재구성하며 가능해진다. 따라서 실천은 상황을 구성하기도 상황에 의해 만들어지는 구체적인 행동이다. Cook과 Brown(1999)는 행동(Behavior), 활동(Action), 실천을 구분하여 설명하였는데 행동은 의미 없이 행하는 것이며, 활동은 목적이나 의도를 가진 행동이며, 실천은 특정 맥락에서 사회적 의미를 담은 행동으로 보았다. 예를 들어 환자가 단순히 무릎을 흔드는 '행동'과, 반사작용을 확인하려고 의료망치로 두드리는 '활동'과 달리, 의사가 진료(의미있는 행위)를 목적으로 무릎을 두드리는 진단행동은 '실천'으로 본다. 따라서 실천된다는 것은 맥락적 앎의 경험과정이다.

또한 사회문화적으로 실천은 한 집단이 축적된 공적 행동을 구성, 재구성하는 것 (예: 규범화, 제도화)으로도 설명된다 (Gherardi, 2001). 집단 속에서 의도하던 의도하지 않던 누가, 어떻게 지식을 생산하고 순환시키며, 제도화하는지를 설명해주는 해석장치 역할을 한다. 따라서 실천 기반 학습은 개인의 경험을 기반으로 학습하지만 타인의 경험을 공유하고 해석하는 과정에서 타인과의 협상과 조율, 침묵 또는 복종 등이 관여하는 사회적 과정이다. 그 사회가 건강한지는 구성원들의 개별적, 집단적 실천기반 학습행동을 통해 해석되고 점검된다.

오석영, 이진희(2020)는 중소기업 학습조직화 사업에 참여한 기업의 실행공동체 사례를 통해 조직학습 과정이 어떻게 해석되고 점검되는지 사회-심리-정치적 현상으로 설명하였다. 이에 따르면 중소기업은 최고경영자들의 영향력이 크기 때문에 이들의 태도와 의지가 구성원들의 학습에 큰 영향을 주는 특징을 지적한다. 다만 신기술의 개발, 신규인력 고용이라는 내외부 변화 상황은 구성원들이 '온전히' 학습하는 상황을 조성해 주고 상황을 헤쳐 나가는 조직학습이 발생한다. 예를 들어 일부 기업 구성원들은 중간관리자를 설득하여 자신이 관심 있고 하고 싶은 학습주제로 실행공동체를 운영하는 정치적 행위로 조직학습을 구성한다. 또 다른 기업에서는 지식을 공유해주지 않으려는 기성인력과 전수 받으려는 신진 인력들 간의 갈등이 기업 재정위기 상황에서 우연치 않게 소통의 에너지가가 되어 문제를 해결하기도 한다. 그밖의 사례 기업 대부분은 최고관리자가 제시한 학습주제로 하향식이고 지시적인 방식으로 실행공동체를 운영하였으나 상향식으로 제안된 학습주제에 대해서는 학습조직이라는 공식화된 권력회로(power circuit)를 통해 조율되거나, 사안별로 최고경영자 또는 외부 전문가의 조력을 통해 제도화, 권력화 되어 구성원들의 학습을 참여를 유도하는 경우도 있다. 이처럼 조직 내 학습은 개인의 사고의 차원을 넘어 사회적 현상을 통해 정서적으로 공감을 얻거나, 정치적으로 조율되거나, 권력적으로 통제되는 과정도 포함된다 (Vince, 2001). 따라서 실천기반 학습은 개인의 내적 인지적 변화가 아니라 개인과 상황의 관계적 흐름 속에서 발생한다.

실천기반 학습은 다음 세가지 이론적 접근에 기반한다.

첫째, 상황학습이론으로 설명된다. 모든 학습은 단독으로 발생하는 것이 아니라 현실 또는 현실과 유사한 맥락에서 발생한다는 것을 전제로 하고 '실천공동체' 로 설명된다 (Lave & Wenger, 1991). 공동체는 공통의 실천과제에 대한 호혜적이고 상호적 참여가 발생하는 맥락에서 개인의 역량과 공동체가 지향하는 역량 간의 차이를 줄이면서 성장한다. 이때 역량은 일반적으로 사회적, 역사적으로 축적된 공동체적 지식이지만 참여하는 개인의 경험은 역량을 변형, 발전시키는 역할도 하며 공동체에 기여한다. 따라서 실천기반 학습은 개인경험과 공동체 역량 사이의 반복적 협상(negotication)과정으로 설명되며 때문에 공동체에 대한 참여와 소속감은 배가된다.

둘째, 문화역사적 관점으로 설명된다 (Gherardi, 2009). 문화는 특정 집단 맥락에서 형성된 실천에서 집합적으로 생성된 의미와 가치를 유지, 전달하는 실천관행으로 묘사된다. 실천은 일회성 경험이 아닌 반복적으로 구성되는 관행으로 문화적 결과물, 즉 숙련(mastery)을 낳는다. 숙련은 생산적 탐구 행동, 언어, 정서, 제도 같은 사회적 매개물과 상호작용하며 집단적 맥락을 대표하는 데 암묵지를 생성한다. 독서토론회를 통해 기업현안을 공유하고 사안에 대해 비판적 관점으로 성찰하는 것은 학습문화를 제도나 토론 행동으로 매개하는 문화적 실천이라 할 수 있다 (오석영, 이진희, 2020). 문화적 관점에서 실천은 암묵지의 생성과정으로도 본다. 실천경험을 통한 암묵지 형성은 대상의 고유한 질성을 포착하는 과정으로 설명되는데 (박철홍, 2011), 실천기반 학습이 인지적 차원을 넘어 심미적이고 정서적인 앎 형성 과정에 기반하고 있기 때문이다. 문화가 창발되고 유지되는 것은 개인이 일상에서 향유되는 심미적관점을 활성화시키고 직관적이며 상징적 언어를 공유하므로 상황을 논리나 합리적 완성도에 의존하여 평가하기 보다는 상황에 대한 정서적 조화에 공감에 기반한 판단과 결정을 존중한다. 따라서 학습에서 정서의 역할이 강조된다 (오석영, 정혜윤, 2022).

셋째, 행위자연결망 이론(actor-network theory)으로 설명된다. 행위자연결망 이론은 앎의 주체와 앎의 대상과의 상호적 관계를 살피고 학습자가 이들 관계속에서 어떻게 학습을 경험하는지 설명한다. 행위자연결망 이론에서는 사회는 인간뿐 아니라 제도, 기술, 자원과 같은 비인간적 행위자도 포함하며 이들간의 패턴화된 연결망들로 구성된다 (Law, 1992). 행위자(actor)간의 패턴화된 연결망은 일종의 의미체계로 행위자의 개별성과 고유성을 존중한 채 관계속에서 각자의 존재방식을 발휘하게 한다. 이를 행위능력(agency)이라 하는데 행위자는 행위능력을 통해 다른 행위자의 행동과 생각에 영향을 미쳐 변화를 일으킨다. 행위능력은 단일 행위자로부터 홀로 일어나기도 하지만 행위자간

구성된 관계망 자체가 또 다른 행위자가 되어 집단으로 부터 발생하기도 한다. 예를 들어 조직 내 개인, 집단, 조직의 서로 다른 차원은 모두 행위자가 될 수 있으며 단위 간, 상하 차원 간의 관계 역시도 행위자가 될 수 있다. Gherardi (2009)는 집단 내 학습, 집단 간 관계에 의한 학습, 개인-조직 간 관계를 통한 학습을 설명한다. 집단 내 학습자는 자신의 업무를 수행하면서 함께 일하는 동료들과 함께 업무 수행에 관한 지식을 나누며 학습하지만 다른 부서와의 관계에 영향을 받거나 충돌하기도 한다. 또한 최고경영자의 지시를 통해 업무 내용을 변경, 수정, 조율하며 집단 내, 집단 간 학습을 수행 한다. 행위자연결망 이론은 이를 번역(translation)이라는 질서를 만드는 과정으로 설명하고, 목표를 달성하기 위한 관계를 변화시키는 번역행동이 발생한다고 본다. 번역은 다른 행위자를 연결망에 영입하기도 하고, 행위자가 할 수 없는 일을 다른 행위자의 영향력을 빌려서 수행하기도 한다. 따라서 설득하기, 협상하기 등의 구성원간, 구성원과 집단간, 또는 제도를 대상으로 정치적, 권력적 행동도 포함된다. 한편 인간과 비인간적 요소 간의 관계도 서로를 수시로 의미화하며 관계적 존재를 형성한다. 또한 이를 통해 행위능력의 수행성(performativity)을 실천한다. 학습 내용이 제도를 통해 수행성을 갖는 것은 이 때문이다.

　위 세가지 관점에서 실천은 개인적 차원을 넘어 사회적, 문화적으로 형성된 실제적 행위로 설명된다. 따라서 실천기반 학습은 이성적이고 분석적인 학습을 넘어 지식을 내면화하고 체화시키는기 위해 제도 등의 맥락적 영향력을 지각하거나 이에 이끌려 행동하며 수정하는 과정도 포함한다. 지식이 삶 속에 연결되어 있다는 것이다.

맥락적 자아와 학습정서

일과 삶의 균형에 대한 관심이 높아지고 있다. 균형을 강조하는 입장은 삶의 질을 높이기 위해 일이 삶으로부터 구분되어야 한다는 데서 시작한다. 특히 일의 삶에 대한 침탈에 경고한다. 이는 일의 경제적 논리가 인간을 도구화하고 온전하고 주체적 삶을 빼앗으려는 현실 상황에 대한 비판으로부터 나온 것이라 할 수 있다. 여기서 정말 일이 삶과 구분될 수 있는지, 적절한 균형은 무엇인지 생각해 볼 필요가 있다. 또한 삶은 어떻게 구성되고 일은 어떻게 의미화되는지 생각해 볼 필요가 있다.

Billett (2006)은 일과 삶의 방식으로의 학습에서 자아(the self)의 개념을 설명하였다. 자아는 맥락 속에서 학습을 주도하고 형성하는 주체(존재)이며 일과 삶의 속에서의 존재 방식을 결정한다.

초기 인본주의자들은 인간은 각자의 경험을 통해 절대적인 자유를 얻는다고 보았다. 이때 자아는 자신이 원하는 목표, 즉 '나 자신이 되는 것(being one's self)'이며 이를 위해 학습은 자유를 행사하는 방식으로 실천된다고 보았다. 자아는 이성으로 무장되고 무한한 잠재력이 있는 개인이며 사회 구조로부터 자유롭고 독립적이다. 따라서 학습은 맥락적 상황에 얽매이지 않고 자유를 표현하고 주체적 행동을 실천하는 것이다.

이와 대조적으로 사회적, 물질적, 문화적 맥락을 중시했던 구조주의적 관점에서는 인간의 자아가 이러한 구조에 예속된 것으로 보았다. 개인은 사회와 인간과 비인간적 인공물과의 관계속에서 부여된 역할과 기능에 충실하는 역할수행자로 보았다. 따라서 학습은 사회적 구조에 예속되는 과정과 주어진 사회 세계로의 참여를 통해 발생된다. 따라서 자아는 사회, 문화적으로 형성되고 부여된 환경을 극복지 못하고 사회세계 속에 예속되어진다. 그러나 후기근대학자들은 앞의 두 관점을 결합시켜 자아를 성찰적이고 진취적인 존재로 보았다. 근대화가 요구하는 생산성과 효율성의 한계를 극복하고자 인간은 자기성찰적이며 진취적인 태도를 통해 사회시스템을 변화시키며 사회를 발전시키기 때문이다. 그러면서도 인간은 사회의 틀에서 완전히 벗어나지 못하며 사회가 부여한 역할의 대리인으로 그 정체성을 형성하고 유지한다. 학습은 자기주도적인 노력과 일터에서 제시하는 필요역량에 종속되면서도 개인의 목표와 조직의 목표 사이에 차이를 조절하며 적합성을 추구하는 데 초점을 둔다.

마지막으로 탈구조주의적 관점에서 자아는 구조로부터 독립적이고 주체적이기 때문에 사회가 주는 기회에 선택적으로 참여하고 협상한다고 본다. 개인은 사회가 주는 경험을 성찰하고 체화하지만 반드시 종속되지는 않는다. 변화하는 사회가 주는 탈구조적 특성은 개인을 더 이상 구조 안에 안주하는 존재로 보지 않고 개인 스스로가 정체성을 보호, 유지, 개발하려는 존재로 보는 것이다. 따라서 학습은 강압적인 사회적 제안에 대해 회피하거나, 저항하거나, 때로는 능가하는 모습으로 내면에 떠오르는 자아의 주관성 형성을 돕는다 (Billett, 2006, 14 – 15). 여기서 주관성(subjectivity)은 의식과 무의식에서 생성되는 정서와 사회적 관계를 이해하는 방식에 대한 것으로 일터학습상황에서의 '학습정서'로 설명되기도 한다 (오석영, 정혜윤, 2022). 주관성은 개인이 특정 경험에 대해 갖는 믿음이나 가치, 태도 등을 의미한다. 개인이 사회의 제안에 선택적으로 참여하고 협상하면서 자신의 자아를 형성해 나갈 때 정서적 공감, 윤리적 가치와 같은 정서영역은 이성적 판단보다 학습경험을 해석하고 평가하는 더 밀접하게 연결 되어있다.

주관성은 변화에 대한 불확실성과 개방성을 동시에 내포하므로 개인이 사유하는 지식이 밖으로 나오는 순간 기대하거나 이해된 것과 무관하게 지식이 존재하는 것에 대해 다른 학습정서를 보인다. 특히 일터 내 권력관계 속에서 학습이 만들어지거나, 정치적 상황에 종속되는 학습이 경험되는 경우 학습정서는 상실된다. 학습정서는 상황의 정동성(affectiveness)을 지니는데 맥락에 따라 자유의지를 표현하고 행사하는 방식으로 학습동기를 만들기도 하고 사회적 구조에 예속되는 과정에 학습을 집중시키기도 한다. 또한 상황에 대한 성찰과 진취적 태도를 통해 환경과 상호작용하며 서로를 변화시키는 (상호 적합성을 추구하는) 방식으로 작동하기도 하고 강압적 사회에 대해 회피, 저항하며 학습에 참여할 상황을 선택적으로 판단하기도 한다 (오석영, 2018). 특히 사회적 소통의 기회가 상실되거나 권력에 의해 의미가 왜곡될 때 조직 내 침묵으로 이어질 가능성이 커진다 (오석영 외, 2020). 따라서 학습상황에서의 정서는 이성의 영역보다 자기주도성을 상실시키는데 중요한 평가자로 작동한다.

학습 상황에서 발생되는 정서는 크게 네가지로 설명된다. 성취활동에서 발생하는 기대와 희망, 자부심과 같은 성취정서(achievement emotions), 학습되는 내용에 관한 호기심과 같은 주제정서(topic emotions), 함께 일하는 타인에 대한 동지애, 부러움, 존경과 같은 관계정서(social emotions), 기존의 지식과 새로운 지식간의 부조화에서오는 혼란, 도전심과 같은 인식적 정서 (epistemic emotions)이다. 이러한 정서들이 활성화되는 맥락적 특성은 주로 과업 또는 조직변화에서 야기되는 과업주제에 대한 집단적 기대(또는 우려)와 사회적으로 부여되는 학습참여에 대한 권한, 소속된 집단의 노력과 권한 지원 (또는 쟁탈)과 같은 권력적 역학에 의해 학습으로 연결된다 (오석영, 정혜윤, 2021, 122-124). 예를 들어 실패 상황에서 발생되는 걱정과 우려는 이를 극복하려는 심리적 동력으로 전환될 수 있지만 회피적 행동으로도 연결된다. 이는 개인이 느끼는 상황에 대한 통제력, 즉 성공에 대한 자신감과 기대되는 결과에 대한 가치의 실현 가능성 정도가 전환정도를 결정할 수 있기 때문으로 상황적 맥락이 중요하다.

실천기반 학습설계

기업이 실천기반 학습을 설계하고 구성원들에게 경험시키려 노력하는 것은 그들의 일을 개별 삶속으로 영입하고 둘의 경계를 통합하게 하는데 기여한다. 일과 삶이 하나가 되는 학습의 방식은 실천과정에서 동원되는 협력적 성찰과 참여로 구성되며 다음과 같은 실천의 특징을 포함한다.

첫째, 실천은 통합적이고 맥락적인 특성이 있다. 이는 산발적으로 발생되는 행동들이 어떻게 의미를 얻고 하나의 완성된 행위로 인식되는지가 중요하기 때문이다. 특정 상황 속에서 일렬의 행동들은 그것이 각각 개별 의미를 갖기 보다는 어떻게 통합된 행동으로 형성되는가가 더 중요하다 (Gherardi, 2009). 내부 변화 상황 속에서 일부 구성원들이 중간관리자를 설득하여 본인이 잘 할 수 있는 학습주제로 상황을 전환하려는 정치적 설득은 단순한 정치적 행동을 넘어 자아를 상황에 일치시켜 업무를 수행하려는 조직 내 학습행동으로 이해될 수 있는 것도 이런 이유다 (오석영, 이진희, 2020). 또한 관계적 갈등보다 과업 갈등의 개인의 창의적, 혁신적 행동에 긍정적 영향을 준다는 선행연구 결과들은(고미라, 오석영, 2022) 같은 갈등 상황이라도 어떻게 맥락속에서 타자와 구성되는지에 따라 서로 다르게 작동할 수 있음을 보인다. 물론 특정된 정치, 갈등적 상황은 일부 맥락에 국한된 사례이고, 다른 상황에선 다른 의미로 재구성될 수 있다.

둘째, 실천은 시간의 궤적 속에서 사회적으로 형성된다. 개인의 반복적인 경험과 다양한 해석은 시간이 지남에 따라 사회적으로 공유된다. 구성원들은 자신의 경험이 납득되는 행동양식으로 인정받기 위해 설득과 협상과 같은 사회적 상호작용을 거치며 사회적 규범으로 구성, 재구성해간다. 이 과정에서 실천은 본질적 의미를 찾아가는 방식으로 형성되기도 하며 동시에 맥락에 따라 본질적 의미를 변화시키기도 한다. 이 과정 속에서 실천이 납득되는 행동양식으로 인정받기 위해 논리적 오류를 바로잡거나 윤리적 가치를 부여하는 방식으로 실천되는 성찰적 침묵이 작동하기도 한다 (오석영 외, 2020). 성찰적 침묵은 조직 내 관행에 대한 내적 대화로 성찰을 제도화하게 하는 기폭제 역할을 한다. 이를 통해 제도화된 실천은 윤리적, 가치지향적 잣대로 기능하며 구성원들의 개별 경험을 재구성한다. Kuchinke(2014)가 HRD의 목적에 교육적 윤리성을 강조한 것은 변화의 흐름 속에 형성되는 HRD의 실천이 트렌드만을 쫓지 않고 집단과 조직에 중요한 가치를 발견하게 하고 다듬는 성찰적 역할을 중시했기 때문이다. 학습조직화 사업에 참여한 중소기업들이 초기에는 직무매뉴얼 제작을 학습조직화 활동으로 인식하며 해당 학습조직화사업을 운영해 나갔지만 해당 사업의 본질을 이해하고 해석하는 되풀이 되는 성찰 과정을 통해 각 기업의 필요에 맞게 다양한 운영 방식을 터득하게 된 것은 이런 성찰시간의 궤적으로 설명된다 (오석영, 이진희, 2020).

따라서 실천기반 학습설계는 다음과 같은 과제를 갖는다.

첫째, 학습 내용이 상황에 기반하여 설계되어야 한다. 상황이란 지식이 적용되는 과정에서의 학습자, 과제, 환경이 고려된 맥락을 말한다. 따라서 상황을 구성하는 어느 하나를 분리하여 반영하기 보다 이들간의 관계가 고려된 교수설계가 필요하다. 주로 상황 기반 학습은 프로젝트기반학습, 액션러닝, 학습공동체 등과 같은 실제 문제를 학습대상으로 설계하기 때문에 업무의 영역과 학습의 영역이 혼재된 일상성 내에서 설계되고 실행된다. 따라서 업무 진행과정의 속에서 현재 발생한 상황에 영향을 줄 수 있는 요소(예: 경영자의 의지)가 반영된 교육적 개입이 제공되어야 한다. 역량, 기술, 지식에 대한 부족으로부터 오는 학습요구가 발생한 경우, 이해관계자들 간의 의도, 이해충돌, 협업이 필요한 경우, 또한 단기 학습효과와 장기 학습효과를 구분하여 학습을 전략적으로 설계해야 한다. 예를 들어 지식 등에 대한 부족으로 오는 학습 요구가 발생했을 경우에도 이를 극복하려는 학습자의 의지가 있는지, 없다면 그러한 태도를 갖게 된 이유를 추가 분석해 교육에 반영한다. 또한 특히 상충되는 관점을 가진 집단들이 협력하여 일해야

하는 경우, 상호 관찰과 침묵, 집단의 관점에 대한 질문과 설명, 맥락에 맞
는 상황적 지식의 발굴 및 의미생성 등의 탐구와 설득의 시간도 학습설계에
반영 되야 한다.

둘째, 실천을 기반으로 설계되어야 한다. 실천을 기반으로 설계한다는 것
은 크게 시간성을 확보한다는 것과 비선형성을 갖는다는 것이다 (조현영,
손민호, 2017). 시간성은 학습자가 상황을 통해 학습한다는 것이 반복적인
경험과 연습을 통한 성찰이 누적될 수 있는 학습설계가 이루어져야 한다는
것이다. 이는 과거와 현재의 되풀이되는 경험일 수도 있고 동시에 발생 되
는 다양한 행위자들의 경험일 수도 있다. 유사한 현상에 대한 반복되는 해
석의 차이에 대한 성찰은 실천에 대한 집단적 합의를 도출하게 한다. 비선
형성이라는 것은 지식의 구조와 위계에 기반하여 학습을 설계하는 전통적
학습과 달리 행위자가 열린 상황에서 지식위계에 얽매이지 않고 능동적으로
학습에 참여하게 한다는 것이다. 예를 들면 신속프로토타입(Rapid—
Prototyping)에 근거한 학습설계나, 애자일 조직의 스크럼(scrum)프로젝트
처럼 일종의 학습을 위한 프로토타입을 설정하고 (예: 분석— 문제정의 —
개발), 이에 대한 결과물이 실천되는데 어떤 보완이 필요한지 반복적으로
확인하는 방식의 교수설계가 필요하다. 이와 같이 열린 상황을 조성해 주고
자기주도적으로 학습이 가능한 다양한 보조 장치들을 통해 학습 유도성
(affordance)을 열어두는 것은 매우 중요하다.

마지막으로 학습은 서로 다른 관점을 가진 집단의 참여로 이루어져야 한
다. 실천기반 학습은 맥락에 대한 개별화된 의미를 중요하게 여기지만 집단
적 상호작용을 통해 만들어지는 사회적 의미를 강조한다. 또한 학습의 목표
와 방향은 맥락적 의미의 합의를 도출하고 함께 적용할 지식을 창출하는 데
있다. 특정 상황에 대한 참여자들의 인식 속에서 공동체로서의 집단에 통용
될 수 있는 의미를 찾아내는 것은 학습의 시작이며 이는 집단적 상호작용
에 의해서만 가능하다. 따라서 서로 다른 역할과, 이해 관계를 가진 참여자
로 구성된 집단으로 교육과정은 설계되어야 하며 통합적인 상황이해, 개념

에 대한 협의된 정의와 해법제안 등이 중요한 학습 내용이 되어야 한다. 관리자와 전문가, 이론가와 실무자, 초보자와 숙련가 등은 동일한 현상을 다른 시각으로 보는 경향이 있어 이러한 차이를 맥락적 지식으로 전환시키고 이를 실천을 통해 구체화시키는 과정은 집단적으로 발생되고 확보되어야 학습자에게 내면화된다. Gherardi (2009)는 건설현장에서의 실천기반 학습 설계에서 상황의존적인 암묵지를 학습하기 위해서는 공동의 사건을 도출하고, 상황 의존적인 견해의 차이를 해석하며, 구성원 간의 사회적 관계의 질을 개선하는 것이 일터교육에서 중요하다고 하였다.

이밖에 테크롤로지를 활용한 다양한 마이크로학습 컨텐츠의 운영, 코치, 관리자 등과의 실시간 원격 코칭 시스템의 제공, 가상현실, 증강현실 속의 시뮬레이션 학습 등은 학습자가 자기주도적으로 실천에 참여할 수 있는 가능성을 높여준다.

나가며

실천기반의 학습은 조직과 개인을 이분화하여 설명하지 않는다. 실천이 이루어지는 맥락 속에서 개인과 조직은 각자의 목적 및 방향, 기대 등에 근거하여 상황을 선택하거나 자신을 통제하며 서로를 경험한다. 따라서 일과 삶의 방식으로의 학습이 가능하고 서로의 존재 방식을 가르친다.

중요한 것은 조직과 개인 모두가 변해가고 있다는 것이다. 조직은 더 이상 개인을 평생 책임지지 않으려 하고 개인은 평생 하나의 조직에 머물려 하지 않는다. 조직은 권위적이고 관료적 체계가 가진 한계나 무게를 느끼며 새로운 운영 방식을 찾으려 하고, 개인은 수동적으로 사는 것을 점점더 불편해하고 스스로를 책임지기 위한 자기 경쟁력 개발에 힘쓴다.

이러한 조직과 개인의 변화는 성장을 경험하게 하는 기업에 좋은 인재가

몰리게 하는 현상을 나을 것이다. 기업 성과를 높이기 위한 방식으로 성장
의 기회를 제공하는 것이 적절한 선택일지는 지속적으로 검증받게 되겠지만
중요한 것은 규칙과 표준만을 중시하는 기업은 수동적이고 최소한의 요구만
만족시키려는 태도를 가진 인재가 잠시 머물기 좋은 곳이 될 것이다. 상황
이 주는 다양한 일터 맥락이 실천기반 학습기회로 작동하기 위해 기업은 보
다 생명력으로 가득찬 일터환경을 만들어 나가야 할 것이며 개인은 제공되
는 기회 속에서 상호 의미있는 결과를 만들어 나가야 할 것이다.

참고문헌

고미라, 오석영. (2022). 갈등 유형이 조직 내 무형식학습과 학습전이에 미치는 영향에 관한 통합적 문헌 고찰. 역량개발학습연구, 17(1), 55-88.

박철홍 (2011) . 듀이의 경험개념에 비추어본 사고의 성격: 이성적 사고와 질성적 사고의통합적 작용. 교육철학연구, 33(1), 79-104.

오석영 (2018). 조직 내 학습형성과정 탐색: 조직의 재구조화 인식틀 중심으로. 농업교육과 인적자원개발, 50(4), 133-157.

오석영, 이진희 (2020). 중소기업 조직학습 과정 탐색: 실행공동체 운영사례를 중심으로. 미래교육학연구, 33(3), 103-127.

오석영, 정혜윤 (2021). 조직학습 실증연구에서 나타난 조직 내 학습정서. 역량개발학습연구, 16(3), 101-134.

오석영, 조혜나, 정혜윤 (2020). 조직학습 관점에서 본 조직 침묵. 기업교육과 인재연구, 22(3), 319-349.

조현영, 손민호 (2017). 컨텍스트 경험과 학습의 디자인, 박영스토리

Billett, S. (2006). Work. subjectivity and learning. In S. Billett, T. Fenwick, & M. Somerville(Eds.), Work, subjectivity and learning: Understanding learning tl11vugh working life (pp. 1-20). Dordrecht: Springer.

Cook, S. D., & Brown, J. S. (1999). Bridging epistemologies: The generative dance between organizational knowledge and organizational knowing. Organization science, 10(4), 381-400.

Garvin, D. A. (1993, July-August). Building a learning organization. Harvard Business Review, 78-91

Gherardi, S. (2001). From organizational learning to practice-based knowing. Human relations, 54(1), 131-139.

Gherardi, S. (2009). Organizational knowledge: The texture of workplace learning. John Wiley & Sons.

Heidegger, M. (1962). *Being and Time*. Oxford: Blackwell Publishing

Kuchinke, K. P. (2014). *Perspectives on the concept of development for HRD*. Handbook of human resource development, 112-124.

Lave, J., & Wenger, E. (1991). *Situated learning: Legitimate peripheral participation*. Cambridge university press.

Law, J. (1992). Notes on the theory of the actor-network: Ordering, strategy, and heterogeneity. *Systems practice, 5*(4), 379-393.

Van de Ven, A. H., & Poole, M. S. (1995). Explaining development and change in organizations. *Academy of management review, 20*(3), 510-540.

Vince, R. (2001). Power and emotion in organizational learning. *Human Relations, 54*(10), 1325-1351.

일터학습 관련 질적연구 동향 분석:　2012년-2021년 「HRD 연구」를 중심으로

김영석(youngsek@knue.ac.kr)

김영석은 미국 조지아대학교 Lifelong Education, Administration, & Policy 학과에서 Adult Education 전공으로 박사학위를 취득하였다. 조지아대학교 노년학연구소 박사후연구원, 동의대학교 평생교육 · 청소년상담학과 조교수를 역임하고, 현재 한국교원대학교 교육학과 교수로 재직 중이다.

일터학습 관련 질적연구 동향 분석:
2012년-2021년 「HRD 연구」를 중심으로

김영석

연구의 필요성

연구란 무엇인가? 학자들이 제시한 연구에 대한 정의는 매우 다양하지만 몇 가지를 살펴보면 다음과 같다. 성태제, 시기자(2016, p. 25)는 연구란 "증거가 없는 상식을 체계적, 구체적, 논리적 방법으로 증거를 확보하여 이론을 정립하여 주는 작업"이라고 정의하였으며, 김석우, 박상욱(2015, p. 15)은 "인간과 사회 그리고 자연 세계를 둘러싸고 있는 여러 현상에 관한 지식을 축적하고 그 본질을 탐구하는 체계적인 지적 활동"이라고 하였다. 또한 Merriam과 Simpson(2000)는 연구란 미리 기술된 탐구의 기준, 목적, 가이드라인에 따라 한 현상이나 상황을 반복적 그리고 체계적으로 살펴보는 활동이라 하였다. 이들 연구에 대한 정의에서 공통적으로 강조하고 있는 것은 연구란 증거를 기반으로 한 이론 및 지식을 도출하기 위한 체계적 탐구 활동이라는 점이다.

  수집된 자료를 바탕으로 이론 및 지식을 도출하는 체계적 탐구 활동인 연구는 설계, 자료수집 및 해석 등의 일련의 특성에 따라 크게 양적연구방법 (quantitative research), 질적연구방법(qualitative research), 혼합적 연구방법(mixed-method research)으로 구분가능하다(Creswell, 2011). 양적연구방법은 어떤 현상의 일반적 원인 및 경향을 파악하는 것을 목적으로 숫자로 된 데이터를 수집하고 분석하는 특성을 보이는 반면, 질적연구방법은 소수의 사람들이 보인 행동 이면에 존재하는 의미 및 현상의 과정을 탐구하기 위해 주로 글로 구성된 데이터를 수집하고 분석하는 연구방법을 의미한다 (Merriam & Tisdell, 2016). 그리고 혼합적 연구방법은 양적연구와 질적연구방법을 동시에 한 연구에서 사용하는 방법을 의미한다(Creswell, 2011).

  본 장에서는 일터학습 관련 연구가 질적연구방법을 통해 어떻게 연구됐으며, 일터학습 연구 분야에서 보다 가치있는 질적연구가 진행되기 위해 어떠한 점을 유의해야 하는지를 살펴보고자 한다. 이를 위해 먼저 연구 패러다임의 특성을 살펴보고, 질적연구방법의 주요 특성은 무엇인지를 살펴보고자 한다. 그리고 최근 10년간 일터학습과 관련하여 질적연구방법이 어떻게 활용되었는지를 학술지「HRD 연구」를 중심으로 분석하고, 이를 바탕으로 질적연구방법을 활용하여 일터학습에 관한 연구를 수행할 때 어떤 점을 유의해야 할지를 제시하고자 한다.

연구 패러다임의 이해

  질적연구는 자연스러운 상황에서 연구참여자들이 탐구하고자 현상에 대해서 구성한 의미를 이해하고 이를 해석하려는 연구방법이다(Denzin & Lincoln, 2005). 질적연구방법이 연구방법으로서 갖는 가치를 파악하기 위해서는 연구 패러다임(김영천, 2012; Guba & Lincoln, 1994) 또는 연구의 철학적 견해(philosophical perspectives)(Merriam&Tisdell, 2016)를 이해할 필요가 있다.

연구의 사전적 의미는 '일이나 사물에 대하여 깊이 있게 조사하고 생각하여 진리를 따져보는 일'(국립국어원 표준국어대사전)이다. 앞에서도 살펴본 바와 같이 연구에 대한 학문적 정의는 증거를 기반으로 한 이론 및 지식을 탐구하는 체계적 행위이며 이론 및 지식이란 거짓이 아닌 진리를 가정하는 개념이다. 그렇다면 우리가 어떤 지식 또는 사실을 연구를 통해 밝혔을 때 이를 거짓이 없는 '진리'라고 확신할 수 있을까? 연구를 통해 발견된 체계적 이론 또는 사실이 '진리'라고 판단하는 주체는 연구자 또는 독자라고 할 수 있다. 따라서 연구자 또는 독자가 가진 진리에 대한 관점은 연구에서 매우 중요한 부분을 차지한다.

연구자 또는 독자가 가진 진리에 대한 관점을 연구 패러다임 또는 연구의 철학적 견해라 할 수 있다. 학자마다 연구 패러다임에 대한 정의는 다양하지만 김영천(2012)은 '현상을 인식하는 특정한 시각 또는 이론'이라 하였으며, Guba & Lincoln(1994)은 '한 연구자의 기본적 신념 체계(beliefs system)'라 하였다. 그리고 Merriam & Tisdell(2016)은 연구 패러다임이라는 용어보다는 연구자가 연구에 대해 갖는 철학적 견해(philosophical perspectives)라 지칭했다.

학자마다 연구 패러다임 또는 연구의 철학적 견해를 다양한 종류로 구분했지만, 김영천(2012), 유기웅 외(2018), Merriam& Tisdell(2016)이 구분한 방식이 질적연구의 특성을 이해하는 본 장의 목적에 가장 부합하다고 판단하여 실증주의(positivism), 해석주의(interpretivism)/구성주의(constructionism/ constructivist), 비판이론(critical theory), 포스트모더니즘(postmodernism)으로 구분하고자 한다.

먼저, 실증주의(positivism)는 진리란 인간의 지각과 별도로 객관적이고 절대적으로 존재한다고 가정하며(김영천, 2012), 그러기에 연구자는 자신이 가진 주관적 견해가 연구과정 및 결과에 미치게 될 경우 진리를 발견할 수 없다고 가정한다. 따라서 연구자는 연구대상과의 접촉을 최소화할 수 있는 설문지 수집 또는 실험 등의 방법을 통해 자료를 수집해야 한다고 주장한다(김영천, 2012).

둘째, 해석주의(interpretivism)/구성주의(constructionism/constructivist) 패러다임은 진실이란 개별 인간이 자신이 처한 경험 안에서 구성하는 것이며, 그렇기에 진리란 장소와 시간에 따라 다르게 존재할 수밖에 없다고 가정하고 있다(Guba & Lincoln, 1994). 그렇기에 연구자는 연구참여자와의 의미 있는 상호작용 없이는 연구참여자가 구성한 진리를 발견할 수 없다(유기웅 외, 2018).

셋째, 비판이론(critical theory) 패러다임은 현 사회는 인종, 성별, 경제적 계층 등을 기준으로 불평등한 권력 구조로 되어 있으며, 이로 인해 현 사회현상에 대한 지식 역시 불평등한 권력 구조를 반영하고 있다고 가정하고 있다(이혁규, 2004). 비판이론 패러다임에서 연구자는 수집된 자료가 그리고 있는 사회현상을 그대로 이해하려 하기보다는 수집된 자료가 그려내고 있는 불평등한 사회구조를 인식하고 이를 극복하기 위한 대책을 제안하는 역할을 해야 한다.

넷째, 포스트모더니즘(postmodernism) 패러다임이란 지금까지 당연한 것으로 여겨지는 합리성(rationality), 과학적 방법, 확실성 위에 존재하는 진리는 존재하지 않는다고 가정한다(Merriam & Tisdell, 2016). 대신 연구란 그동안 사회의 거대담론 속에 담겨 있던 기존의 진리개념을 해체하고 타자성과 다성성(多聲性, Polyphony)이 드러난 현상의 의미를 보여주는 것을 목적으로 한다(유기웅 외, 2018).

연구자가 가진 연구 패러다임은 연구자가 연구의 목적을 선정하고 이에 따른 연구를 설계하고, 자료를 수집하고 분석하는 등 연구수행의 전반적 과정에 영향을 미친다(김영천, 2012; 유기웅 외, 2018). 질적연구는 연구자가 자료수집 및 분석의 주요 도구로서의 구실을 하고, 수집된 자료를 통해 연구의 결과를 도출하는 연역적 자료 분석의 특성이 있으며, 수집된 자료를 바탕으로 연구의 결과에 대한 언어적 설명을 수행하는 특성을 갖는다. 이러한 질적연구의 특성은 실증적 연구 패러다임에는 부합하지 않으며 대신 해석주의/구성주의, 비판이론, 포스트모더니즘 연구 패러다임에 부합한다고 할 수 있다(유기웅 외, 2018; Merriam & Tisdell, 2016). 만약 연구자가 질적 연구를 연구 방법으로 선정하거나 또는 양적연구의 결과보다 질적연구의 결과가 보다 매력적으로 여겨지는 것은 연구자 또는 독자가 해석주의/구성주의, 비판이론 또는 포스트모더니즘 연구 패러다임을 갖고 있기 때문으로 이해할 수 있다.

질적연구의 절차가 양적연구의 절차에 비해 객관적이지 않다고 비판을 하거나 질적연구가 일반화 할 수 없는 연구결과를 제시한다고 비판한다면 이는 연구자 또는 독자가 실증주의직 연구 패러다임을 갖고 있기 때문이다. 반대로 양적연구는 연구 현상에 대한 단편적 결과만 보여주며, 어떠한 배경과 이유에서 이러한 연구결과가 도출되었는지 설명해줄 수 없기 때문에 좋은 연구방법이 아니라고 비판하는 연구자나 독자가 있다면 이는 그들이 실증주의적 패러다임이 아닌 다른 연구 패러다임을 갖고 있기 때문으로 볼 수 있다.

그러나 그 어떠한 연구 패러다임이 다른 연구 패러다임보다 뛰어나다고 주장할 수는 없다. 연구자 및 독자가 어떤 연구패러다임을 가질지 결정하는 것은 순전히 연구자 및 독자가 가진 선택의 자유에서 비롯되기 때문이다. 따라서 양적연구로 진행된 연구가 질적연구로 진행된 연구보다 우수한 연구라고 주장을 하거나, 반대로 질적연구는 보다 깊이 있는 연구결과의 해석이 가능하므로 보다 가치 있는 연구라고 주장하는 것도 옳지 않다. 다만 HRD 분야에서 보다 다양한 연구패러다임을 갖고 진행된 연구가 많을수록 보다 다양한 HRD의 특성에 대한 이해가 가능하다는 점만은 강조할 수 있다.

질적연구 특성 이해

일터학습 관련 질적연구 동향을 분석하기 이전에 질적연구의 핵심특성인 연구주제, 표집방법, 질적연구유형, 자료수집방법, 자료분석방법, 연구엄격 성확보방법에 대해서 살펴보겠다.

◆ 연구주제

질적연구는 어떻게(과정) 연구참여자들이 특정한 상황(맥락)에서 왜 그러한 행동을 했는지 또는 그러한 경험에 어떤 의미를 부여했는지를 이해하는데 적합한 연구방법이다(Merriam & Tisdell, 2016). 즉 사회현상 속에 존재하는 다양한 요인들이 어떠한 환경 속에서 어떠한 이유로 어떠한 과정을 거쳐 탐구하고자 하는 현상을 이루었는지를 심도있게 이해하는 데 도움이 된다(유기웅 외, 2018).

◆ 표집방법(연구참여자 선정방법)

양적연구와 비교하여 질적연구는 표본에 해당하는 연구참여자의 수가 적기 때문에 표집방법이 연구결과에 큰 영향을 미친다. 질적연구에서 표집 방법으로 가장 일반적으로 활용되는 방법은 '유목적 표집(purposeful sampling)'으로 연구주제를 바탕으로 연구자가 세운 기준에 따라 연구결과를 도출하는데 필요한 답을 줄 수 있는 대상을 선정하는 표집방법이다(Merriam & Tisdell, 2016). 유목적 표집 이외에도 한 명의 연구참여자가 후속 연구참여자를 소개해주는 눈덩이 표집(snowball sampling), 연구의 상황에 맞추어 모집하기 가장 쉬운 대상을 선정하는 편의 표집(convenience sampling), 연구주제에 부합하는 유일한 대상 또는 매우 특수한 연구참여자를 모집하는 특수 표집(unique sampling)이 많이 활용된다(유기웅 외, 2018).

◆ **질적연구 유형**

질적연구는 일정한 연구의 체계인 연구방법론(methodology)으로 구분가능하다. 어떤 연구방법론이 질적연구라는 포괄적 개념에 포함되는지는 학자들마다 이견이 있지만 일반적으로 기본적 질적연구(*Basic Qualitative Research: 질적연구에서 일반적으로 활용되는 연구설계, 자료수집법, 자료분석법 등을 활용하여 현상의 의미를 파악하고자 하는 연구방법론*), 근거이론(*Grounded Theory: 수집된 자료를 바탕으로 탐구하고자 하는 현상을 설명하는 이론을 개발하는 것을 목적으로 하는 연구방법론*), 질적 사례연구(*Qualitative Case Study: 경계가 명확한 단일 사례 또는 다중 사례에 대해 질적자료를 수집하여 분석하는 방법론*), 현상학적 연구(*Phenomenological Research: 탐구하고자 하는 대상에 대한 편견과 전제를 최대한 벗어버리고 탐구 대상에 대한 본질적 이해를 추구하는 연구방법론*), 문화기술지(*Ethnographic Research: 특정집단이 공유하고 있는 행동 및 가치체계인 문화를 내부자적 관점과 외부자적 관점을 통해 이해하고자 하는 연구방법론*), 내러티브 탐구(*Narrative Inquiry: 현상은 내러티브로 구성될 때 가장 잘 표현되고 이해될 수 있다는 전제하에 내러티브를 수집하고 연구결과를 내러티브로 표현하는 연구방법론*), 실천연구(*Action Research: 탐구하고자 하는 현상의 변화를 최종 목적으로 현상의 문제점과 해결책을 밝히고 이를 실천에 옮기고 그 효과를 분석하는 연구방법론*)으로 구분가능하다(김영천, 2012; 유기웅 외, 2018; Merriam& Tisdell, 2016).

◆ **자료수집방법**

질적연구방법에서 자료수집방법은 인터뷰, 관찰, 문서수집으로 구성된다(김영천, 2012; 유기웅 외, 2018; Merriam& Tisdell, 2016). 인터뷰는 연구참여자가 현상 또는 경험에 대해 구성하고 있는 의미를 파악하기에 적합한 자료수집방법으로 미리 준비한 인터뷰 질문목록(인터뷰 가이드)에 따라 인터뷰를 진행하는 정도에 따라 구조화된 인터뷰, 반구조화된 인터뷰, 비구조

화된 인터뷰로 나눌 수 있다(Merriam& Tisdell, 2016). 관찰은 연구참여자
가 속한 자연스러운 상황에서 연구참여자의 행동(문화)양식, 사회적 맥락
등의 주요 특성을 수집하는데 적합한 방법으로(유기웅 외, 2018), 인터뷰와
함께 진행할 경우 인터뷰로 수집된 정보의 정확성을 확인하거나 효과적 인
터뷰 질문을 개발하는 데 도움이 된다. 마지막으로 문서수집은 연구자가 수
집되는 자료형성에 영향을 미치지 않는 특징을 갖고 있으며, 연구가 진행되
기 이전에 생성된 자료를 수집하거나 연구수행을 위해 연구참여자에게 일
기, 근무일지 등의 문서작성을 요청하고 이를 수집하는 방법이 있다.

◆ **자료분석방법**

질적연구에서 자료분석과정은 수집된 자료에서 연구의 목적과 연구의 틀
(또는 이론적 배경)에 따라 연구결과를 도출하는 귀납적 특성이 있다. 질적
연구에서 자료분석방법은 귀납적이라는 공통된 특징을 갖고 있지만, 앞에서
살펴본 질적연구 유형(근거이론, 현상학적 연구, 내러티브 탐구, 문화기술지
등)에 따라 나름의 특성에 따른 독특한 자료분석법을 갖고 있다(Merriam&
Tisdell, 2016). 그리고 특정한 질적연구 유형에서 제시한 자료분석법은 아
니지만, 개방코딩 – 범주 만들기 – 범주확인의 과정을 거쳐 진행되는 반복적
비교분석방법(constant comparison methods)이 존재한다(유기웅 외, 2018).

◆ **연구엄격성확보방법**

양적연구와 마찬가지로 질적연구방법 역시 연구결과의 가치가 확보되기
위해서는 연구설계 단계에서부터 연구의 엄격성을 확보하기 위한 노력이 필
요하다(Maxwell, 2005). 앞 절에서 살펴본 연구 패러다임에 따라 질적 연구
의 엄격성을 확보하는 방법은 다르다(나장함, 2006; 이혁규, 2004). 본 절에
서는 질적연구의 엄격성을 확보하기 위해 가장 많이 활용되는 구성주의 패
러다임(김영석, 2014)에서 주장하는 방법에 대해 논의하고자 한다. 구성주
의 패러다임에서는 질적연구의 신뢰성(credibility: 연구참여자가 구성한 의

미를 연구결과가 진실되게 보여주는 정도)을 확보하기 위해 연구참여자확인법(*Member Check*: 도출된 연구결과를 연구참여자에게 보여주고 연구자의 해석을 연구참여자에게 확인받는 방법), 동료/전문가검증법(*Peer/Professional Examination*: 연구의 절차에 대해서 잘 이해하고 있는 동료/전문가에게 연구의 결과와 과정을 확인받는 법), 다각화방법(*Triangulation*: 수집되는 자료 종류, 자료 분석에 참여하는 연구자의 수를 최대한 많이 활용하는 방법), 연구자 주관성 언급(*Researcher's Subjectivity/Position*: 연구 과정 및 연구결과에 영향을 미칠 수 있는 연구자의 주관성을 독자들에게 밝혀 연구의 엄격성을 독자가 판단할 수 있도록 하는 방법) 등이 있다(Lincoln & Guba, 1985; Merriam& Tisdell, 2016). 그리고 전이성(transferability: 독자 스스로 본 연구결과가 자신이 처한 상황에도 대입할 수 있는지를 판단하는 정도)을 확보하기 위해서는 연구 과정과 연구결과를 가능한 심층적으로 기술하는 방법(rich/thick description)이 있다(Lincoln & Guba, 1985).

본 연구 수행방법 소개

일터학습(workplace learning)이란 학습의 장소로서의 일터를 강조한 개념으로 간단히 말해 일터에서 이루어지는 모든 형태의 학습이라고 할 수 있다(박정열, 2019). Marsick(1987, 이정금, 손승남, 2014 재인용)은 일터학습은 개인 또는 집단이 일터에서 발생하는 다양한 경험의 의미를 구성해서 일터에서 활용하는 정보, 기술, 감정 등의 습득, 조직, 변화를 의미한다고 하였다. 일터학습은 규정된 절차와 목적에 따라 진행되는 제도적으로 운영되는 비형식적 학습(non-formal learning) 이외에도 교육프로그램의 틀 밖에서 진행되는 경험과 관련된(비제도적) 무형식학습(informal learning) 그리고 비의도적으로 이루어지며 학습 이외의 활동으로서 발생하는 우연적 학습

(incidental learning)까지 포함한 개념이다(이정금, 손승남, 2014). 최근 들
어 일터학습의 개념이 강조되는 이유는 효과적 직무수행을 위해서는 지속적
기술과 정보 습득이 필요하기 위해서는 비형식학습이 이루어지는 특정한 공
간과 시간을 뛰어넘어 일터에서의 다양한 경험과 문제상황 속에서 발생하는
무형식학습 그리고 우연적 학습의 발생이 점차 중요해지기 때문이라고 할
수 있다(박정열, 2019).

　본 장에서는 일터학습 분야에서 질적연구 방법의 동향을 분석하기 위해
최근 10년간(2012년－2021년) 학술지「HRD 연구」에 실린 질적연구방법으
로 진행된 논문을 분석하였다.「HRD 연구」는 사단법인 한국인력개발학회
에서 발행하는 HRD분야의 대표적 학술지로 1999년부터(선행 학술지명: 인
력개발연구) 발행을 시작하여, 2012년부터 등재후보지 자격을 유지하고 있
다. HRD분야의 다른 등재후보지들과 비교하여 한국학술지인용색인(Korea
Citation Index)의 2021년 11월 기준을 바탕으로 했을 때 「HRD 연구」는
가장 높은 영향력 지수(2.65)를 보여 분석 대상 학술지로 가장 적합하다고
판단하였다.[1] 본 절에서 진행된 구체적 분석방법은 다음과 같다.

◆ 논문 수집 기준

　본 연구의 분석대상이 되는 논문을 선정하기 위해 2012년부터 2021년까
지「HRD 연구」에서 발간된 논문 초록을 바탕으로 질적연구방법으로 수행
된 논문을 선정하였다. 질적연구에 해당하는 논문 선정의 기준으로 연구자
가 실증적으로 수집한 질적자료(인터뷰, 관찰, 문서를 통해 수집된 자료)를
활용하였는가와 연구결과가 질적자료를 포함하고 있는지를 사용하였다. 예
를 들어 양문철, 조영호, 유규창(2017)과 같이 수집된 자료는 질적자료(문

---

1) 2021년 11월 기준 여타 HRD 분야 등재학술지 한국학술지인용색인(Korea Citation Ind
　ex)의 영향력 지수: ① 기업교육과인재연구(발행기관: 한국기업교육학회) 영향력지수:
　1.38, ② 역량개발학습연구(발행기관: 중앙대학교 한국인적자원개발전략연구소) 영향력
　지수: 1.33, ③ 평생교육·HRD연구(발행기관: 숭실대학교 한국평생교육·HRD연구소)
　영향력지수: 1.85

서)이지만, 연구결과가 질적자료를 포함하지 않고 통계적 검증을 통한 자료
를 보여주어 분석대상에서 제외를 하였다. 아울러, 연구동향분석을 위한 연
구들은 수집된 자료와 연구결과가 모두 질적 자료이지만 연구자가 실증적으
로 자료를 수집한 것이 아니므로 본 연구의 대상에서 제외하였다.

  본 연구의 분석대상으로는 2012년 제14권 1호부터 2021년 제23권 3호까
지에 게재된 총 253편 중에서 총 18편(전체 논문 중 7.1%)의 논문이 분석대
상으로 선정되었다. 분석대상이 된 논문은 <표 1>과 같다.

〈표 1〉 분석대상 논문

연번	연도	분석논문
1		심연정, 나승일(2013). 기업 중견비서의 이직경험을 통한 전환학습 과정에 관한 현상학적 연구. HRD연구, 15(1), 159-187.
2		이찬, 최영준, 박혜선(2013). 교육훈련 전이 촉진 및 저해요인에 관한 연구: 성공사례 기법(Success Case Method)을 중심으로. HRD연구, 15(3), 53-84.
3	2013	유덕현, 유기원, 김민희, 신준석, 김부현, 윤세훈(2013). 이공계분야 국가연구개발사업 수행대학 연구인력의 역량모델 및 교육훈련로드맵 개발. HRD연구, 15(3), 247-271.
4		이수용, 장원섭(2013). 독립근로자의 경력개발 의미와 과정에 관한 질적 연구. HRD연구, 15(4), 27-48.
5		현영섭, 김희동, 윤영집(2013). 성공적인 팀의 개인 학습 특성에 대한 탐색. HRD연구, 15(4), 49-70.
6		이진구, 김주연, 김주민(2014). 기업 HRD담당자가 경험한 수행성과 문제에 관한 분석. HRD연구, 16(2), 25-55.
7	2014	김현정(2014). 인수합병 이후 중소기업의 조직개발 사례: 그룹코칭 기법 중심으로. HRD연구, 16(2), 113-143.
8		최윤미, 류정현, 이상훈, 박한림, 오헌석(2015). 사회적기업가정신의 구성요소와 형성과정에 관한 연구. HRD연구, 17(1), 189-221.
9	2015	이병준, 황규홍(2015). 문화센터 신입 담당자의 OJT(On the Job Training)를 통한 무형식학습에 관한 질적 연구. HRD연구, 17(2), 29-60.
10	2016	류혜연, 오헌석(2016). 기술경영 인재의 전문성 확장 과정 연구. HRD연구, 18(2), 65-100.
11	2017	김정주, 유현옥(2017). 영업직 종사 여성의 경력발달단계별 성공요인 탐색. HRD연구, 19(2), 53-80.
12	2018	박소연(2018). HRD : 평가 장애요인 탐색: HRD 담당자의 경험을 중심으로. HRD연구, 20(3), 67-85.

13		현영섭(2019). 다문화배경 이주노동자 일터학습의 배제와 포용. HRD연구, 21(3), 221-251.
14	2019	임윤서, 안윤정(2019). 신직업 분야 도전자들의 성공적 안착경험에 대한 근거이론적 분석. HRD연구, 21(2), 119-150.
15		박보람, 하재영(2019). HRD 컨설턴트의 문화역사적 활동체계 : 문화역사적 활동이론을 중심으로. HRD연구, 21(4), 1-28.
16	2020	한지영, 박지원(2020). 환자경험향상의 의료서비스 제공을 위한 교육프로그램 개발 사례연구: A병원을 중심으로. HRD연구, 22(1), 77-102.
17		황비웅, 장환영 (2021). 수습기자 교육관행의 문제점과 기자 개인의 업무수행경험 탐색에 관한 내러티브 연구. HRD연구, 23(2), 63-90.
18	2021	이윤진, 장주희(2021). 인공지능 도입에 따른 직무 변화와 적응적 전문성 인식에 대한 고찰: 기자의 경험을 중심으로. HRD 연구, 23(3), 127-153.

◆ 분석 준거

질적연구의 동향을 파악하기 위해서는 분석 준거의 선정이 중요하다. 본 장에서는 분석 준거를 선정하기 위해 HRD와 유사한 평생교육학 분야의 질적연구동향을 분석한 김영석(2014)의 연구 이외에 교육공학(김현진, 유지은, 김현영, 2018), 명상관련연구(이수련, 2018), 장애인복지학(장숙, 2019)의 질적연구동향을 분석한 연구에서 활용한 준거를 활용하였다(<표 2> 참고).

<표 2> 분석 준거

분석 범주	하위범주	분석내용	참고문헌
연구 주제	연구목적 또는 문제	비형식 학습, 무형식 학습, 우연적 학습, 일터학습전반	이정금, 손승남, 2014
질적 연구 유형	제시여부	있음, 없음	
	유형	기본적 질적연구, 근거이론, 질적 사례연구, 현상학적 연구, 문화기술지, 내러티브 탐구, 실천연구, 기타	
표집 방법	선정기준 제시 여부	있음, 없음	김영석(2014); 김현진, 유지은, 김현영(2018); 이수련 (2018); 장숙(2019)
	선정 방법	유목적 표집, 눈덩이 표집, 편의표집, 기타방법	
자료 수집법	종류	개별면담, 집단면담, 관찰, 문서(수집)	
	복수 방법 사용 여부	단일방법, 복수방법(개수)	
자료 분석법	제시 여부	있음, 없음	

	분석법	반복적 비교분석법, 근거이론분석법, 현상학적 분석법, 내러티브 분석법, 특정방법 한정하지 않은 경우, 기타
연구 엄격성 확보 방법	확보방법	참여자 확인, 동료 검토, 전문가 검토, 복수 연구자 다각화, 복수 자료수집 다각화, 연구자 특성언급, 심층기술, 기타
	한 연구당 사용한 방법 개수	연구 편 수

연구결과

「HRD 연구」의 2012년 제14권 1호부터 2021년 23권 3호까지에 게재된 일터학습 관련 질적연구 총 18편에 대한 연구주제, 질적연구유형, 표집방법, 자료수집법, 자료분석법, 연구엄격성확보방법과 관련한 분석결과는 다음과 같다.

◆ 연구주제 분석결과

연구주제 분석결과는 <표 3>과 같다. 비형식 학습 관련연구가 6편 (33.3%)으로 가장 많았고, 그 다음으로 일터학습전반(비형식+무형식+우연적 학습)이 4편(22.2%), 우연적 학습이 4편(22.2%)이 있었다. 그리고 무형식 학습이 3편(16.7%) 및 비형식학습과 무형식학습을 함께 다룬 연구가 1편(5.6%)을 차지하였다.

<표 3> 연구주제 분석결과

연구 주제	비형식 학습	무형식 학습	우연적 학습	비형식+ 무형식학습	일터학습 전반	총합
편수	6편 (33.3%)	4편 (22.2%)	3편 (16.7%)	1편 (5.6%)	4편 (22.2%)	18편 (100%)

비형식학습과 관련한 연구로는 효과적 HRD 프로그램 운영 결과 평가의 장애요인 탐색(박소연, 2018), 인수합병 이후 중소기업 대상 그룹코칭 운영 사례 연구(김현정, 2014), 미국의 계좌제 운영 사례에 대한 분석(김정주, 김영생, 2013) 등이 있었다. 비형식학습, 무형식학습, 우연적 학습을 모두 다룬 일터학습 전반에 관한 연구는 영업직 종사 여성에 관한 연구(김정주, 유현옥, 2017) 및 기술자로서 시작해 현재 경영자로 근무하는 기술경영 인재의 전문성 확장에 관한 연구(류혜연, 오현석, 2016)들과 같이 특정 직업군 종사자들의 경력개발 과정을 종합적으로 다룬 연구물이 주를 이루었다. 무형식학습과 관련한 연구는 근로자들이 자신들의 업무를 수행하는 중에 의도적으로 더욱 나은 직무수행을 위해 노력하는 행위와 관련한 주제들이 다루어졌다. HRD 컨설턴트들이 근무 중에 경험하는 갈등을 극복하여 더욱 효율적 컨설팅을 제공하기 위한 과정에 관한 연구(박보람, 하재영, 2019)와 사회적기업가들이 직업활동 중에 사회적기업가정신을 형성하는 과정에 관한 연구(최윤미, 류정현, 이상훈 외, 2015) 등이 그 예이다. 우연적 학습에 관한 연구는 근로자들이 의도하지 않은 자연적 경험에서 발생하는 학습에 관한 연구로서 기자들의 인공지능 도입에 따른 직무변화와 이에 대한 적응에 관한 연구(이윤진, 장주희, 2021)와 수습기자들이 기자생활 초기에 갖게 되는 업무수행 경험에 관한 연구(황비웅, 장환영, 2021) 등이 이에 속했다.

◆ 질적연구유형 분석결과

분석대상 논문이 어떤 연구유형에 속하는지에 대한 분석결과는 <표 4>와 같다. 질적연구들의 공통적 귀납적 특성을 가진 '기본적 질적연구'(basic qualitative research) 유형이 11편(61.1%)으로 과반수를 차지하였다. 기본적 질적연구에 해당하는 연구들은 자신들의 연구유형이 기본적 질적연구에 해당한다는 언급하기보다는 '질적연구'라고만 명하거나(예: 류혜연, 오현석, 2016), 연구유형 자체에 대해 언급을 하지 않았다(예: 박소연, 2018). 현상학적 연구방법으로 진행된 연구로는 기자들의 인공지능 도입에 따른 직무변화에 대한 연구(이윤진, 장주희, 2021), 문화센터에서 근무하는 신입 평생교육사들의 OJT 경험에 관한 연구(이병준, 황규홍, 2015), 중견비서의 이직경험 내 전환학습 경험에 관한 연구(김연정, 나승일, 2013) 등이 있었다. 그이외에 질적 사례연구로는 HRD 컨설턴트의 문화역사적 활동체계에 관한 연구(박보람, 하재영, 2019)와 인수합병 이후 한 중소기업의 조직개발에 관한 연구(김현정, 2014)가 있었다. 근거이론으로는 신 직업 분야 도전자들의 안착경험에 관한 연구(임윤서, 안윤정, 2019)가 그리고 내러티브 탐구로는 수습기자 업무수행 경험 내 교육관행의 문제점을 분석한 연구(황비웅, 장환영, 2021)가 각각 1편씩 있었다.

〈표 4〉 질적연구유형 분석결과

연구유형	기본적 질적연구	근거이론	현상학적 연구	질적 사례연구	내러티브 탐구	총합
편수	11편 (61.1%)	1편 (5.6%)	3편 (16.7%)	2편 (11.1%)	1편 (5.6%)	18편 (100%)

◆ **표집방법 분석결과**

본 연구의 분석대상인 18편의 연구 중 표집방법을 명시적으로 밝힌 연구는 9편(50.0%)이었고, 어떤 표집방법을 썼는지 설명하지 않은 연구 역시 9편(50.0%)이었다. 표집방법에 대해 밝히지 않은 연구들은 연구자의 판단에 따르면 7편이 유목적 표집(purposeful sampling) 그리고 2편이 편의표집(convenient sampling)에 해당되었다.

〈표 5〉 표집방법 분석결과

표집방법	유목적 표집	편의표집	유목적 +눈덩이 표집	기타: 질적사례 연구	기타: 이론적 표집	총합
편수	12편 (66.7%)	2편 (11.1%)	2편 (11.1%)	1편 (5.6%)	1편 (5.6%)	18편 (100%)

표집방법의 구체적 분석결과는 <표 5>와 같다. 유목적 표집방법을 사용한 사례가 12편(66.7%)으로 가장 많았다. 특이한 점은 앞에서도 언급한 것처럼 총 12편의 유목적 표집방법을 사용한 연구 중 7편이 본인들의 연구에서 어떠한 표집방법을 사용했는지 밝히지 않았다. 나머지 표집방법으로는 표집 시 사용한 특별한 기준이나 방법을 제시하지 않은 편의표집 방법이 2편(김정주, 김영생, 2013; 유덕현, 유기원 외, 2013), 유목적 표집과 눈덩이 표집을 동시에 사용한 연구가 2편(이윤진, 장주희, 2021; 최윤미, 류정현 외, 2015)이 있었다. 기타 방법으로 근거이론 연구방법에서 활용하는 이론적 표집방법을 사용한 연구가 1편(류혜연, 오헌석, 2016), 그리고 질적 사례연구 안에서 표집이 이루어진 경우가 1편(김현정, 214)이 있었다.

♦ 자료수집방법 분석결과

자료수집방법에 대한 분석결과는 <표 6>과 같다. 총 18편의 논문 중 개인면담 방법을 단독으로 사용한 논문은 14편(77.8%)으로 가장 많았다. 그리고 그룹면담을 사용한 연구는 1편(이찬, 최영준, 박혜선, 2013), 개인면담과 관찰을 동시에 사용한 연구는 1편(이윤진, 장주희, 2021), 개인면담과 문서수집을 동시에 사용한 연구는 1편(유덕현, 유기원, 김민희 외, 2013) 그리고 개인면담, 관찰, 문서수집을 모두 사용한 연구는 1편(김현정, 2014)으로 나타났다. 총 18편의 연구 중 복수의 자료수집방법을 동시에 사용한 연구는 총 3편(16.7%)으로 조사되었다.

〈표 6〉 자료수집방법 분석결과

표집방법	개인면담	그룹면담	개인면담 + 관찰	개인면담 + 문서	개인면담+ 관찰+ 문서	총합
편수	14편 (77.8%)	1편 (5.6%)	1편 (5.6%)	1편 (5.6%)	1편 (5.6%)	18편 (100%)

◆ 자료분석방법 분석결과

총 18편의 분석대상 논문 중에서 자료분석방법을 소개한 연구는 16편 (88.9%)이지만, 수집된 자료가 어떤 절차에 의해 분석되었는지를 소개하지 않은 연구는 2편(김정주, 김영생, 2013; 유덕현, 유기원, 김민희 외, 2013)이 었다.

〈표 7〉 자료분석방법 분석결과

자료 분석 방법	반복적 비교 분석법	근거 이론 분석법	현상학적 분석법	주제 분석	기타	소개 없음	총합
편수	7편 (38.9%)	2편 (11.1%)	1편 (5.6%)	2편 (11.1%)	4편 (22.2%)	2편 (11.1%)	18편 (100%)

자료분석방법에 대한 자세한 분석결과는 <표 7>과 같다. 반복적 비교분석법이 7편(38.9%)으로 가장 많았으며, 그 다음으로 기타 방법이 4편 (22.2%)으로 많았다. 기타 방법으로는 내용분석(이병준, 황규홍, 2015), Creswell의 분석법(김연정, 나승일, 2013), 나선형분석법(황비웅, 장환영, 2021) 등이 활용되었다. 다음으로 근거이론분석법 2편(류혜연, 오헌석, 2016; 임윤서, 안윤정, 2019), 주제분석법 2편(김현정, 2014; 박보람, 하재영, 2019), 소개없음 2편(김정주, 김영생, 2013; 유덕현, 유기원, 김민희 외, 2013), 현상학적 분석법이 1편(이윤진, 장주희, 2021)이 있었다.

◆ **연구엄격성확보방법 분석결과**

연구엄격성확보방법의 분석결과는 <표 8>과 같다. 가장 많이 활용된 방법은 '참여자확인법'으로 총 18편의 연구 중 10편의 연구에서 활용되었다. 그 다음으로 '전문가검토'와 '복수연구자 다각화' 방법이 각각 5편의 연구에서 활용되었다. 그 다음으로 '동료검토'가 4편, '심층기술'이 3편, '연구자선입견배제'가 2편, '복수자료수집 다각화'가 1편의 연구에서 활용되었다. 기타방법으로는 다양한 이론적 문헌 활용(김정주, 유현옥, 2017) 및 자료 분석의 다각검증법(이수용, 장원섭, 2013) 등이 활용되었다.

다음으로 한 연구당 연구엄격성확보방법을 몇 가지 사용했는지를 분석해보면 총 3편(16.7%)의 연구(김정주, 김영생, 2013; 유덕현, 유기원, 김민희, 2013; 이찬, 최영준, 박혜선, 2013)에서 연구엄격성확보방법을 사용하지 않았다. 2개의 방법을 동시에 사용한 연구가 총 6편(33.3%)으로 가장 많았고, 그 다음으로 1개를 사용한 연구가 5편(27.8%)으로 많았다. 그리고 3개의 방법을 쓴 연구는 2편(11.1%), 가장 많은 5개의 연구를 사용한 연구도 2편(11.1%)(김연정, 나승일, 2013; 박보람, 하재영, 2019)이 있었다.

〈표 8〉 연구엄격성확보방법 분석결과

연구엄격성확보방법	참여자확인	전문가검토	동료검토	복수자료수집 다각화	복수연구자 다각화	연구자특성언급	심층기술	기타
편수	10편	5편	4편	1편	5편	2편	3편	3편
한 연구당 연구엄격성확보방법 수	0개	1개	2개	3개	4개	5개	총합	
편수	3편 (16.7%)	5편 (27.8%)	6편 (33.3%)	2편 (11.1%)	0편 (0%)	2편 (11.1%)	18편 (100%)	

논의

본 장에서는 일터학습 관련 연구분야에서 그간 질적연구방법이 어떻게 활용되었는지를 살펴보고 올바른 활용 방법을 고민하기 위해 HRD 분야의 대표적 학술지인 「HRD 연구」에 최근 10년간(2012년 – 2021년) 게재된 질적연구의 동향을 분석하였다. 먼저 「HRD 연구」에 최근 10년간 발간된 연구물 총 253편 중 일터학습과 관련하여 질적연구 방법으로 진행된 연구는 18편(7.1%)이었다. 이 비율을 다른 학문분야와 비교해보면 교육공학의 경우 두 개의 학술지에 게재된 90년대 창간호부터 2017년까지의 연구 중 질적연구비율이 10.1%(김현진, 2018)였으며, 2000년부터 2013년까지 평생교육 관련 2개의 학술지에 실린 질적연구 비율은 17.8%(김영석, 2014)이었다. 본 연구가 HRD 연구주제 중 '일터학습' 주제만 다룬 것임을 감안한다면 질적연구 수행 비율이 7.1%인 것은 적은 비율은 아니라고 판단된다. 이는 일터학습과 관련한 연구에서 연구참여자의 경험의 의미 그리고 일터학습의 과정에 대한 탐구가 적지 않은 비율로 질적연구방법을 통해 이루어졌다고 볼 수 있다. 질적연구방법으로 탐구된 주제로는 비형식학습이 6편(33.3%)으로 가장 많았으며, 일터학습전반 4편(22.2%), 무형식학습 4편(22.2%), 우연적 학습 3편(16.7%) 순으로 나타났다. 일터학습에서 일정한 체계를 갖고 진행되는 비형식학습이 일반적 형태임을 감안할 때 33.3%는 특이하게 높은 수치는 아닌 것으로 판단된다. 오히려 형식적 체계를 갖추지 않은 무형식 학습(4편, 22.2%)과 의도하지 않은 상태에서 발생하는 우연적 학습(3편, 16.7%)이 총 7편 질적연구방법으로 연구된 것은 이 두 가지 형태의 학습유형이 연구참여자의 경험과 그 의미를 파악하는 질적연구 방법으로 탐구하기에 적합하였기 때문으로 해석된다.

연구유형 분석과 관련하여 본 연구에서는 기본적 질적연구 유형이 전체연구의 절반 이상인 11편(61.1%)을 차지하였고, 그 다음으로 현상학적 연구

3편(16.7%), 질적사례연구 2편(11.1%), 그리고 근거이론과 내러티브 탐구는 각각 1편(5.6%)을 차지하였다. 기본적 질적연구가 가장 많은 비율을 차지한 것은 평생교육학 분야의 질적연구동향(2000년-2013년)을 분석한 김영석 (2014)에서도 기본적 질적연구가 51.8%로 가장 많았기에 유사한 경향성이 발견되었다고 할 수 있다. 기본적 질적연구는 질적연구의 일반적 특성을 갖춘 연구이기 때문에 특정한 연구방법론을 수행하는 것보다는 보다 수월하게 연구를 진행할 수 있다는 장점이 있어서 일터학습 관련 연구에서도 많이 활용되었다고 볼 수 있다. 다만 본 연구에서는 현상학적 연구가 16.7%를 차지했는데, 평생교육분야에서는 3.5%(김영석, 2014), 교육공학 분야에서는 연구는 1% 미만(김현진, 2018)을 차지한 것에 비교하면 높은 비율을 차지했다고 볼 수 있다. 본 연구의 분석대상 논문 중 현상학적 연구방법으로 진행된 연구 현상(기자들의 인공지능 도입에 따른 직무변화, 문화센터 근무하는 평생교육사의 OJT, 중견비서의 이직경험)들은 일터학습의 본질을 이해하는 데에 독자 또는 연구자의 선입견을 최대한 배제된 채 연구될 필요가 있었기 때문으로 보인다. 반드시 특정한 연구방법론을 사용한 연구가 바람직한 질적연구라고 할 수는 없지만, 다양한 연구방법론을 고루 활용할 때 보다 다양한 주제의 연구가 수행될 수 있다(유기웅 외, 2018). 따라서 앞으로의 일터학습 관련 질적연구에서는 기본적 질적연구 이외에 보다 다양한 연구유형을 사용하는 것을 고려할 필요가 있다.

다음으로 연구참여자를 모집하는 표집방법과 관련해서 본 연구의 분석대상이 된 총 18편의 연구가 모두 표집방법을 소개하였다. 질적연구에서 표집방법이 연구의 결과를 결정하는 매우 중요한 과정이라고 가정할 때 모든 18편의 연구가 표집방법을 모두 언급했다는 것은 질적연구의 질을 높이기 위한 연구자들의 노력이 있었다고 볼 수 있다. 2000년부터 2013년까지의 평생교육 분야 질적연구에서도 표집방법을 언급하지 않은 연구가 질적연구방법으로 수행된 연구 중 48.2%나 된 점을 감안할 때(김영석, 2014), 과거에 비해 앞으로는 다양한 분야의 질적연구에서 표집방법을 소개하지 않는 잘못

된 연구형태에서 벗어나서 표집방법을 자세히 소개하는 방식으로 연구가 진행될 것으로 예상된다.

본 연구에 따르면 자료수집방법으로 개인면담은 총 18편의 연구 중 17편의 연구에서 사용되지만 관찰이 사용된 경우는 2편(11.1%)밖에 되지 않아 관찰을 통한 수집방법이 보다 실시될 필요가 있다고 볼 수 있다. 교육공학분야 질적연구에서는 참여관찰은 45편(15%) 그리고 비참여관찰은 40편(13.3%)을 차지하였으며(김현진, 2018), 평생교육분야에서도 참여 및 비참여관찰은 15.0%를 차지하였다(김영석, 2014). 관찰은 연구현장에서 이루어지는 상황에 대한 연구이며, 인터뷰 및 문서를 통해 수집된 자료의 내용을 확인할 수 있다는 점에서 추후에 보다 널리 활용될 필요가 있다(유기웅 외, 2018). 아울러 본 연구에서는 두 가지 이상의 자료수집방법을 같이 사용한 비율은 총 18편 중 3편(16.7%)밖에 되지 않았다. 교육공학 분야 질적연구에서는 한 가지 자료수집방법만 사용된 경우는 25.4%밖에 되지 않으며, 평생교육분야에서는 두 가지 이상의 자료수집방법을 사용한 경우가 48.9%에 이르렀다. 보다 다양한 자료수집원의 사용은 연구의 엄격성을 올려줄 수 있다는 점을 고려했을 때(Merriam& Tisdell, 2016), 추후 일터학습에 관한 질적연구에서는 다양한 자료수집방법을 동시에 사용하는 것이 고려되어야 한다.

자료분석법과 관련하여 본 연구에서 자료분석법을 소개하지 않은 연구는 2편(11.1%)밖에 되지 않은 점은 본 연구의 대상이 된 대부분의 논문들은 바람직하게 연구를 수행했다고 볼 수 있다. 2000년부터 2013년까지의 평생교육학 분야의 질적연구의 경우에는 자료분석법을 소개하지 않은 경우가 36.9%(김영석, 2014)이었으며, 교육공학분야의 경우 언급없음은 20.1%였으나, 2012년부터는 언급이 없는 연구가 급격히 줄어든 것으로 나타났다(김현진, 2018). 이러한 경향성을 고려할 때 다양한 학문분야의 질적연구에서 자료분석법을 밝히는 것의 중요성이 일터학습 탐구 분야에서도 고려된 것으로 보인다. 구체적 분석방법으로는 반복적 비교분석법(38.9%)이 가장 많이 활용되었는데, 이는 타 분야의 자료분석법과 비교할 경우 교육공학분야의

14.2%(김현진, 2018)와 평생교육학분야의 16.3%(김영석, 2014)에 비해 일터학습 연구분야에서 비교적 많이 활용되었다고 할 수 있다. 이는 일터학습 관련 질적연구에서 기본적 질적연구 유형이 61.1% 활용된 것과 관련이 되어있다고 볼 수 있다. 만약 앞으로의 일터학습관련 연구에서 다양한 질적연구의 유형이 활용될 경우 보다 다양한 유형의 자료분석방법도 활용될 것으로 예상된다.

   마지막으로 본 연구의 분석 대상인 총 18편에서 엄격성확보 방법을 언급하지 않은 연구는 3편(16.7%)밖에 되지 않았다. 이는 다른 학문분야의 질적연구에서 엄격성을 언급하지 않은 연구의 비율이 평생교육학분야(2000년－2013년)의 63.1%(김영석, 2014)와 교육공학분야(90년대－2017년)의 32.8%보다 낮은 수치로 양호하다고 할 수 있다. 한편 교육공학분야에서는 연구의 엄격성확보방법을 언급한 연구가 2010년대부터 늘어난 것으로 감안할 때(김현진, 2013), 질적연구수행에 있어서 엄격성확보방법의 중요성을 강조하는 특성이 일터학습 연구 동향에서도 나타났다고 볼 수 있다. 연구의 엄격성확보방법을 많이 쓸 수록 엄격성확보 차원에서 더 바람직하다는 점을 고려할 때 본 연구의 분석대상이 된 연구들에서 엄격성확보방법을 3개 이상 사용한 경우가 4편(22.2%)밖에 되지 않았다. 앞으로의 일터학습 분야의 질적연구에서는 보다 다양한 엄격성확보방법을 사용하려는 노력이 필요하다.

   본 연구는 일터학습 관련 연구에서 최근 10년간 활용된 질적연구의 유형을 분석한 후 보다 바람직한 연구가 진행되는 데 필요한 사항들을 종합적으로 살펴보았다. 그러나 본 연구는 HRD 관련 학술지 중「HRD 연구」한 개의 학술지에 게재된 논문만을 분석함으로써 분석대상이 된 논문의 수가 총 18편으로 작았다는 한계점이 있다. 후속 연구에서는 더욱 많은 학술지에 게재된 질적연구를 대상으로 동향을 분석할 필요가 있다. 아울러 본 연구는 한 명의 연구자가 단독으로 연구를 수행했기 때문에 분석결과에 있어서 타당성을 확보하는 데 한계가 있다. 이후에는 복수의 연구자가 연구를 수행함으로써 연구결과의 타당도를 보다 확보할 필요가 있다.

참고문헌

김석우, 박상욱 (2015). 교육연구방법론 (2판). 서울: 학지사.

김영석 (2014). 평생교육학 분야의 질적 연구 동향분석(2000년-2013년): 「평생교육학연구」와 「Andragogy Today」를 중심으로. *평생교육학연구*, 20(3), 135-166.

김영천 (2012). 질적연구방법론 1: Bricoleur (2판). 서울: 아카데미 프레스.

김현진, 유지은, 김현영 (2018). 국내 교육공학 질적 연구 동향 분석. *교육공학연구*, 34(2), 309-344.

나장함 (2006). 질적 연구의 다양한 타당성에 대한 비교 분석 연구. *교육평가연구*, 19(1), 265-283.

박정열 (2019). 지식근로자의 일터학습민첩성 진단도구 개발. 서울대학교 박사학위논문.

성태제, 시기자 (2016). 연구방법론 (2판). 서울: 학지사.

유기웅, 정종원, 김영석, 김한별 (2018). 질적 연구방법의 이해(2판). 서울: 박영스토리.

이정금, 손승남 (2014). 일터학습이 혁신성과 조직몰입 및 조직시민행동에 미치는 영향. *평생학습사회*, 10(2), 181-208.

이혁규 (2004). 질적 연구의 타당성 문제에 대한 고찰. *교육인류학연구*, 7(1), 175-210.

이수련 (2018). 명상 관련 질적 연구 동향 분석. *불교학연구*, 55, 299-336.

장숙 (2019). 장애인복지 분야의 질적 연구 동향 분석. *미래사회복지연구*, 10(2), 73-102.

양문철, 조영호, 유규창 (2017). 인재의 본질: 생애사 연구를 통한 재능의 천부론과 습득론의 실증적 고찰. *HRD연구*, 19(3), 99-133.

Creswell, J. (2011). 김영숙 외 번역. 연구방법론: 질적, 양적 및 혼합적 연구의 설계(3판). 서울: 시그마프레스.

Denzin, N. K. & Lincoln, Y. S. (2005). *The sage handbook of qualitative research* (3rd ed.) Thousand Oaks, CA: Sage.

Guba, E., & Lincoln, Y. (1994). Competing paradigms in qualitative research. In N. Denzin, & Y. Lincoln (Eds.). *Handbook of Qualitative Research* (pp. 105-117).

Thousand Oaks, CA: Sage.

Lincoln, Y., & Guba, E. (1985). *Naturalistic Inquiry.* Beverly Hills, CA: Sage.

Maxwell, J. (2009). 이명선 역. 질적연구설계: 상호작용적 접근. 군자출판사.

Merriam, S. B. & Simpson. E. L. (2000). *A guide to research for educators and trainers of adults.* (2nd Ed.). Malabar, FL: Krieger Publishing Company.

Merriam, S. B., & Tisdell, E. J. (2016). *Qualitative research A guide to design and implementation* (4th ed.). San Francisco: Jossey-Bass.

여성의 생애, 일과 학습의 양상

우성미(adamas406@hanmail.net)

우성미는 고려대학교 교육학과에서 박사학위를 취득하였다. 현재 경희대학교 고등교육연구센터 객원교수로 재직중이며, 평생교육 관련 과목을 출강하고 있다. 연구 관심분야는 여성, 중고령, 경력개발, 일과 고용이다.

여성의 생애, 일과 학습의 양상

우성미

들어가며

우리나라는 심각한 저출생과 고령화의 진행으로 경제활동 인구가 급격히 감소하고 있다. 이에 따라 노동력 확보의 문제가 대두되면서 여성의 경력단절 예방과 여성인력의 효율적 활용에 대한 목소리가 확대되었다. 장기적인 관점에서 국가경쟁력을 강화하는데 여성인력의 효율적인 활용은 필수적이다. 이러한 흐름에 따라 최근 몇 년 전부터 여성의 경제활동을 지원하기 위한 정책적 관심이 높아졌고 다양한 지원이 이루어지고 있다. 그러나 여성의 교육수준과 경제활동 참여율이 높아졌음에도 불구하고 여전히 노동시장에서 여성의 지위는 불안정하다. 본 장에서는 여성의 노동시장 참여에 대한 이해를 돕고자 이와 관련된 다양한 이슈를 살펴보는 것을 목적으로 하여 여성의 생애주기 특성과 더불어 노동시장 참여 이슈 및 학습 참여 양상에 대한 개괄적인 내용을 제공하고자 한다.

여성의 생애 특성

　여성의 교육수준 향상 및 경제활동 참여의 증가와 함께 성역할에 대한 고정관념이 과거보다는 많이 개선되었지만, 여성의 생애주기 사건과 맞물려 발생하는 문제들은 노동, 교육, 가족 등 다양한 영역 곳곳에 남아있다. 여성의 삶과 관련하여 많은 논의가 이루어지고 있는 것은 결혼 및 출산과 같이 성인기에 겪는 사건들이 남성보다는 여성에게 더 부정적으로 작용하기 때문이다. 그리고 이러한 여성의 생애사건 문제들의 기저에는 성역할에 대한 차별적 인식이 원인으로 작용하고 있다. 여성의 생애특성과 성역할 인식에 대해 살펴보면 다음과 같다.

◆ 여성의 생애주기 사건

　여성의 삶은 다양한 생애주기 사건으로 특징되는데, 생애주기에 따른 여성의 경제활동 참여에 영향을 미치는 요인들은 결혼, 출산, 양육과 6세 미만의 자녀 유무 등이다(Choi, 1994). 특히 국내에서는 출산의 대부분이 결혼으로 이루어진 부부관계에서 나타나기 때문에(이상림, 2013), 여성의 결혼은 출산과 양육으로 이어질 가능성을 내포하고 있어 노동시장에서 여성의 결혼은 그 자체로 환영받지 못하기도 한다. 또한 전통적인 성역할 인식이 강한 우리나라의 경우 남성보다 여성이 결혼으로 인해 더 많은 가사노동의 부담을 갖게 되고, 이러한 현실은 일하는 미혼여성, 특히 임금이 높고 고용이 안정된 양질의 일자리를 가진 여성일수록 결혼을 미루거나 회피하게 한다(배호중, 김정욱, 2020). 이는 가부장적인 사회요소들이 해결되지 않으면 결혼이라는 제도가 사회에서 힘을 잃어가는 현상이 심화될 수 있음을 의미하는 것이기도 하다(Carbone & Cahn, 2014).

　출산과 양육에 있어서도 마찬가지이다. 노동시장에서 여성의 출산이 환영받지 못하는 이유는 여성이 출산휴가와 육아휴직을 사용할 경우 발생하는

업무공백과 이로 인한 동료의 업무부담 때문이다(조성혜, 2017). 관련 선행
연구를 살펴보면, 임신한 직원은 그렇지 않은 직원보다 동료와 상사로부터
부정적인 경험을 많이 하며(King & Botsford, 2009), 일－가정양립 지원정
책으로 출산휴가 및 육아휴직과 같은 모성보호제도의 활용 비율은 증가하고
있지만, 직장 복귀 후 업무변경이나 평가 및 보상에서 차별을 경험하는 비
율도 증가하고 있다(김난주 외, 2017). 그리고 이러한 현실은 비정규직 여성
일 경우 더욱 취약한 상태에 놓이게 된다.

　최근에는 젊은 세대를 중심으로 개인의 생애를 설계할 때 이전과는 다른
경향을 보이고 있다. 기존의 남성 노동중심, 여성 가족중심 생애과정이 해체
되고 남녀 모두 자신의 생애과정을 노동 중심으로 설계하는 것으로 나타났
다(이순미, 2014). 청년기의 여성들은 결혼과 자녀에 대해 개인의 일하는 삶
을 위협하는 요인으로 인식하고 있으며, 자신의 생애를 계획하는 데 있어
개인으로서 생존할 수 있는 노동중심의 생애를 선택하고 있다(김은지 외,
2019). 김은지 외(2019)에서 실시한 2030 청년세대 생애전망 인식조사에 따
르면, 청년세대가 인식하는 청년기 삶의 과업 네 가지(일, 개인생활, 파트너
십, 자녀)에 대하여 여성과 남성 모두 일과 개인생활을 가장 중요하게 인식
하고 있었다. 그러나 결혼의 전제조건에 대하여 여성은 '파트너의 공평한 가
사분담', '명절·제사 등 파트너 집안의 행사부담'을 중요하게 고려한 반면,
남성은 '나의 일', '나의 건강' 등 개인적인 요인을 더 중요하게 고려하고 있
어 남녀 간에 인식 차이가 있는 것으로 확인되었다. 이러한 결과는 대부분
의 여성이 가사노동을 결혼의 필연적 결과물로 인식하고 있으며, 자신의 일
과 개인생활을 중시하는 여성일수록 결혼을 선택하지 않을 가능성이 높아짐
을 의미한다.

◆ 성역할 인식

　결혼과 출산, 육아와 같은 생애주기 사건이 여성에게 더 많은 영향을 미
치는 것은 성역할 인식의 작용 때문이다(고영우, 윤미례, 이동선, 2019). 성

역할 인식이란 성별에 따라 사회 및 가정에서 수행하는 역할 구분에 대한 개인의 관점이다(Konrad & Harris, 2002). 우리나라는 전통적으로 남성은 가족을 부양하는 역할을, 여성은 가사와 돌봄의 역할을 해야 한다는 이분법적인 인식이 강하였다. 시대가 변화하고 여성의 활발한 경제활동 참여가 이루어지고 있지만 여전히 가정 영역에서의 책임은 대부분 여성에게 있다. 이러한 여성의 역할에 대한 성차별적 인식은 한국 사회에서 지속적으로 표출되어 왔지만 전통적인 가족규범과 가족주의는 이를 악화시켜 왔고(김혜영, 2003), 성에 대한 불평등한 가치관과 행동양식은 여성의 역할을 가사와 양육의 영역에 국한시킴으로써 노동시장에서 여성의 경제활동이 한시적이라는 편견을 만들었다(박통희, 양건모, 2004).

한국에서 여성의 경제활동 참여에 대한 이슈는 주로 기혼여성을 중심으로 이루어져 왔는데 이는 기혼여성의 경제활동이 여성이 속해있는 가정환경에 많은 영향을 받기 때문이다. 특히 부부의 성역할 인식에 따라 가사와 양육에서 여성의 역할 비중이 달라지기 때문에 성역할 인식은 여성의 경제활동 참여에 영향을 미치는 중요한 요인이다. 성역할 인식은 남편의 성역할 인식과 아내의 성역할 인식으로 구분할 수 있다. 선행연구에 따르면 성역할 인식은 성별에 따라 차이가 있으며, 여성이 남성보다 더 평등한 성역할 인식을 가진다고 밝히고 있다(이은아, 2006; 정순둘, 배은경, 최혜지, 2012; Copur et al., 2010; Erickson, 2005; Kulik, 2002). 이러한 여성의 평등한 성역할 인식은 교육기회의 확대로 여성의 교육수준이 높아지고 사회에서 여성의 지위가 향상됨에 따른 결과라고 할 수 있다.

그러나 여성의 교육수준 및 지위의 향상과는 달리 우리나라 여성 고용률은 남성 70.8%, 여성 50.9%로 OECD 국가 중 가장 큰 격차를 나타내고 있다(통계청, 2020a). 이는 남성의 성역할 인식과 관련이 깊은 것으로 유추할 수 있는데, 기혼여성의 경우 미혼여성과 달리 자신의 성역할 인식보다는 남편의 성역할 인식이 아내의 경제활동 참여에 영향을 미치기 때문이다(곽현주, 최은영, 2015; 김경애, 1999; 문지선, 2017). 우리나라는 유교적 이념의 영향으로 전통적인 성역할 인식이 뿌리깊게 남아있는 국가 중 하나이다. 이러한 사회적 분위기는 여성이 가사와 양육에서 주된 책임을 가져야 한다고 은연중에 강요하고 있으며 이로 인해 여성은 일과 가정에서의 역할 부담에 시달리게 된다. 그리고 이러한 일-가정 양립의 어려움은 여성의 경제활동에 부정적 영향을 미쳐 경력단절에까지 이르게 할 수 있다.

여성의 일과 경력

여성의 경제활동 참여 양상은 다양하게 나타난다. 이는 여성의 경제활동 참여에는 여러 요인이 복합적으로 작용하기 때문이다. 여성의 경제활동에는 앞서 다룬 여성의 생애주기 사건이나 성역할 인식과 같은 요소 이외에도 여성의 개인적 특성과 노동시장 관련 요인들이 다양하게 얽혀있다. 여성의 노동참여를 설명하는 이론은 구조적 관점과 미시적 관점에서 살펴볼 수 있는데, 대표적으로 구조적 관점의 이중노동시장이론과 미시적 관점의 선호이론을 살펴보고자 한다.

◆ 이중노동시장이론

이중노동시장이론(dual labor market theory)은 구조적인 관점에서 노동시장 자체에 내재된 차별적 기제를 설명하고 있는 이론으로 Doeringer & Piore(1971)에 의해 제기되었다. 이중노동시장이론에 따르면 노동시장은 1차 노동시장과 2차 노동시장으로 구분된다. 1차 노동시장은 비교적 높은 임금과 좋은 근로조건, 고용안정이 보장되는 반면, 2차 노동시장은 임금과 근로조건 모두 열악한 수준이며 고용불안정성이 높은 특징을 가진다(금재호, 2004; Doeringer & Piore, 1971; Standing, 1989). 또한 1차 노동시장과 2차 노동시장은 분절되어 있기 때문에 2차 노동시장에서 1차 노동시장으로 이동하는 것은 매우 어려우며, 1차 노동시장의 경직성으로 인해 비정규직 노동자가 양산된다고 본다(황수경, 2003).

이중노동시장이 성별에 따른 불평등을 야기하는 이유는 여성보다 남성이 1차 노동시장에 진입할 확률이 높기 때문이다. 여성의 경제활동은 주로 2차 노동시장에 집중되어 있는데, 이는 2차 노동시장의 인력 수요가 자녀양육 및 돌봄노동으로 경제활동을 지속하지 못하거나 부분적으로 취업해야 하는 여성의 욕구를 충족시켜 주기 때문이다(민현주, 2008; 박은하, 2011). 이밖에도 Cho & Lee(2015)의 연구결과에 따르면 2005년부터 2014년까지 10년간 여성의 노동시장 참여는 증가하였으나 대기업보다는 중소기업을 중심으로 진행되어 여성이 2차 노동시장에 고용될 가능성이 높은 것으로 보고되었고, Cho, Lim, & Lee(2010)의 연구에서는 일자리 특성에 따른 임금 변화가 성별에 따라 다르게 나타나 여성과 남성의 지위가 노동시장 내에서 동등하지 않음을 보여주었다.

이중노동시장이론은 개인의 교육수준과 같은 인적자본으로는 설명될 수 없는 노동시장의 특성을 이해하는 데 도움을 준다(강이수, 신경아, 2009; Reid & Rubin, 2003). 2차 노동시장에 진입한 여성들은 질 낮은 일자리와 업무로 인해 경력발전이 저해되고 경력단절을 겪을 위험이 크다. 또한 고학력 여성의 증가로 전문직에 종사하는 여성이 늘었지만, 비정규직에 종사하는 여성의 비율은 여전히 남성보다 높다. 이처럼 여성의 노동이 복합적인 구조로 변화한 이유는 여성이 취업, 경력단절, 재취업의 형태로 노동시장에 참여하기 때문이다(금재호, 2004). 최근 연구에서도 경력단절을 겪은 여성일수록 재취업 시에 2차 노동시장의 일자리를 갖게 되면 경력단절을 반복하게 되는 것으로 나타났다(최미향, 2019). 이중노동시장이론은 2차 노동시장의 존재를 통해 취약계층이 노동시장 진입에서부터 불리하다는 구조적인 특성을 설명했다는 점에서 의의가 있으나 취약계층, 즉 여성들이 2차 노동시장으로 진입하는 원인에 대해서는 명확하게 설명하지 못했다는 한계를 가진다. 이러한 한계를 보완하기 위하여 이중노동시장이론을 통한 구조적 차별과 더불어 여성이 2차 노동시장으로 진입하는 요인들을 다각적으로 살펴본다면 여성의 일에 대한 이해를 높일 수 있을 것이다.

◆ 선호이론

선호이론(preference theory)은 비교적 최근에 제시된 이론으로 Hakim이 제시하였다. Hakim(2003)은 여성이 경제활동을 하는 데 있어 여성의 삶에 대한 선호도가 중요하게 영향을 미치는 요인이라고 하였다. 이는 여성이 일에서의 역할과 가족 내에서의 역할 중 무엇을 더 선호하느냐에 따라 선택을 달리한다는 것이다. 이처럼 여성이 자신의 선호에 따라 경제활동 참여를 선택할 수 있게 된 것은 사회환경의 변화에 기인한다. Hakim(2000)은 현대사회에서 여성이 좀 더 자율적으로 자신의 가치관을 형성할 수 있었던 환경의 변화를 다섯 가지로 제시하였는데 다음과 같다. 첫째, 의학의 발달로 여성이 임신과 출산의 자율성과 결정권을 주도적으로 갖게 되었다. 둘째, 기회의 평등으로 직업과 사회적 지위에서 여성의 접근 한계가 사라졌다. 셋째, 화이트칼라 직업군이 확대되면서 육체적 한계와 관계없이 노동에 참여할 수 있게 되었다. 넷째, 유연근무와 같이 근로형태가 다양화되면서 가사와 육아로 인한 시간의 제약이 상쇄되었다. 다섯째, 개인의 라이프스타일 선호가 성역할이나 사회계급보다 더 중요해졌다.

Hakim은 환경의 변화를 토대로 일과 라이프스타일의 선호에 따라 일 중심형 여성(work-centered women), 가정 중심형 여성(home-centered women), 적응형 여성(adaptive women)으로 유형화하였는데, 유형별 특징은 다음과 같다(Hakim, 2006). 먼저 일 중심형 여성은 자신의 직업과 경력을 관리하는데 더 가치를 두는 유형으로, 이 유형의 여성들은 주로 자녀가 없는 경우가 많고 일이나 그에 상응하는 활동에 몰입한다. 또한 시장가치를 중시하여 성과중심적이고 개인주의적이며 학위나 기타 교육훈련에 많은 투자를 한다. 두 번째로 가정 중심형 여성은 자신의 인생에서 가족과 자녀를 최우선 순위로 두기 때문에 일을 하는 것을 선호하지 않는다. 가정 중심형 여성의 경우 정부의 사회정책이나 가구 경제력에 따라 자녀의 수가 영향을 받으며, 여성의 자격증 취득은 문화적 자본의 습득을 목적으로 한다. 마지막으로 적응형 여성은 가장 많은 비율을 차지하는 유형으로 일과 가족 중 어느 한쪽의 영역으로 치중하지 않는다. 적응형에 속하는 여성들은 일과 가족 모두를 중시할 수도 있고 그렇지 않을 수도 있다. 이 유형의 여성들은 일하기를 원하지만 자신의 경력에 온전히 몰입하지는 않으며, 학위나 자격증도 일과 관련하여 취득하려는 목적을 갖는다. 적응형 여성은 정부의 사회복지 및 교육·보육서비스 관련 정책, 고용정책, 경제상황과 기회균등에 매우 민감하다.

이처럼 선호이론은 여성의 라이프스타일 선호라는 개인적 측면의 가치를 경제활동과 연관시켰다는 점에서 의의가 있으나, 여성의 라이프스타일 선호 유형이 경제활동을 지속하는데 미치는 영향력에 대해서는 한계점을 가진다. 라이프스타일 선호도는 일과 가족에 대한 개인의 가치관으로 고정적인 것이 아니며, 노동시장 참여기간, 전일제 여부 등에 따라서 라이프스타일 선호도가 바뀔 수 있다(Kan, 2005). 또한 Hakim이 제시한 사회환경 변화는 국가마다 차이가 있으며, 여성의 노동시장 참여에 대한 인식도 국가마다 상이하다(Andringa, Nieuwenhuis, & van Gerven-Haanpää, 2012). 선호이론이 현대사회 변화에 맞춰 여성 개인의 라이프스타일에 관심을 가졌다는 점에서는 긍정적이나, 라이프스타일 또한 여성이 처한 상황에 따라 달라질 수 있기 때문에 더 많은 연구를 통해 보완될 필요가 있다.

◆ 여성의 경력단절

여성의 노동시장 참여와 관련된 특징 중 하나가 기혼 여성의 경력단절 이슈이다. 여성의 노동시장 참여를 살펴보면, 2015년을 기준으로 여전히 여성의 경제활동 참여는 결혼과 출산을 겪는 30대에 낮아졌다가 40대에 재취업으로 증가하는 M자 형태를 띠고 있다(은기수, 2018). 문제는 경력단절여성이 재취업을 할 때 경력단절 이전의 일자리 수준보다 낮거나 불안정하다는 것이며, 재취업에 성공하더라도 이를 유지하지 못하고 반복적으로 실직을 경험할 가능성이 높다는 점이다(최미향, 2019).

경력단절에는 다양한 원인이 있는데, 박수정(2015)은 선행연구를 바탕으로 경력단절의 요인을 일곱 가지로 도출하였다. 첫 번째는 여성의 경력단절에 가장 많은 영향을 미치는 요인으로 출산과 양육이다. 두 번째는 가족구성원의 지지로, 가족 구성원의 지지가 없으면 일-가정 양립에서 갈등이 발생한다. 세 번째는 가정에 대한 여성의 책임감으로, 여성이 전통적인 성역할을 수용하는 경우 가정에서의 역할을 더 중요하게 여겨 스스로 경제활동에 참여하지 않게 된다. 네 번째는 노동시장 재진입 시 낮은 일자리 수준이다. 여성이 경력단절 이후 경제활동에 다시 참여하고 싶어도 일자리 수준이 경력단절 이전에 미치지 못하는 것이 이유이다. 경력단절여성의 노동시장 재진입 후 일자리 수준은 비전문직 또는 비정규직으로 구조화되어 있다는 사실이 이를 뒷받침한다(권희경, 2007). 다섯 번째는 경력단절여성에 대한 체계적인 지원의 부족이다. 노동시장에 성공적으로 재진입하기 위해서는 많은 정보가 필요하고 체계적인 준비가 필요한데, 경력단절여성들의 구직 준비는 대부분 개인적인 네트워크나 훈련기관, 강사에 의존하고 있다(박성정 외, 2005). 여섯 번째는 경력단절여성들에 대한 노동시장의 수요 부족이다. 노동시장에서 경력단절여성에 대한 수요가 특정 직종으로 한정되어 있기 때문에 경력단절여성이 선택할 수 있는 폭이 좁다(김영경, 2007). 마지막은 여성의 의지와 노력 부족이다. 여성의 의지와 노력은 노동시장 재진입 과정뿐만 아니라 재진입 이후 경력유지 과정에서도 요구되는데, 이러한 과정에서 여성이 의지가 없고 스스로 노력하지 않음으로써 경력단절이 지속된다.

◆ 일-가정 양립

여성이 가족중심적인 가치관을 지니고 있거나 여성 스스로가 경력지속을 원하지 않아 자발적으로 경력단절을 선택하는 이유를 제외한다면, 대부분의 여성 경력단절의 문제는 일-가정 양립의 문제에서 기인한다. 통계청

(2020b)에 따르면 여성의 경력단절 사유는 육아 42.5%, 결혼 27.5%, 임신 및 출산 21.3%, 가족돌봄 4.6%, 자녀교육 4.1%로 여성의 생애주기 사건에 크게 영향을 받는다. 생애주기 사건으로 인해 여성이 경력단절을 경험하는 것은 기업에서 여성의 일―가정 양립을 부정적으로 바라보기 때문이다. 「2019년 경력단절여성 등의 경제활동 실태조사」에 따르면 경력단절 당시 일자리의 분위기에 대한 응답을 살펴보면 '여성들은 결혼이나 임신을 하면 계속 다니기 어려운 분위기'에 응답한 비율은 62.3%, '여자들이 아이를 키우면서 직장생활을 할 수 없는 분위기'에 응답한 비율은 60.3%, '휴가를 자유롭게 사용하기 어려운 분위기'에 응답한 비율은 59.6%, '장시간 근로를 하는 것이 좋은 평가를 받을 수 있는 분위기'에 응답한 비율은 59.6%로 나타났다 (오은진 외, 2019).

일―가정 양립이란 한 개인이 일과 가정의 영역에서 수행하는 역할과 그로 인한 갈등을 설명하기 위한 개념으로, 직장생활과 가정생활에서 개인이 할애하는 시간이나 행동, 감정 등이 균형을 이룬 상태를 의미한다(Hill et al., 2001). 일―가정 양립의 이슈가 중요한 이유는 일과 가정 영역이 밀접하게 연결되어 있음에도 불구하고 두 영역을 이분법적으로 바라보는 관점이 개인들의 일―가정 갈등을 유발하기 때문이다(Wadsworth & Owens, 2007). 우리나라는 특히 양육에 있어서 여성의 책임을 더 강조하는 사회적 분위기로 인해 자녀의 존재가 여성의 직장생활을 어렵게 한다. 실제로 여성의 반복적 경력단절을 살펴본 최미향(2019)의 연구에서도 자녀, 특히 미취학 자녀의 존재가 여성의 경력단절을 반복적으로 증가시키는 것으로 나타났다.

정부에서는 여성의 근로환경과 일―가정 양립의 어려움을 개선하기 위하여 제도적인 노력을 기울여 왔다. 대표적으로 2007년에 개정된 「남녀고용평등과 일·가정양립 지원에 관한 법률」과 2008년에 제정된 「가족친화적인 사회환경 조성 촉진에 관한 법률」이 그것이다. 이를 통해 육아휴직, 육아기 근로시간 단축제, 배우자 출산휴가, 유연근무제도, 가족돌봄휴가 등이 추진되었다. 그러나 이러한 정책들의 실효성에 대해서는 아직까지 의견이 분분한

데, 그 이유는 현장에서 정책이 제대로 시행되기 위해서는 조직의 지원이 필요하기 때문이다. 근로자가 직장 복귀 후 업무나 승진 등에서 불이익이 발생할 것을 우려하여 일-가정 양립 정책을 활용하는 사례가 저조하기 때문에 현장에서 정책의 효과를 거두기 위해서는 조직차원의 지원문화가 중요하다(Kim & Mullins, 2016). 이와 관련된 국내 선행연구를 살펴보면, 관리자가 일-가정 양립에 우호적일수록 조직구성원들의 일-가정 양립에 긍정적 효과가 있고(유계숙, 2008), 성차별적 조직문화(이진숙, 이슬기, 2015), 회식이나 야근이 잦은 분위기(손영미, 박정렬, 2014)는 조직구성원의 일-가정 양립에 부정적 효과를 보이는 것으로 나타났다.

여성의 학습 참여

여성의 학습 참여에서는 여성의 학습에 대한 일반적인 현황을 살펴보고자 한다. 이를 위해 '여성가족패널조사' 7차 데이터[2]를 바탕으로 기초현황을 분석하였다. 먼저 교육훈련 참여를 살펴보면(<표 1> 참조), 응답시점에서 지난 1년간 교육훈련에 참여한 경험이 있는 응답자의 비율은 3.8%에 불과하였다. 연령대별로는 40대(30.2%)와 50대(24.0%)가 교육훈련에 참여한 비율이 높았다.

---

2) 제시된 기초통계 결과는 '여성가족패널조사(Korean Longitudinal Survey of Women & Families, KLoWF)' 7차 데이터를 바탕으로 저자가 분석한 내용이다. 여성가족패널조사는 한국여성정책연구원에서 여성의 삶, 가족구조, 가정생활, 가치관, 일자리 등을 파악하기 위하여 실시하고 있는 전국규모의 패널조사이다. 여성가족패널조사는 2007년 1차 조사에서 전국 9,068가구 내 만 19세부터 64세 여성 9,997명을 표본으로 시작으로 2018년에 7차 조사를 실시하였다. 기초현황은 분석시점에서 가장 최근 자료인 7차 자료를 활용하였다.

〈표 1〉 여성의 연령별 교육훈련 참여경험 여부

구분	경험 있음 빈도(백분율)	경험 없음 빈도(백분율)
20대	45(12.6)	1012(11.1)
30대	48(13.4)	1039(11.4)
40대	108(30.2)	2239(24.5)
50대	86(24.0)	2188(24.0)
60대	56(15.6)	1828(20.0)
70대	15(4.2)	826(9.0)
전체	358(100.0)	9132(100.0)

　　교육훈련에 참여한 경험이 있는 응답자를 중심으로 세부사항을 살펴보면
<표 2>와 같다. 여성이 참여한 교육유형은 크게 세 가지로, 회사가 시행
하는 업무능력 향상훈련(32.1%), 정부 지원 훈련(37.2%), 개인 선택의 교육
훈련(30.7%)이 유사한 비율로 나타났다.

〈표 2〉 여성이 참여한 교육훈련 유형

교육유형	빈도	백분율
회사가 시행하는 업무능력 향상 훈련	115	32.1
정부 지원 훈련	133	37.2
개인 선택의 교육훈련	110	30.7
전체	358	100.0

　　여성이 교육훈련에 참여하는 목적은 대부분 일과 관련되었는데, 직업 관
련 업무능력 향상을 위한 경우(57.5%)가 절반 이상을 차지하였고, 다음으로
는 취업 또는 재취업을 목적으로 하는 경우(19.0%)가 많았다. 구체적인 내
용은 <표 3>과 같다.

〈표 3〉 여성의 교육훈련 참여 목적

교육목적	빈도	백분율
(재)취업을 목적으로	68	19.0
창업을 목적으로	11	3.1
직업(직장)과 관련된 업무능력 향상을 위해	206	57.5
자격증 취득을 위해	22	6.1
취미생활을 위해	39	10.9
사회봉사를 위해	5	1.4
가족관계 등 사회성 개선을 위해	7	2.0
전체	358	100.0

다음으로 교육훈련에 참여하지 않은 응답자를 중심으로 교육훈련을 받지 않은 이유를 살펴보면 <표 4>와 같다. 먼저 미취학 자녀 유무에 따라 교육훈련을 받지 않은 1순위 이유에 대해 살펴본 결과, 미취학 자녀가 있는 여성은 시간이 없어서(44.0%)라고 응답한 비율이 가장 높았고, 미취학 자녀가 없는 여성은 받을 필요가 없어서(50.0%)라고 응답한 비율이 가장 높았다.

〈표 4〉 여성의 미취학 자녀 유무에 따른 교육훈련 미참여 이유(1순위)

구분	자녀 있음 빈도(백분율)		자녀 없음 빈도(백분율)	
받을 필요가 없어서	217	(31.7)	4101	(50.0)
시간이 없어서	301	(44.0)	2529	(30.9)
교육훈련을 받을만한 곳이 없어서	27	(3.9)	409	(5.0)
교육훈련 기관의 거리가 멀어서	9	(1.3)	133	(1.6)
교육훈련을 받을 비용이 없어서	7	(1.0)	72	(0.9)
받고 싶은 교육훈련 프로그램이 없어서	41	(6.0)	713	(8.7)
교육이나 취업정보를 어디서 얻어야 할지 몰라서	11	(1.6)	166	(2.0)
아이를 맡길 곳이 없어서	71	(10.4)	45	(0.5)
기타	0	(0.0)	27	(0.3)
전체	684	(100.0)	8195	(100.0)

교육훈련을 받지 않은 가장 큰 이유에 대하여 여성의 일자리 구분에 따라 살펴본 결과는 <표 5>와 같았다. 전일제 근로를 하는 여성은 시간이 없다고 응답한 비율(45.3%)이 가장 높았으나 시간제 근로를 하는 여성은 받을 필요가 없다고 응답한 비율(45.2%)이 가장 높았다.

<표 5> 여성의 일자리 유형에 따른 교육훈련 미참여 이유(1순위)

구분	전일제		시간제	
	빈도(백분율)		빈도(백분율)	
받을 필요가 없어서	994	(41.5)	307	(45.2)
시간이 없어서	1087	(45.3)	259	(38.1)
교육훈련을 받을만한 곳이 없어서	104	(4.3)	24	(3.5)
교육훈련 기관의 거리가 멀어서	39	(1.6)	13	(1.9)
교육훈련을 받을 비용이 없어서	9	(0.4)	7	(1.0)
받고 싶은 교육훈련 프로그램이 없어서	137	(5.7)	51	(7.5)
교육이나 취업정보를 어디서 얻어야 할지 몰라서	21	(0.9)	13	(1.9)
아이를 맡길 곳이 없어서	6	(0.3)	5	(0.7)
전체	2397	(100.0)	679	(100.0)

마지막으로 연령대별로 희망하는 교육훈련 유형 1순위를 살펴본 결과는 <표 6>과 같다. 교육훈련을 받을 의향이 없다고 응답한 경우를 제외하면, 모든 연령에서 취미교육에 대한 희망이 가장 많은 비율을 차지하고 있었다. 또한 연령이 높아질수록 기초학력교육을 희망하는 비율이 증가하였고 직업훈련에 대한 희망 비율은 낮아졌다.

〈표 6〉 여성의 연령별 희망교육훈련

구분	빈도(백분율)					
	20대	30대	40대	50대	60대	70대
기초학력교육 (문자해독, 초·중·고등학교)	2 (0.2)	2 (0.2)	4 (0.2)	10 (0.5)	15 (0.8)	18 (2.2)
고등교육 (대학, 대학원)	24 (2.4)	8 (0.8)	14 (0.6)	12 (0.5)	10 (0.5)	3 (0.4)
직업훈련	67 (6.6)	65 (6.3)	120 (5.4)	62 (2.8)	26 (1.4)	1 (0.1)
취미교육 (여가, 건강, 교양 등)	103 (10.2)	211 (20.3)	461 (20.6)	436 (19.9)	301 (16.5)	110 (13.3)
교육훈련 받을 의향 없음	816 (80.6)	753 (72.5)	1640 (73.2)	1668 (76.2)	1476 (80.7)	694 (84.0)
전체	1012 (100.0)	1039 (100.0)	2239 (100.0)	2188 (100.0)	1828 (100.0)	826 (100.0)

이밖에도 여성의 학습참여는 가사와 육아, 직업적 상황뿐만 아니라 배우자의 지지나 가사참여 정도, 가사 및 돌봄의 지원 여부 등에 의해서도 영향을 받는다. 여성이 겪는 다양한 생애경험과 그에 따른 역할에 따라 여성의 학습참여 양상도 달라질 수 있기 때문에 여성의 학습참여 패턴을 확인하기 위해서는 다양한 요인을 함께 고려할 필요가 있다. 더불어 여성가족패널조사를 통해서는 교육훈련에 참여하지 않거나 희망교육훈련에서 교육훈련을 받을 의향이 없다고 응답한 경우에 대해서 추가적인 내용을 파악하기가 어렵다. 이에 대하여 여성이 교육훈련을 받을 의향이 없는 이유가 여성이 처한 상황에서 기인하는지, 여성 개인의 학습동기나 학업에 대한 자신감 등 심리적 요인에서 기인하는지를 심도있게 살펴보는 것이 필요하다.

나가며

본 장에서는 여성의 생애와 노동시장 참여에 대한 몇 가지 대표적 이슈와 여성의 학습참여에 대한 일반적 현황을 살펴보았다. 여성과 관련한 이슈는 개인, 가정, 노동시장 등의 영역에서 복합적으로 발생한다. MaDonald(2000)는 여성이 고등교육과 경제활동을 통해 누리게 된 개인으로서의 평등한 자유와 권리가 아내 또는 어머니의 역할로 인해 상실된다면, 여성은 더 이상 결혼과 출산을 선택하지 않게 될 것이라고 하였다. 우리 사회가 맞닥뜨린 저출생과 고령화의 위기에서 여성이 경험하는 일과 경력에서의 문제를 개선하기 위해서는 여성이 가정이나 조직에서 겪게 되는 문제들로 인해 이분법적인 선택 상황에 놓이지 않고 원하는 삶과 역할을 누릴 수 있도록 돕는 것이 중요할 것이다.

참고문헌

강이수, 신경아(2009). *여성과 일: 한국여성 노동의 이해*. 파주: 도서출판 동녘.

곽현주, 최은영(2015). 기혼여성의 경제활동참여에 영향을 미치는 요인: 가정과 노동시장의 성불평등 구조를 중심으로. *여성연구*, *88*(1), 429-456.

권희경(2007). 건강한 가정, 건강한 경남을 위한 발전전략: 경남의 건강 가정과 행복추구를 위한 정책적 제언. *경남발전*, *86*, 33-45.

금재호(2004). 노동시장 이중구조와 성차별: 직종분리를 중심으로. *응용경제*, *6*(3), 259-290.

김경애(1999). *한국여성의 노동과 섹슈얼리티-여자 팔자 뒤웅박 팔자*. 서울: 풀빛.

김난주, 김태홍, 이승현, 이서현, 전병유, 박미연(2017). *2017년 여성관리자패널조사*. 서울: 한국여성정책연구원.

김수정(2007). 여성가구주 가구의 빈곤원인과 빈곤위험의 젠더격차. *페미니즘연구*, *7*(1), 93-133.

김영경(2007). 고학력 경력단절여성의 경력개발계획과 재취업교육 요구분석 연구. *여성연구*, *73*(2), 85-118.

김은지, 송효진, 배호중, 선보영, 최진희, 황정미(2019). *저출산 대응정책 패러다임 전환 연구(I): 청년층의 젠더화된 생애전망과 정책정합도 분석*. 서울: 한국여성정책연구원.

김혜영(2003). 한국의 가족주의와 여성 인권. *아시아여성연구*, *42*, 92-46.

문지선(2017). 부부의 성역할 태도로 본 기혼여성의 경제활동. *한국사회학*, *51*(2), 191-232.

민현주(2008). 여성취업의 두 갈래길: 상위와 하위 수준 일자리 진입 결정 요인을 중심으로. *경제와 사회*, *78*, 223-255.

박성정, 김남희, 이소연, 김미경(2005). *중장년층 여성인적자원개발 실태와 정책과제*. 서울: 한국여성정책연구원.

박수정(2015). '다시 일터로 돌아온 여성'을 통해 살펴 본 여성의 삶과 학습의 일상성. *아시아여성연구*, *54*(1), 111-140.

박은하(2011). 성별에 따른 '양질의 일자리' 결정요인 연구. *한국여성학*, *27*(3), 1-38.

박통희, 양건모(2004). 남성중심의 경쟁적 직장문화에서 여성의 프로페셔널 리더십: 광고인 최인아에 대한 사례연구. *사회과학연구논총*, *13*, 5-39.

배호중, 김정욱(2020). 신혼 여성근로자의 노동시장 이탈에 영향을 미치는 요인: 일자리 특성을 중심으로. *여성연구, 106*(3), 93-126.

석재은(2004). 한국의 빈곤의 여성화에 대한 실증 분석. *한국사회복지학, 56*(2), 167-194.

손영미, 박정열(2014). 기혼여성근로자의 일-가족 전이에 미치는 조직문화와 지원제도의 영향력 비교. *한국웰니스학회지, 9*(4), 111-125.

오은진, 강민정, 정성미, 이서현, 노우리, 손창균(2019). *2019년 경력단절여성 등의 경제활동실태 조사*. 서울: 여성가족부.

유계숙(2008). 가족친화적 조직문화가 근로자의 일-가족 조화와 삶의 질에 미치는 영향. *한국가 정관리학회지, 26*(5), 27-37.

은기수(2018). 한국 여성의 경제활동참여와 경력단절. *한국인구학, 41*(2), 117-150.

이상림(2013). 혼인동향과 혼인이행 분석. *보건사회연구, 33*(4), 39-71.

이숙진(2003). 임신차별금지의 포괄성의 실효성. *한국여성학, 19*(3), 149-178.

이순미(2014). 생애과정의 복합적 탈근대화와 가족화와 개인화의 이중적 과정: 1955-1974년 성 인기 이행 배열분석을 중심으로. *한국사회학, 48*(2), 67-106.

이은아(2006). 중년기 기혼남녀의 성역할 태도와 심리적 적응의 관계. *한국가정과학회지, 9*(1), 25-42.

이진숙, 이슬기(2015). 일-가족 양립정책 이용이 일-가족 양립 인식에 미치는 영향에 관한 연구. *공공사회연구, 5*(1), 103-138.

이진희, 배은경(2013). 완벽성의 강박에서 벗어나 '충분히 좋은 어머니'(good-enough mother)로: 위니캇의 유아정서발달이론과 어머니 노릇을 중심으로. *페미니즘연구, 13*(2), 35 - 75.

정순둘, 배은경, 최혜지(2012). 세대별 부양의식 및 성역할 인식 유형. *한국가족복지학, 17*(2), 5-23.

정한나, 윤정혜, 최숙희(2016). *한국 여성의 고용과 경력단절에 관한 연구: 고용보험 DB를 활용 하여*. 충북: 한국고용정보원.

조성혜(2017). 양성평등정책과 성평등한 노동시장을 위한 법제: 일·가정 양립 지원제도를 중심으 로. *사회법연구, 32*, 189-225.

고영우, 윤미례, 이동선(2019). *성역할 인식과 분업 및 여성의 경제활동 사이의 관계 분석*. 세종: 한국노동연구원.

통계청(2020a). *e나라지표-여성경제활동인구 및 참가율*. https://www.index.go.kr/ potal/main/EachDtlPageDetail.do?idx_cd=1572

통계청(2020b). *2020 통계로 보는 여성의 삶*. 통계청 보도자료(9월 2일자).

최미향(2019). 반복적 경력단절에 관한 연구. *여성연구, 103*(4), 5-29.

황수경(2003). *여성의 직업선택과 고용구조.* 세종: 한국노동연구원.

Andringa, W., Nieuwenhuis, R., & van Gerven-Haanpää, M. M-L.(2012). Women's employment: The interplay between individual work preferences and country liberalism in 24 European countries. *Institute for Innovation and Governance Studies(IGS).*

Carbone, J., & Cahn, N.,(2014). *Marriage Markets: How Inequality is Remaking the American Family.* Oxford University Press.

Cho, J., & Lee, J.(2015). Persistence of the gender gap and low employment of female workers in a stratified labor market: Evidence from South Korea. *Sustainability, 7*(9), 12425-12451.

Cho, J., Lim, C., & Lee, J.(2010). Gender and job turnover in the dual labor market: A Korean perspective. *Asian Journal of Women's Studies, 16*(1), 91-124.

Choi, M.(1994). *Lifetime occupational achievement of female workers: The case of the Republic of Korea.* Dissertation Thesis, University of Chicago.

Copur, Z., Erkal, S., Dogan, N., & Safiak, S.(2010). Sharing and spending time on domestic task: A Turkish sample. *Journal of Comparative Family Studies, 41*(1), 87-109.

Doeringer, P. B., & Piore, M. J.(1971). *International Labor Markets and Manpower Analysis.* Lexington Books.

Erickson, R. J.(2005). Why emotion work matters: sex, gender and the division of household labor. *Journal of Marriage and Family, 67*(2), 337-351.

Hakim, C.(2000). *Work-lifestyle choices in the 21st century: Preference theory.* Oxford University Press.

Hakim, C.(2003). A new approach to explaining fertility patterns: Preference theory. *Population and Development Review, 29*(3), 349-374.

Hakim, C.(2006). Women, Careers, and work-life preferences. *British Journal of Guidance & Counselling, 34*(3), 279-294.

Hill, E. J., Hawkins, A. J., Ferris, M., & Weitzman, M.(2001). Finding an extra day a week: The positive influence of perceived job flexibility on work and family life balance. *Family Relations, 50*(1), 49-58.

Kan, M. Y.(2007). Work orientation and wives' employment careers: An evaluation of Hakim's preference theory. *Work and Occupations, 34*(4), 430-462.

Kim, T., & Mullins, L. B.(2016). How does supervisor support and diversity management affect employee participation in work/family policies?. *Review of Public Personnel Administration, 36*(1), 80-105.

King, E. B., & Botsford, W. E.(2009). Managing pregnancy disclosures: Understanding and overcoming the challenges of expectant motherhood at work. *Human Resource Management Review, 19*(4), 314-323.

Konrad, A. M., & Harris, C.(2002). Desirability of the Bem Sex-Role Inventory items for women and men: A comparison between African Americans and European Americans. *Sex Roles, 47*(5), 259-271.

Kulik, L.(2002). The impact of social background on gender-role Ideology. *Journal of Family Issues, 23*(1), 53-73.

Reid, L. W., & Rubin, B. A.(2003). Integrating Economic Dualism and Labor Market Segmentation: The effects of Race, Gender, and Structural Location on Earning. *The Sociological Quarterly, 44*(3), 405-432.

Standing, G.(1989). Global feminization through flexible labor. *World Development, 17*(7), 1077-1095.

Wadsworth, L., & Owens, B.(2007). The effect of social support on work-family enhancement and work-family conflict in the public sector. *Public Administration Review, 67*(1), 75-87.

학습과 일의
의미

02

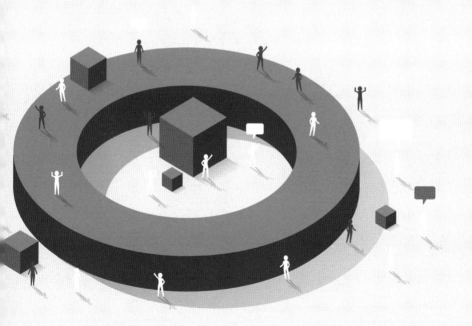

일의 의미와 인적자원개발

김효선(hyosunk@gmail.com)

김효선은 미국 오하이오주립대학교에서 박사학위를 취득하였다. 현재 상명대학교 교육학과 부교수에 재직중이며 평생교육과 HRD 관련 강의를 맡고 있다. 연구 관심분야는 조직문화, 네트워크 기반 학습, 일터에서의 성찰, 여성 경력개발 등이 있다.

일의 의미와 인적자원개발

김효선

인적자원개발은 일터에서 학습을 통해 조직과 개인의 성장을 탐구하는 학문이다. 우리는 어떻게 개인의 학습을 통해 조직이 성과를 내고 효율적으로 몰입하게 할 것인가에 대한 연구는 활발히 하고 있지만, 정작 '일' 그 자체에 대한 의미와 가치가 무엇인가에 대한 연구는 미비한 실정이다. 인간의 삶의 대부분은 직업을 영위하고 살아간다. 이에 우리가 사는 삶의 대부분은 어떤 일을 할 것인가를 준비하고 수행한다. 학교교육이 평균 20년 정도라고 생각한다고 해도 나머지 40년 이상을 직업을 가지며, 일상생활의 핵심적 활동임과 동시에 우리 삶의 대다수 시간을 '일'과 관련된 활동을 하며 살고 있다(Calhoun & Hinch, 1982). 이것은 존재의 기초적인 이유이자 또한, 한 나라의 시민으로서 의무라고 여겨질 수 있다. 직업을 영위하는 인간으로써 사회인으로 일이 어떤 의미를 갖고 어떠한 방향으로 나아가야 하는가에 대한 논의보다는 기술적인 성격의 논의들이 연구에도 더 많이 나타나 있다(나승일 · 김강호, 2008). 이러한 원인은 "일"에 대한 재의미화 작업이 요청된다. 인간에게 '일'이 갖는 의미가 무엇이며, 그 의미가 무엇인지를 고찰해보는 것은 앞으로 인적자원개발이 나아가야 할 방향을 재고찰하는 데 필요할 것이다.

이러한 '일'에 대한 의미를 고찰하는 것은 직무에 유의미함을 느낄 수 있는 심리상태로 만들어 주어 동기수준을 높이고, 그 결과 직무만족도와 생산성을 높이게 된다. Dik와 그의 동료들(2013)은 긍정심리학이나 긍정조직학에 대한 연구들이 확장되고 관련 연구가 증가하는 것은 일에서의 긍정적 의미를 찾기 위한 노력은 많이 이루어지고 있으나 일의 목적과 의미와 관련된 학문분야에 대한 연구가 미비하여 특별히 정리된 결론이 없이 여러 가지 이론들만 나열되고 있다고 지적하였다.

그럼에도 불구하고 "일"이 우리 삶에 어떤 영향을 주는가에 대한 논의는 많이 이루어지지 않았다. 직업은 인간이 단지 생물학적인 연명을 위해서나 사회적 지위획득 및 활동을 위한 필수적일 뿐 아니라 자신의 존재가치와 의미를 실현시키는 수단이요 통로라고 할 수 있지만(이종하, 김선희, 정영근, 2010), 그것을 이론적으로 규명한 연구는 많지 않았고, 직업의 개념을 정립하고 이를 직업관련 교육 및 훈련에 대한 학문적 체계성을 구축하고 깊이 있는 탐색이 필요하다.

그러므로 본 장에서는 '일'이 인간에게 주는 상징적인 의미로서 한 개인이 타자와 또는 사회와 의사소통 행위의 유형이라고 보고 그것을 바탕으로 직업에 관한 교육의 함의를 찾는 것에 목적을 두고 있다. 이 장을 통해서 우리는 학문적 실천적 일을 더 의미 있게 만들고, 나아가 조직과 구성원들의 일터에서의 삶을 더 가치 있게 만들 수 있을 것이다.

일과 직업에 대한 논의

◆ 일과 직업의 정의(Definition)와 가치(Value)

일의 의미는 매우 포괄적이다. 일에는 무급으로 봉사하는 것도 있으며, 노동에 대한 대가를 일정 정도 받고 유급으로 수행하는 일도 있다. 우리는 내가 가꾸는 채소를 돌보는 것도 일하러 간다는 표현을 사용하기도 한다. 따라서 일에 대한 논의 전에 일의 의미를 이 장에서는 어떻게 규정짓는가를 제시하고자 한다.

일(work)은 인간의 능동적인 모든 활동 중 휴식과 놀이 또는 여가활동을 제외한 것을 뜻한다(정석용·이규은, 2010). 일 중에 직업적 행위가 포함될 수 있지만, 직업이 일(work)을 뜻하는 것은 아니다. 이무근(2006)은 '직업'을 규정할 때 사회적 책무로써 개인이 맡아야 하는 직무뿐 아니라 생계유지나 과업을 위하여 수행하는 노동행위가 포함되어 있다고 지적하였다. 우리가 수행하는 일 가운데 생계를 위한 목적으로 참여하는 활동을 직업(織業, vocation, career, occupation)이라고 한다(김경회, 2003). 그 중 Occupation은 유사한 직무(job) 집합을 직업으로 정의하며 특정 직업의 무리로서 직군에 더 가깝고(ILO, 2021), vocation과 career의 경우 시대가 변천하면서 일의 개념이 변화된 것으로 볼 수 있다. Career는 좀 더 포괄적인 개념으로 Super(1980, p. 282)의 정의를 빌리자면, 우리가 일생 동안 개인의 역할의 조합(combination)과 순열(sequence)로 볼 수 있다. 따라서 Career는 일터와 삶의 영역을 넘나들며 다양한 역할과 일생을 통해 진화하고 축적되어가는 역할의 조합이라 할 수 있다. 시대적 맥락에 따라 일 혹은 직업에 대한 개념은 역사상 특정 시대와 특정 사건을 바탕으로 하여 논의는 계속 진행되어오고 있다. 따라서 지속적으로 사회·문화적 특성에 영향을 받으며 진화해왔다고 볼 수 있다. 직업의 의미는 고정된 실체가 있다기보다는 사회적·문화적 배경에 따라 변화되어 왔다. 고대 그리스어로 슬픔(Ponos)

을 어원으로 하고 있다. 그리스 시대에 귀족들을 '일'을 하지 않고, 일을 주로 담당하는 사람들은 노예이거나 평민이었고, 일이라는 것도 세습이 되는 것이기에 일이라는 것이 주는 의미 한 켠에는 슬픔이 있었다. 그러나 일은 중세시대에 가서 기독교와 함께 절대자로 하여금 소명을 받아 행하는 일로 벌과 속죄를 뜻하게 되었고 후에 영어로는 Vocation으로 표기하고 있다. 그러나 중세시대를 지나 절대왕권이 붕괴하고 종교개혁 등 다양한 시대의 변모는 직업에 대해서도 변화를 가져왔다. 즉, 직업을 통해 자본을 창출할 수 있던 전문가 및 상공업자들은 귀족들만큼 목소리를 낼 수 있었고 우리나라의 경우도 조선 후기에는 돈으로 사회적 지위를 살 수 있게 되었다. 직업을 통해 적정한 노동과 재화의 창출은 인간에게 자유와 유동성을 가져오게 되었다. 따라서 vocation으로 불리던 소명을 강조한 직업에 대한 개념은 1970년대에 오면서 개인의 삶의 다양한 영역을 아우르는 Career라는 용어로 우리에게 전달되어 오고 있다. 예를 들어, 전미직업교육학회도 Vocational Education에서 America Career and Technical Education(ACTE)으로 용어를 변경하는 등, 직업이란 용어가 내포하는 것과 개별직업의 가치 역시 시대에 따라서 조금씩 변화하고 있다(김효선, 2021).

직업, 즉 노동으로 수행하는 일들을 어떤 시각으로 바라볼 것인가와 관련하여 상대적으로 다르게 평가될 수 있는 것이다. 직업에 대한 용어가 서양에서 다양한 용어와 개념으로 변화해왔듯이, 앞으로 미래에 또 다른 용어와 개념이 등장하지 않으리라는 보장은 없다. 본 장에서 일은 광의의 의미보다는 직업과 같은 개념으로 개인이 사회에 적절 수준의 대가를 받으며 조직과 관계를 맺어 사회에 참여하는 것으로 규정한다. 직업의 개념은 위에서 살펴본 것처럼 사회에 따라서 변화하지만, 변화하지 않은 속성은 사회에서 직업을 통해 요구되어지는 가치는 변하지 않았다.

변하지 않는 직업의 가치는 첫째, 직업은 개인이 지속적으로 수행하는 노동 또는 일로서 개인의 생계유지와 밀접한 관련이 있다(Dublin, 1965). 둘째, 개인은 직업을 통하여 사회에 공헌하며 사회의 발전과 개인의 자아실현이 동시에 이루어 질 수 있는 가치 있는 일이다. 셋째, 사회구성원으로써 자신의 역할을 분담하여 가지게 된다. 이를 통하여 생계를 유지할 뿐 아니라 사회적 역할을 수행하며 자아를 실현하게 된다(정석용·이규은, 2010)는 데 있다. 이무근(2006)은 직업은 금전적 보상과 상관없이 인간의 기본적 요구로서 부름받는 '일(calling)'까지 포함하는 개념으로 규정하였다.

하버마스는 인간에게 노동과 상호작용이 사회와 문화를 통해 인간됨의 자기형성적 과정(self-formative process)이며, 모든 노동은 사회적이며 동시에 의사소통의 맥락에서 일어난다고 지적하였다(Giddens, 1982). 즉, 인간의 지속적인 경험을 통해 자신의 본질이나 특성 역시 변화하고 발전하는데 그 중 노동이 주는 사회적 의미는 인간에게 큰 비중을 차지한다. 이 과정에서 인간이 자신이 실존하는 세계에 대한 이해는 상호작용 속에서 이루어지며, 이를 만들어 가는 인간은 고정된 틀과 기준이 아닌 자신의 가치관과 신념, 경험이나 지식 및 해석과 판단에 의해서 능동적으로 만들어나가는 존재이다.

따라서 하버마스가 말한 의사소통행위는 단지 담화(대화)만을 뜻하는 것이 아닌 우리가 일을 통해 사회와 어떠한 상호작용을 하고 이러한 의사소통행위가 인간에게 어떠한 의미를 미치는가를 살펴볼 필요가 있다.

하버마스의 의사소통행위이론으로 비춰본 직업의 의미

◆ 하버마스의 세상을 보는 눈: 행위양식

하버마스(1984)는 인간행위의 유형은 인간의 다양한 관심과 인식에 근거한 합리성 개념의 확대를 기반으로 하고 있다. 하버마스는 성공 지향적 행위와 의사소통 행위로 구분하여 인간행위를 설명하고 있다. 첫째, 성공 지향적 행위는 인간이 개인적·사회적 차원에서 스스로 설정한 목적을 달성하기 위한 것으로 도구적·전략적 행위로 설명할 수 있다. 이는 정해진 목적을 실현하기 위해서 효율이나 이기적인 형태의 계산을 수반한다는 점에서 인지적－도구적 합리성에 기인하는 행위라고 볼 수 있다. 그러나, 의사소통 행위는 타자와의 의사소통을 기반으로 상호이해와 합의를 하는 행위로 개인 간의 의사소통뿐 아니라 집합적 개념의 의사소통을 포괄한다. 특히, 집합적 합의를 수행할 때 의사소통은 규범적인 타당성과 진실성이 포함된 포괄적 합리성을 의미한다. 이에 우리는 하버머스의 행위양식 중 인지적－도구성 합리성을 넘어 포괄적 합리성을 추구하는 의사소통 행위에 대해 좀 더 구체적으로 살펴볼 필요가 있다.

◆ 하버마스의 의사소통행위

하버마스에게 있어서 의사소통행위은 주요 개념은 상호이해이다. 상호이해를 위해서는 언어를 기반으로 대화에 사람들 간의 이해를 지향하며, 이를 통해 상호이해뿐 아니라 우리는 지식공유·상호신뢰와 조화를 기반으로 합의를 이끌어 내는 것이다(McCarthy, 1981). 또한, 대화라는 상호작용은 자신이 대화를 통해서 자신의 행위를 이끌어 가려는 태도, 책임과 의무를 기꺼이 받아들이는 성실성 등을 통해서 쌍방이 서로 간의 신뢰를 회복하고 난 후에라야 계속 진행이 가능하며 합리적인 방법을 통해서 노력이 이루어질 때, 즉 진실성과 규범적 타당성이 기초로 할 수 있을 때 의사소통적 상호작용이 이루어질 수 있다(한기철, 2008). 따라서 하버머스가 이야기하는 진정한 의미에서의 의사소통행위는 주체가 스스로 참여하며, 그 과정은 합리적인 방식으로 이루어져야 한다. 따라서 하버머스는 의사소통행위의 조건으로 모든 행위자들에게 참여를 보장하며, 아무 통제가 없이 자유롭게 참여할 수 있는 것을 '이상적 발화상황(Die ideale Sprechsituation)'이라고 정의하고 있다. 이상적 발화상황은 진실된 합의를 기반으로 해야 하며, 이를 가져오기 위해서는 구조적 특성이 중요하다고 지적하였다. "발화행위들을 수행할 기회의 균형배분"이 가장 중요한 기본 전제라고 보았다. 현실에서 이러한 상황에서의 의사소통행위는 쉽지 않지만, 그는 이러한 기준을 제시하여 무엇이 이상적인 상황인가를 설정하였다.

또한, 하버마스의 의사소통행위론은 사회가 어떻게 진화하는지, 이를 위해 어떻게 사회개혁을 해야 하는가를 중요하게 여긴다(Habermas, 1987). 그는 사회를 생활세계(Life World)로부터 정치와 경제의 시스템이 점차적으로 분화되는데, 여기서 언어, 권력, 화폐가 주요 매개로 각 체계만의 조정적 메커니즘을 구성한다고 지적하였다. 특히 생활세계(life world)는 상징성을 갖는 구조화된 언어를 통해 의사소통이 이루어지지만, 정치와 경제의 시스템은 도구적 목적을 추구한다고 보았다.

◆ 의사소통이 이루어지는 세계: 생활세계의 사회구조

생활세계와 사회구조로서의 체계(A system as social construct and life-world)

하버마스는 사회를 생활세계와 체계를 통해 설명하고 있다. 첫째, 생활세계는 의사소통을 하는 화자와 청자가 만나, 자신의 타당성 주장들을 비판하고 확인하여 합의를 끌어낼 수 있는 선험적 세계이다(Habermas, 1985). 이러한 생활세계는 의사소통적 합리성을 추구하며 상호이해를 관계성으로 언어를 매개로 이해지향적이며, 상징적 재생산(문화, 사회, 인성 등)을 통해 사회통합을 이루는 영역이다(Habermas, 2006). 둘째, 시스템(system)은 생활세계(life world)와 대비되는 개념이다. 생활세계로부터 화폐와 권력매체에 의하여 분화 자립화된 영역으로 정치와 경제를 뜻한다. 이러한 시스템은 화폐와 권력을 통해 목적, 즉 성공지향적이 될 수밖에 없다고 지적한다. 미국의 기능주의 사회학자인 파슨스(Talcott Parsons)는 모든 가능한 사회적 관계는 시스템으로 파악된다고 주장했다. 하버마스는 파슨스는 그의 이론을 확장하여 사회를 체계인 동시에 생활세계로서 파악한다. 하버마스에 따르면 체계(system)와 생활세계(life world)를 구분하는 자만이 근대의 병리를 파악할 수 있다고 지적하였다.

사회통합: '생활세계의 식민화'

하버마스는 앞서 언급한 도구주의적 시스템을 비판하면서 '사회통합'과 '체계통합'이라는 개념을 분리하였다. 사회통합이 사회 내에서 말하고 행동하는 주체들의 사회화를 담당하고 있는 제도 체계들과 관련된 반면, 사회 체계들은 상징적으로 구조화된 생활세계에서 가변적 환경 아래서 복합성을 극복하기 위한 능력이라는 측면에서 나타난다(Habermas, 1985b).

하버마스는 노동조합 활동을 예시로 설명하면서 생활세계가 아직까지는 시스템(system)의 하위로 전락하지 않았다고 본다. 즉, 권력과 돈을 매개역할이 가지고 있는 한계로 지적하면서 우리는 아직 다양한 의사소통행위와 연결된 다양한 저항운동, 즉 평화운동, 여성운동, 환경운동, 반핵운동 등 다양한 연대를 통해 사회개혁을 통한 사회진화를 만들어 가고 있다고 보았다. 이러한 힘은 연대성과 상호성을 학습해야 할 필요가 있으며, 사적 이익만을 위해 사용하는 도구적 합리성이 아닌, 다양한 사회개혁은 의사소통적 담화행위를 통해 달성할 수 있다고 보았다. 우리는 직업을 논의할 때 금적적인 것이나 사회적 권력을 창출하는 외연적 잣대가 아닌 공론화된 영역 속에서 우리의 일과 직업을 논의할 필요가 있다. 이는 기업이나 조직을 사적영역으로만 규정할 것이 아니라 개인과 사회와 중첩되는 지점에 대한 인식과 균형 잡힌 시각이 필요하다.

인적자원개발 및 직업교육과 관련된 실천가들은 사적 이익, 혹은 조직의 이익을 지양하고 좀 더 사회적 정의감을 바탕으로 우리의 '일'의 공공선을 논의할 때, 좀 더 사회 통합적인 관점에서의 일과 직업에 대한 논의가 이루어질 것이다.

나가며

본 연구는 직업을 개인이 사회 속에서 의미를 창출하는 하나의 수단이며 또 다른 사회에서 끊임없이 나를 표현하는(identify) 언어행위, 즉 의사소통 행위라고 전제하고 이를 하버마스의 의사소통 행위이론을 바탕으로 규명해 보았다.

하버마스의 의사소통적 행위이론은 일반적인 의사소통에 관한 이론이 아니며, 베버(Max Weber)로부터 오늘날의 포스트모더니즘에 이르는 근대성 비판이 지닌 한정된 관점을 조명하고, 근대성의 이념을 의사소통적 합리성의 관점을 토대로 재구성하고자 하는 이론이다. 하버마스는 인간의 사회적 행동을 의사소통 행위(communicative action)와 전략적 행위(Strategic action)로 나누고 전략적 행위는 체계의 의해서 비합리적인 의사소통 행위가 가능한 것으로 명명하였다(Habermas, 1979). 그러나 의사소통을 행위가 이루어지는 공간은 생활세계에서 이름이 갖는 하나의 상징성은 그 의미를 통한 의견교환을 촉진시키는 유용성을 제공하고 이러한 명칭이 인간에게 적용되면, 그것은 공유된 것처럼 보이는 의미를 전달하는 간단한 수단을 제공한다. 다시 말해서, 언어의 그 의미는 상호교환을 형성하듯이(Lopez & Snyder), 직업은 자신의 역량 및 다양한 개인적인 특성을 바탕으로 타인, 혹은 조직과 사회와 끊임없이 상호교환을 이루는 하나의 의사소통의 행위라는 것이다. 따라서 사회 속에서 조직은 하나의 의사소통 행위가 이루어지는 장이라고 볼 수 있겠다.

하버마스가 "언어"를 하나의 의사소통 도구로 사용한 것처럼, '직업' 역시 인간이 사회와 의사소통하는 하나의 상징성을 갖는 도구적 의미로 사용될 수 있다. 직업이 하나의 기표로서 작용한다는 것은 직업을 이해하는 하나의 근원적인 것으로 경제, 인구학적 변화, 기술의 발달에 의해서 일의 개념이 진화해온다는 견해들(Patton, 2000)과 별개의 논리의 전개이다. 즉, 일의 개념이 진화하면서 발달하는 부분도 있지만, 그것이 가진 변하지 않는 속성을 가지고 있으며, 그것이 바로 인간은 직업을 통해서 사회와 의사소통을 하는 존재라는 것이다.

의사소통이론에 비추어 보면 직업이라는 '활동'은 개인이 사회와 다른 사람들과 의사소통하는 또 다른 수단이다. 이러한 형태의 의사소통은 계속 한 방향으로 이루어질 수도 있고, 또한 이는 다양한 단절과 새로운 출발이 생성된다. Riverin-Simard(1988, 1990, 1991, 1998)의 이론과 상응한다. 하버마스의 이론을 통해서, 우리는 실직자들이 단지, 생계를 유지하지 못하는 막막함도 있겠지만, 사회와 의사소통하는 기표(記標)를 상실하는 데서 오는 사회적 정체감(social identity)을 상실함에 따른 영향력 또한 중요한 요인일 것이라는 점을 유추할 수 있다.

하버마스의 의사소통행위이론을 통해서 직업은 개인에게 사회적 정체감(social identity)을 부여하고 사회와 의사소통할 수 있는 기회의 장을 마련해준다고 볼 수 있겠다. 이러한 직업에 대한 의미부여는 단순히 개인의 사회적 정체감뿐 아니라 개인에게 왜 내가 이 일을 하는 것이 중요한 것인지에 환기하게 되고, 그 결과로 일에 대한 헌신, 조직에 대한 신뢰는 자동으로 따라가는 부산물이 될 것이다. '직업'이 가지고 있는 함의를 모색하고 이를 인적자원개발 및 직업관련 교육으로 연결시키려는 것은 관련 학자 및 실천가들에게 중요한 작업 중 하나일 것이다. 하버마스의 의사소통이론을 바탕으로 직업은 노동을 통해서 인간성을 실현해나가는 장으로 한 개인(화자)이 타자(청중) 또는 사회, 조직과 의사소통을 하며 사회에서 자신의 존재를 확인하고 정체성을 구축하게 된다.

그러므로 직업을 위한 직업에 대한 교육과 훈련은 직업에 대한 기술을 전달하는 기술적(Technical) 측면뿐 아니라 한 인간이 사회에 의사소통하기 위한 최소한의 요구 사항일 것이다. 이러한 직업이 인간에게 주는 표상을 이해하고 직업교육의 방향성을 만들어나간다면 보다 직업에 대한 진정성과 직업교육의 참 의미를 찾을 수 있을 것이다. 장상호(2009)의 말을 빌리면,

"직업이 하나의 수도계의 성격을 띨 때 그것을 소재로 하는 교육이 가능하다고 지적하고 있다(p. 286)". 이 말은 우리는 노동을 통해서 인간성을 실현해나갈 수 있으며 그런 방식으로 직업의 세계를 구성할 수 있다. 교육의 소재는 외재적 이유를 떠나 개인의 삶의 기쁨을 누릴 수 있는 방식으로 선택될 수 있어야 한다. 직업에 이러한 정의를 전제할 때, 인적자원개발 및 직업교육은 인간이 사회의 온전한 일원으로 합리적인 의사소통을 할 수 있도록 도와주는 필수적인 과정으로 생활세계와 체계를 연결해주는 하나의 고리라고 볼 수 있다.

본 논의를 바탕으로 앞으로 인적자원개발이 나아가야 할 방향을 제언하면 다음과 같다. 직업의 종류와 직업교육이 이루어지는 형식들이 바뀌고 사회의 변화에 의해서 진화되지만, 그것이 가지고 있는 본래직 함의는 변하지 않는 것이며 이를 다양한 방법으로 규명하는 것도 교육에서 더욱 더 많이 논의되어야 할 부분이다. 인적자원개발 및 직업교육의 기술적인 영역만큼, 이론적인 바탕을 견고히 하는 것도 중요할 것이다. 이러한 점에서 본 연구는 다음과 같이 나아가야 할 방향을 제언하고자 한다.

첫째, '일'은 개인의 적성과 흥미 등, 개인의 정체성(individual identity)뿐 아니라 사회적 정체성(social identity)을 찾아주는 작업이며 일에 대한 의미와 함께 사회에 대한 이해 또한 바탕이 되어야 한다. Goffman(1961)은 사회적 정체성(social identity)이라는 것은 개인이 다른 이들과 상호작용을 통해서 사회 안에서 존재된다고 보았다. 이러한 과정에서 일은 개인이 다른 사람들과 공유되어지면서 자신의 정체감에 대한 어떤 영역을 만들어 나가는 것이라고 지적하였다. 경력 및 진로개발은 전략적 행동이 아닌 보다 의사소통행위에 가까운 개인이 자신에 대한 이해와 타인 혹은 사회에 대한 이해를 기반으로 이루어져야 할 것이다.

둘째, 직업의 의미는 공공선의 추구를 통하여 사회에 대한 통합력을 향상시켜야 한다. 직업에 대한 의미찾기는 조직의 특정목적을 위한 행위가 아닌 콜버그와 하버마스가 이야기하는 것처럼 생활세계에서 공공선을 통한 사회

적 통합력을 강화시킬 것이다. 이러한 사회통합력은 윤리 영역에서 구체적
인 전통 및 이익들과 함께 얽혀 있다. 직업을 통한 의사소통행위가 합리적
으로 이루어지려면 관련 직업윤리가 강화되어야 할 것이다. 직업윤리의 강
화는 자신의 일(career)에 대한 신뢰성 증가로 이어지며, 그 결과 성과가 증
진되어진다는 연구는 많이 있었다(Steers, 1977; Cohen, 1993; Whetten
and Godfrey, 1998). 개인적인 성과뿐 아니라 건전한 생활세계를 유지하고
병리적 사회현상을 저항할 수 있는 방법이기도 하다.

셋째, 위와 같은 제언을 좀 더 실천적인 영역에서 입증할 수 있는 연구들
이 앞으로 지속적으로 연구되는 것이 필요하다. 철학적인 논의를 실증적으
로 입증할 수 있는 연구들이 뒷받침되어 진다면 보다 일에 대한 이해가 확
장되고 이와 관련된 경력개발 및 교육훈련에 대한 다양한 논의와 이론이 정
립될 것이다. Snedden, Weeks, & Cubberley(1921)이 지적한 것처럼, 직업
에 관한 교육과 훈련은 자유교육(liberal education)보다 오래되었다. 인류
는 태초부터 자신의 생계를 위하여 일을 하고 자신의 자식과 공동체 사람들
에게 공유하였다. 또한, 하버마스는 일은 하나의 인간화되어지는 진화의 과
정으로 보고 있다. 진화의 과정은 사회적인 것이며, 이 사회적인 과정에 대
한 다양한 관점을 확장할 필요가 있을 것이다. 그럼에도 불구하고, 일의 의
미에 대한 논의는 부족하였다. 이에 본 소고는 우리에게 일의 의미와 관련
교육의 본질에 대해 탐색하는데 시사하는 바가 클 것이다.

참고문헌

김경회(2003). *한국의 평생직업교육*. 서울:원미사.

김충기(1982). 생애교육; 문제와 방법. *직업교육연구*, *1*, 5-58.

길형석(1986). 직업교육과 인간자본. *직업교육연구*, *5*, 27-41.

나승일(2008). 직업교육연구 학회지 논문의 분석과 종합: 1998-2007년. *직업교육연구*, *27*(2), 51-75.

송병국(1996). 직업소외에 관한 이론적 접근 고찰, *직업교육연구*, *15*(1), 95-110.

선우현(1995). 하버마스의 '합리성이론'에 대한 비판적 검토: 개념분석적 전략과 사회이론적 전략의 상충을 중심으로. *哲學論究*, *22*, 59-92.

이무근(2006). *직업교육학원론(제3판)*. 서울:교육과학사.

이종하, 김선희, 정영근(2010). *삶·일상·윤리-현대인의 삶을 위한 12가지 성찰*. 서울:문음사.

이정표 외(2000). *평생직업교육훈련대책 I*. 서울:한국직업능력개발원.

임세영(1990). 직업훈련연구의 동향과 과제. *직업교육연구*, *9*(1), 181-198.

장상호(2009). *학문과 교육(중 II): 교육본위의 삶*. 서울:서울대학교출판문화원.

장원섭(1999). 포스트모던 시대의 직업교육의 재개념화. *앤드라고지투데이*, *2*(2), 1-29.

장원섭(2001). 해방적 직업교육을 위한 제안. *교육사회학연구*, *11*(2), 125-143.

정병식·이장희(2004). *직업세계의 이해*. 서울: 대왕사.

정석용·이규은(2010). *자기계발과 직업*. 서울: 동문사.

홍원균(2001). 직업교육의 개념적 동향과 새로운 전망. *교육원리연구*, *6*(1), 131-150.

한기철(2008). *하버마스와 교육*. 서울: 학지사

http://chiron.valdosta.edu/whuitt/files/voced.html.

America Career and Technical Education(2002, February). An association is reborn. *Techniques. February*, 44-45.

Benavot, A.(1983). The rise and decline of vocational education. *Sociology of Education, 56*(2), 63-76.

Calhoun, C. C. & Finch, A. V.(1982). *Vocational education: concepts and operations.* Belmont, CA: Wadsworth Publishing Company

Catri, D. B. (1998). *Vocational education's image for the 21st century.* Columbus, OH: ERIC Clearinghouse on Adult, Career and Vocational Education. [ED 422 495]. Retrieved from

Cohen, A. P. (1993). Organizational commitment and turnover: a meta-analysis, *Academy of Management Journal, 36*(5), 1140-57.

Gergen, K. (1985). The social constructionist movement in modern psychology. *American Psycholgist, 40,* 266-275.

Giddens, A. (1982). *Profiles and critiques in social theory.* Hong Kong: The Macmillan Press LTD.

Goffman, E. (1961). *Asylums.* Harmondsworth, UK: Penguin.

Habermas, J. (1979). *Communication and the evolution of society.* (McCarthy, T., Trans.). Boston, MA: Beacon Press.

Habermas, J. (1985a). *The theory of communicative action (vol. 1): reason and the rationalization of society.* (McCarthy, T., Trans.). Boston, MA: Beacon Press.

Habermas, J. (1985b). *The theory of communicative action (vol. 2): lifeworld and system: a critique of functionalist reason.* (McCarthy, T., Trans.). Boston, MA: Beacon Press.

Heslep, R. D. (2001). Habermas on communication in teaching. *Educational Theory, 51*(2), 191-207.

International Labour Organization (2021). ISCO-08 Structure, index correspondence with ISCO-88. Retrived from https://www.ilo.org/public/english/bureau/stat/ isco/isco08/index.htm

Lopez, S. J. & Snyder, C. R. (2003). *Positive psychological assessment: a handbook of models and measures.* Washington, DC, US: American Psychological Association.

Lucas, (1993). The rise and decline of vocational education. *Sociology of Education, 56(April),* 63-76.

Keane, J. (1975). On tools and language: Habermas on work and interaction. *New German Critique, 6*, 82-100.

McCarthy, T.(1981). *The critical theory of Jürgen Habermas*. Cambridge, MA: The MIT press.

Nord, W. R., Brief, A. P., Atieh, J. M., & Doherty, E. M. (1990). Studying meaning of work: The case of work values. In A. Brief & W. Nord (EDs.), *Meanings of work: The case of occupational work: A collection of essays* (pp. 21-64). Lexington, MA: D. C. Heath.

Parsons, T.(1967). *Sociological theory and modern society*. New York, NY: Free Press.

Patton, W. (2000). Changing career: the role of value. In Collin, A. & Young, R. A., Eds, *Future of career*. Cambridge, UK: Cambridge University Press.

Snedden, D., Weeks, R. M., & Cubberley. (1921). *Vocational education: its theory, administration and practice*. General Books, MP: Houghton Mifflin Company.

Steers, R. M. (1977). Antecedents and outcomes of organizational commitment, *Administrative Science Quarterly, 22*(1), 46-56.

Whetten, D. A. & Godfrey, P. C. (1998). *Identity in organizations. Building theory through conversations*, Thousand Oaks, CA: Sage Publications.

지방대학생의 일의 의미와 학습

정홍인(hihrd@daegu.ac.kr)

정홍인은 고려대학교 교육학과에서 박사학위를 취득하였다. 현재 대구대학교 지역사회개발 · 복지학과 조교수로 재직 중이며, 평생교육 및 HRD 관련 과목을 강의하고 있다. 연구 관심분야는 대학생, 중장년, 고용가능성 등이다.

지방대학생의 일의 의미와 학습

정홍인

문제제기

청년실업, 취업난, 취포세대가 등장한 것은 비단 어제 오늘의 일이 아니다. 1990년대 초반만 하더라도 대학 졸업 후 1년 이내 취업이 되었으나, 1997년 IMF가 터진 이후 그야말로 취업대란이 시작되었다. OECD(2020)에 따르면, COVID-19로 인하여 노동시장에서 가장 큰 타격을 받은 취약계층으로 청년층을 지목한 바 있다. 이는 기업이 경제위기시 신규 고용을 중단함으로써, 청년층은 대학 졸업 이후 노동시장으로 이행하는 과정에 있어 적절한 시기에 양질의 일자리로 진입할 수 없기 때문이다(함선유, 이원진, 김지원, 2021). 2021년 10월, 좁아진 취업문으로 인하여 대학생 10명 중 7명이 구직을 단념한 상태라는 조사결과가 발표되기도 하였다(한국경제연구원, 2021). 이렇게 대졸자의 상당수가 미취업 상태에 머무른다는 사실은 개인적 측면에서는 경력 축적 지연과 전 생애 소득의 감소를 가져오며, 사회적 측면에서는 교육투자에 대한 수익성 감소, 실업률 가중에 따른 사회적 불안감 증대 등의 부정적 결과로 귀결되므로, 대학졸업생의 취업난은 청년 개인만의 손실일 뿐 아니라 국가 전체의 손해인 것이다(강주연, 오유, 김기승,

2015).

　한편, 우리나라 청년층이 겪는 불안과 위기에 있어 지방대 학생은 지방대학이라는 차별과 편견으로 인하여 추가적인 어려움을 겪고 있다. 지방대학에 대한 부정적 인식은 지방 대학생의 진로준비행동에 부정적인 영향을 미치고 있다(이상록, 2007). 대학시기는 입직 전 자신의 진로를 준비하고 선택해야 하는 가장 중요한 과업이 있음에도 불구하고, 지방대학생은 지방대 출신이라는 노동시장의 차별 관행 등으로 열등감을 가지게 된다. 지난 2019년 고등교육기관 졸업자 취업률은 수도권은 68.7%이나, 비수도권은 66.0%로 수도권과는 여전한 차이를 보이고 있다(교육부, 2020). 그 밖의 연구(예를 들어, 김민순, 정영애, 2012; 장용희, 이재신, 신의수, 2016)를 통해서도 지방대학생은 수도권 졸업자에 비해 취업에서 더 큰 어려움을 겪고 있다고 이야기 한 바 있다. 이러한 맥락에서, 지방대학생의 진로문제에 대한 연구동향을 분석한 정지애, 이제경(2018)은 지방대학생이 진로를 준비할 수 있도록 도와줄 수 있는 요인을 발굴하기 위한 심층적인 연구가 이루어져야 한다고 하였다.

　이에 본 고는 지방대학생의 진로준비를 돕기 위한 목적으로 연구를 출발하였다. 대학에서 사회진출 이행이라는 진로발달과업을 달성하기 위해서 대학생들은 진로를 선택하고 준비하는 행동이 기대되고 이를 위한 구체적인 노력을 할 필요가 있다. 대학생의 진로 연구동향을 분석한 김예림과 정혜원(2020)은 대학생의 진로를 연구하는 데 있어 진로준비행동이 가장 핵심단어라고 하였다. 이에 진로준비행동에 영향을 미치는 요인으로 일의 의미와 학습민첩성을 선정하였다. 그 이유는 다음과 같다.

　먼저, 심리학에서는 개인이 가지는 일의 의미가 진로 탐색에 영향을 주는 요인으로 간주되고 있다. 자신의 일에 가치를 부여함으로써 일을 의미화하는 것은 경력목표, 동기, 경력태도 등 직업 및 진로 변인에 영향을 미친다(탁진국 외, 2015). 자신에게 그 일이 어떤 의미인지를 명확히 이해하고, 자신의 가치관에 맞게 일의 의미를 형성해 가며 결국 그것을 현명한 진로선택으로 이어가는 것은 대학생들의 진로발달에 있어 핵심적인 과업이다(황매향 외, 2013). 그런데 청년들이 생각하는 일의 의미를 살펴본 연구는 상대적으로 적은 편이다(이현서, 심희경, 2016). 이와 유사한 맥락으로, 정지애와 이제경(2018)은 지방대학생의 진로문제와 관련하여 재학생과 취업생 및 미취업생이 지각하는 진로문제와 어려움은 차이를 보일 수 있기에 대상별로 연구될 필요가 있음을 피력하였다.

한편, 4차 산업혁명시대로 진입함에 따라 인간은 변화하는 사회와 환경에 민감하게 반응하여 학습을 통해 성장할 것이며(성은모, 진성희, 2019), 미래사회는 지금과는 다른 가치를 요구하고 있기 때문에 경험으로부터 학습하고 새로운 변화에 빠르게 대응할 수 있는 역량으로 '학습민첩성(Learning Agility)'이 핵심인재 요건으로 주목받고 있다(임창현, 위영은, 이효선, 2017). 학습민첩성은 사회변화에 민감하게 대응하기 위한 것으로 그간 학습민첩성과 관련된 연구들은 주로 기업의 조직구성원들을 대상으로 수행한 연구가 대부분이었다. 하지만 기업 조직구성원들의 학습민첩성 향상의 요구가 높아지면서 기업에 취업 또는 진출하고자 하는 인재들이 대학생들이라는 점을 감안하였을 때 이들의 학습민첩성을 사전에 향상시켜 준비된 인재들로 기업에 진출시킬 필요성에 대하여 대학차원에서 논의될 필요가 있다(성은모, 진성희, 2019). 이에 본 연구에서는 지방대학생의 학습민첩성과 일의 의미가 진로준비행동에 미치는 영향을 규명하고자 한다.

일의 의미, 학습민첩성, 진로준비행동이란?

◆ 일의 의미

일의 의미(meaning of work)란 개인의 삶에서 일이 무엇을 의미하는지, 삶에서 일이 차지하는 역할이 무엇인지에 관한 것으로(Rosso, Dekas, &

Wrzesniewski, 2010), 개인이 일에 대하여 갖는 신념, 가치, 동기, 중요성과 목적의 총체라고 할 수 있다(탁진국 외, 2015). 일의 의미를 알고 있는 사람들은 자신의 일에 더 높은 가치를 부여하며(Harpaz & Fu, 2002), 일을 바라보고 만들어 가는 방식을 안내해 주는 중요한 역할을 한다(Wrzesniewski & Dutton, 2001). 또한 개인에게 주는 일의 가치와 일이 삶에 주는 의미를 인식하고 있는 정신적 상태로써(Ashmos & Duchon, 2000; Petchsawang & Duchon, 2009), 일의 의미는 단순히 물질적인 보상을 넘어서서 자신의 삶의 의미를 경험하는 것이라고 할 수 있다(김수진, 2014; Petchsawang & Duchon, 2009)고 정의한 바 있다.

대학생 시기는 실제적인 진로 탐색 및 결정의 시기로서, 일의 목적과 의미가 중요한 문제로 드러나는 시기로(Steger, Frazier, Oishi, & Kaler, 2006), 일의 의미는 진로결정에 대한 확신을 가지게 한다(Duffy & Sedlacek, 2007). 그런데 청년들이 생각하는 일의 의미를 살펴본 연구는 상대적으로 적다(이현서, 심희경, 2016). 황매향 외(2013)는 대학생들에게 일의 의미는 주로 경제적 보상, 사회적 인정과 같은 외적 차원에 집중되는 것으로 나타났다. 수도권 4년제 졸업자 중 이직 경험이 있는 2-30대 청년을 대상으로 일의 의미를 분석한 이현서와 심희경(2016)은 이들에게 일의 의미는 일차적으로 '생계유지'이지만 '자아실현 수단', '성인의 사회적 역할 수행', '사회적 인정 획득'으로 나타났다.

◆ **학습민첩성**[1]

변화하는 사회와 환경에 민감하게 반응하여 학습할 수 있는 역량을 대학교육에서 함양시키는 일은 매우 중요하다고 할 수 있다. 대학에서 이러한 과제의 핵심은 대학생들이 사회변화 속도에 맞춰 민첩하게 학습역량을 증진하는 것이라 해도 과언이 아니다(성은모, 2017, 2018). 이러한 학습역량을

---

1) 이 절은 '정홍인, 우성미(2021). 대학생의 교수지지와 학습민첩성이 진로준비행동에 미치는 영향' 중 일부 내용을 발췌한 것임.

학습민첩성(learning agility)이라고 한다(성은모, 진성희, 2019). 학습민첩성은 기업맥락에서 핵심인재를 설명하려는 목적으로 주로 수행되었으나, 최근 대학생을 대상으로도 학습민첩성 관련 연구(성은모, 진성희, 2019; 이효선, 2019; 조현정 외, 2021)가 이루어지고 있다.

학습민첩성이란 Lombardo와 Eichinger(2000)가 개인이 가진 잠재력을 평가하고 핵심인재를 선발할 목적으로 "새로운 환경 속에서 업무를 수행하기 위해 새로운 역량들을 학습하고자 하는 의지와 능력"이라고 정의하며 최초로 제안하였다. De Meuse(2017)는 학습민첩성을 경험에서 배우는 능력, 그리고 그 교훈을 적용하여 새롭고 도전적인 리더십 역할을 성공적으로 수행하려는 의지로 정의하였다. 이러한 관점은 학습민첩성을 개인의 동기, 능력, 행동이 포함된 다차원적 특성으로 본다는 점에서 포괄적인 접근이라 할 수 있다(류혜현, 오헌석, 2016).

학습민첩성이 높은 사람은 자신의 장점과 단점을 잘 파악하고, 자기개발을 위해 스스로 학습하고 실천적인 행동을 할 가능성이 크다(London & Maurer, 2004; McCaulley, 2001). 때문에 학습민첩성은 학생의 대학생활의 성과를 잘 설명할 수 있는 요인이다. 선행연구에서도 학습민첩성은 대학생의 자기주도학습능력과 같은 학습성과에 긍정적인 영향을 미치며(성은모, 2018; 성은모, 이성혜, 2020), 진로준비행동이나 진로결정수준 같은 진로 관련 변인에도 긍정적인 영향을 미치는 것으로 나타났다(이효선, 2019, 2020).

◆ 진로준비행동[2]

진로준비행동이란 자신에게 맞는 진로를 결정하기 위하여 필요한 정보를 선택하고 적극적으로 진로에 대한 준비를 수행하는 활동이다(김선중, 2005). 대학생활은 대학생이 자신의 적성에 맞는 직업세계를 탐색하고 사회로 진출하기 위한 준비를 하는 과정으로(박인주, 2018), 진로 관련 목표를 달성하고

---

[2] 이 절은 '정홍인, 우성미(2021). 대학생의 교수지지와 학습민첩성이 진로준비행동에 미치는 영향' 중 일부 내용을 발췌한 것임.

직업세계로 들어갈 수 있는 기회를 증진시키기 위해서는 적극적으로 진로를 탐색해야 한다(Saks & Ashforth, 2000). 이를 위하여 대학생은 진로 관련 정보를 수집하고 진로 목표를 설정하여 이를 수행해야 한다는 노력을 요구 받는데(윤경, 김진강, 2018), 이러한 행동이 구체적으로 발현되는 것이 진로 준비행동이다. 즉, 대학생에게 진로준비행동은 학교에서 사회로의 이행을 용이하게 돕는 행동이다.

최근 20년(2002~2019)간 대학생의 진로와 관련된 논문을 빅데이터 분석 방법의 하나인 텍스트 네트워크 방법을 적용하여 분석한 김예림과 정혜원 (2020)의 연구결과, 진로준비행동은 대학생의 진로와 관련하여 꾸준히 연구 된 변인으로 나타났다. 이는 진로준비행동이 대학생의 진로를 연구하는 데 있어 매우 중요한 변인임을 의미한다. 진로준비행동(career preparation behavior)이란 자신의 진로와 관련하여 합리적인 결정을 내리고, 결정된 사 항을 성취하기 위해 실천하는 구체적인 행위들을 말한다(김봉환, 1997). 과 거 진로 분야의 연구들은 주로 진로와 관련된 인지나 태도에 집중한 반면 관련된 행동에는 거의 관심을 두지 않았다(김봉환, 김계현, 1997). 하지만 인지나 태도, 정서가 실제 행동으로 이행되지 않는다면 진로교육의 성과를 기대할 수 없다는 것을 인식하기 시작하면서 진로준비행동에 대한 관심이 증대되었다(김현순, 2019).

Phillips(1992)는 진로준비행동을 진로선택을 위해 준비된 행동과 실천의 행동으로 실제적이고 구체적인 형태의 진로준비과정으로 정의하였고, 나용 주와 윤병섭(2017)은 진로분야를 결정하기 위한 탐색과 선택한 진로에 대한 준비활동을 포함하는 일련의 과정이라고 정의하였다. 발달과업 측면에서 정 의한 김은주(2008)는 진로를 결정하고 직업세계로의 이행을 준비해야 하는 시기의 발달과제를 어느 정도 달성하였는지의 준비도, 즉 합리적이고 올바 른 진로결정과 이를 위한 진로탐색 및 자신이 결정한 진로를 성취하기 위한 실현으로, 임언과 윤형한(2005)은 자신의 진로목표를 달성하기 위해 필요한 사항들에 대해 어느 정도로 준비가 되어 있느냐, 즉 진로개발을 위하여 필요한 활동을 수행하기 위하여 준비되어야 할 인지적·정의적 특성을 갖춘 정도를 진로개발준비도라고 정의하였다. 위와 같이 진로준비행동에 대한 학자들의 정의를 종합하면 진로준비행동이란 개인이 자신의 진로목표를 달성하기 위해 행하는 구체적인 모든 행동을 의미한다(신상인, 2015).

연구방법

◆ 연구 대상

본 연구는 대구와 경북지역에 소재한 4년제 대학교에 재학 중인 대학생을 대상으로 단순무선표집(simple random sampling) 방법을 사용하였다. 연구 대상으로는 연구자가 근무하는 학교와 인근 주변 대학의 교수 등의 도움을 받아 4년제 대학에 재학 중인 학생들을 대상으로 온라인 설문을 배포하였다. 1차 조사(2021. 10. 14.~10. 20.)시 학습민첩성과 진로준비행동과 관련된 자료를 수집하여 총 167부의 설문지가 수거되었으며, 일의 의미와 관련된 문항을 추가로 수집하기 위하여 2차 조사(2021.12.09.~12.12.)를 실시하였다. 1차 조사시 설문응답에 따른 기념품 제공을 위하여 개인 연락처를 수집하였으며, 2차 조사를 위하여 동일 학생들에게 설문을 요청하였고 총 132부가 수거되었다. 1차, 2차 모두 설문지 응답 전 안내페이지를 활용하여 연구목적과 설문 작성법을 설명하였으며, 연구 목적을 설명할 때 연구용도 및 활용 등 연구윤리에 대해 강조하였다. 1차에 부여된 ID 중 2차에 응답한 ID를 일치시켰으며, 수거된 132부는 데이터 스크리닝을 통해 설문 문항을 하나의 수치로 일관되게 응답하여 표준편차가 0인 2편의 논문을 제외하여 총 130부를 최종적으로 분석하였다.

◆ 측정 도구[3]

일의 의미는 Steger(2012)가 개발한 일의 의미 척도(Working as Meaning Inventory: WAMI)를 김수진(2014)이 타당화한 한국판 일의 의미 척도를 사용하였으며, 아직 학생이란 점을 고려하여 미래지향형으로 문항을 일부 수정하였다. 일에서의 긍정적 의미(Positive Meaning), 일을 통한 의미 만들기(Meaning Making Through Work), 공공의 선을 위한 동기(Greater Good Motivation)로 구성되어 있다. 일을 하는 일에서의 긍정적 의미는 심리적으로 자신이 하고 있는 일이 의미가 있다고 느끼는 것을 의미하며 일을 통한 의미 만들기는 자신이 하고 있는 일을 통해 의미를 발견하는 정도를 의미한다. 또한 공공의 선을 위한 동기는 자신의 일이 타인 및 사회에 긍정적인 영향을 끼치고 더 큰 뜻에 기여한다고 인식하는 정도를 뜻한다.

학습 민첩성을 측정하기 위하여 국내 조직 내 핵심인재를 대상으로 측정도구를 개발한 임창현, 위영은과 이효선(2017)을 기반으로 대학교원, 대학생 집단을 대상으로 측정도구를 재타당화한 조현정, 위영은, 김우철(2021)의 도구를 사용하였다. 본 척도는 네 가지 하위요인으로 자기인식 3문항(예를 들어, 자신의 장단점을 명확히 알고 있다), 성장지향 7문항(예를 들어, 지금보다 더 높은 수준으로 성장하는 것에 관심이 많다), 성찰추구 3문항(예를 들어, 성공과 실패의 근본 원인에 대해 지속적으로 탐색한다), 행동변화 5문항(예를 들어, 변화에 대한 저항에 의해 흔들리지 않는다)으로 총 18개 문항으로 이루어졌다.

대학생의 진로준비행동을 측정하기 위해 김봉환(1997)의 진로준비행동 측정도구를 수정·보완한 임은미와 이명숙(2003)의 진로준비행동 측정도구를 사용하였다. 본 척도는 총 세 가지 하위요인으로 정보수집활동 6문항(예를 들어, 나는 지난 몇 주 동안 친구들과 나의 적성 및 앞으로의 진로 등에 대해서 이야기를 나눈 적이 있다), 도구구비활동 6문항(나는 지난 몇 주 동

---

3) 이 절의 학습민첩성과 진로준비행동은 '정홍인, 우성미(2021). 대학생의 교수지지와 학습민첩성이 진로준비행동에 미치는 영향' 중 일부 내용을 발췌한 것임.

안 내가 관심을 가지고 있는 직업이나 진로와 관련된 자료를 인터넷을 통해
탐색해 보았다), 목표달성활동 6문항(나는 내가 깊이 관심을 가지고 있는 직
업에 입문하기 위해서 교육기관 등에 다니면서 준비를 하고 있다)으로 총
18문항으로 구성하였다.

학습민첩성, 일의 의미, 진로준비행동의 관계

일에서의 긍정적 의미는 평균 3.72(SD = .71), 일을 통한 의미 만들기 평
균 3.90(SD = .58), 공공의 선을 위한 동기 평균 3.79(SD = .72)로, 대체로
유사한 수준이지만, 자신이 앞으로 할 일을 통해 의미를 발견하기를 원하는
것을 알 수 있다. 학습민첩성의 하위요인인 자기인식 평균은 3.87(SD
= 3.87), 성장지향 평균은 3.95(SD = .59), 성찰추구 평균은 3.49(SD = .76),
행동변화 평균은 3.18(SD = .77)로, 성장지향에 대한 관심이 많은 것을 알
수 있었다. 진로준비행동의 하위요인인 정보수집활동 평균은 3.28(SD
= .72), 도구구비활동의 평균은 3.24(SD = 3.24), 목표달성활동 평균은
3.21(SD = .82)로 모두 유사한 수준이었다. 주요 변인에 대한 평균값을 비교
해보면, 일의 의미가 가장 높았으며, 다음으로 학습민첩성이었으며, 실제적
인 진로준비행동은 평균에 그치는 수준이었다. 이는 실제로 학생들이 변화
하는 환경에 민첩하게 학습하려는 능력과 일의 의미를 부여하고 있으나, 진
로에 대한 확신이 생기지 않아 진로준비를 행동으로 옮기지 않는 것을 보여
주는 지방대학생의 현상을 보여주는 것이라 할 수 있다.

또한, 학습민첩성, 일의 의미, 진로준비행동 간의 의미가 구조모형의 적합
도 지수를 확인한 결과, $\chi^2 = 85.808$(df = 39, p = .000), CFI = .948, TLI
= .927, RMSEA = .08로 적합도 지수의 기본값을 충족하였다. 일의 의미는
학습민첩성(γ = .66)과 진로준비행동(γ = .50)에 유의한 영향을 미쳤고, 학

습민첩성은 진로준비행동(γ =.25)에 유의한 영향을 미치는 것으로 나타났다. 즉, 일의 의미를 부여할수록 진로준비행동을 적극적으로 하며, 일의 의미와 진로준비행동이 연결되기 위해서는 학습민첩성이 민감하게 발현되어야 함을 의미한다.

나가며

2020년 1월 COVID−19가 발생한 이후 우리 사회의 많은 것이 변화되었다. 삶의 방식이 송두리째 뒤바뀌었으며 노동환경에도 큰 변화를 초래하였다. 백신의 등장으로 위드코로나로 전환되기가 무섭게 오미크론과 같은 우려 변이의 확산으로 전 세계가 여전히 큰 혼란에 빠져 있다. 이러한 상황에서 취업의 장벽은 더 높아질 것이며, 지방대학생은 그마저도 갈 곳을 잃게 된다. 현재 지방대학에 근무 중인 저자가 재학생이나 졸업예정자와의 상담을 해보면 학생들이 두 부류로 구분된다. 취업을 하고 싶지만 노동시장의 경쟁에서 이길 자신이 없어 취업을 포기하게 되는 유형과 취업에 대한 관심이 전혀 없는 유형, 즉 NEET(Not in Education, Employment 또는 Training)족으로 나뉜다. 취업에 관심이 있는 학생들에게 교육자로서, 학생들이 진로를 준비할 수 있도록 돕기 위하여, 어떤 역할을 해야 할지 고민의 출발점에서 본 고를 기고하게 되었다. 대학생의 진로와 관련하여 가장 빈번하게 언급되는 것은 진로준비행동으로 이를 장려하기 위하여 선행연구를 검토한 결과, 일의 의미와 학습민첩성을 선정하였다.

우리 삶의 대부분을 차지하고 있는 일에 중요한 의미를 부여할수록 대학생은 일하기 위한 준비를 실천하게 될 수 있다. 일에 대해 개인이 부여하는 가치와 의미는 경력성공에 긍정적인 영향을 주는 요인으로(Blau, 1999; Low, Cravens, Grant & Moncrief, 2001), 진로목표를 분명하게 해준다(이

지연, 2006). 일의 의미를 통해 자신을 이해하고, 개인의 진로목표를 성취하기 위하여 진로준비행동을 실행하게 될 수 있다는 것이다. 이를 위하여, 직업진로와 관련된 교과목을 설계하여 스스로 일의 목적과 의미를 찾고, 부여할 수 있는 기회를 확장시킬 필요가 있다. 현재 전공과목에서 제공되는 지식적인 측면의 제공만으로는 일이 가지고 있는 고유한 의미를 찾는 것은 어렵기 때문이다. 2015년경 능력중심의 사회가 사회적 화두로 떠오르며, 학벌이나 스펙이 아닌 개인이 가진 능력으로 채용하기 위하여 NCS를 기반으로 한 채용문화가 확산되고 있지만, 지방대학의 교과목에 NCS와 관련된 내용은 찾아보기 힘들다. 따라서, 경쟁력있는 학생을 양성하기 위해서는 교과목과 NCS를 연계할 필요가 있다. 또한, 전공관련 취업만을 장려하기보다는 창직, 창업 등이 다양한 취업경로를 제시하고, 기존과 다른 형태의 진로 안에서도 일의 의미를 찾을 수 있도록 대학차원에서 교과목을 운영하여야 한다.

또한, 인생 100세 시대, 4차 산업혁명시대, COVID−19 등, 다양성을 요구하는 시대에서 변화하는 환경에 적응하며 살기 위해서는 학습에 민첩하게 반응할 필요가 있다. 본 고에서 학습민섭청이 높을수록 진로준비행동을 하는 것으로 나타난 바와 같이, 급변하는 환경에 대응하고 사회로의 이행을 준비하는 진로준비행동을 잘 수행하기 위해서는 학생의 학습민첩성을 향상시키는 것이 중요하다. 학습민첩성은 경험과 자기인식을 바탕으로 하는 역량으로 변화가 가능하므로 학교 차원에서 학생들의 학습민첩성 수준을 진단하고, 수준에 따른 맞춤형 프로그램을 제공하는 것이 필요하다. 이를 통해 대학생 개개인의 학습민첩성을 높임으로써 성공적으로 학업성취를 이루고 진로를 결정하여 그에 따른 준비를 하는 데 기여할 수 있을 것이다.

초고령사회를 목전에 둔 지금, 대학 졸업 후 노동시장 진입이 신속하게 이뤄질 수 있도록 대학차원의 노력이 무엇보다도 필요하다. 특히, 지방대학은 저출산에 따른 학령인구 감소로 2021년 신입생 충원부터 큰 어려움을 겪고 있다. 지방대학을 선택한 학생들의 졸업 후 진로를 결정할 때 도움이 될 수 있는 책임감 있는 교육과정 운영이 그 어느 때보다도 절실하다고 할 수 있다.

참고문헌

강주연, 오유, 김기승(2015). 대졸자 특성과 취업 소요 기간. *산업관계연구논문지, 25*(2), 31-49.

교육부(2020). 2019년 고등교육기관 졸업자 취업통계조사

김민순, 정영애(2012). 지방대 학생의 취업장벽인식수준 및 관련변인분석: C 대학을 중심으로. *진로교육연구, 25*(4), 163-182.

김봉환(1997), 대학생의 진로결정수준과 진로준비행동의 발달 및 이차원적 유형화, 박사학위논문, 서울대학교 대학원.

김봉환, 김계현(1997). 대학생의 진로결정수준과 진로준비행동의 발달 및 이차원적 유형화. 한국심리학회지: *상담 및 심리치료, 9*(1), 311-333.

김선중(2005). 진로장벽, 희망, 진로결정자기효능감이 진로준비행동에 미치는 영향, 박사학위논문. 홍익대학교 대학원.

김수진(2014). 한국판 일의 의미 척도 (Working As Meaning Inventory; WAMI) 타당화. 이화여자대학교 대학원 박사학위논문.

김예림, 정혜원(2020). 대학생의 진로 관련 연구 동향 분석. *학습자중심교과교육연구, 20*(5), 823-845.

김은주(2008). 한국 대학생 진로준비유형검사의 개발. 박사학위논문, 서울여자대학교 대학원.

김현순(2019). 대학생 진로준비행동 영향 요인 분석. *진로교육연구, 32*(3), 25-41.

나용주, 윤병섭(2017). 셀프리더십이 진로준비행동에 미치는 영향: 진로결정자기효능감의 매개효과. *경영컨설팅연구, 17*(1), 135-150.

류혜현, 오헌석(2016). 학습민첩성 연구의 쟁점과 과제. *HRD연구, 18*(4), 119-145.

박인주(2018). 대학생의 셀프리더십이 취업스트레스에 미치는 영향: 미래지향목표의 매개효과. *관광경영연구, 22*(4), 425-445.

성은모(2017). 대학생의 스마트미디어 활용 유형분류에 따른 스마트미디어 유용성, 학습민첩성, 학업성취도의 차이 분석: 잠재계층분석(Laten Class Analysis)을 중심으로. *교육정보미디어연구, 23*(3), 631-655.

성은모(2018). 대학생의 성별에 따른 스마트미디어 활용 능력과 학습민첩성이 자기주도학습능력

및 문제해결력에 미치는 영향. *교육정보미디어연구*, *24*(4), 709-732.

성은모, 이성혜(2020). 대학생의 학습민첩성, 자기주도학습역량, 스마트미디어 활용 역량, 그리고 학업성취도의 구조적 관계 분석. *한국청소년연구*, *31*(4), 167-189.

성은모, 진성희(2019). 대학생의 학습민첩성 수준에 따른 행동특성 분석. *교육공학연구*, *35*(4), 1005-1033.

성은모·진성희(2019). 대학생의 학습민첩성 수준에 따른 행동특성 분석. *교육공학연구*, *35*(4), 1005-1033.

신상인(2015), 고등학생의 직업가치, 진로포부, 진로타협, 진로준비행동 간의 구조관계분석, 박사학위논문, 동아대학교 대학원.

윤경, 김진강(2018). 진로몰입이 진로준비행동에 미치는 영향에 있어 가족탄력성의 조절효과: 환대산업을 전공하는 대학생을 중심으로. *관광경영연구*, *22*(4), 519-540.

이상록. (2007). 지방대학에 대한 부정적 인식의 실태와 영향-지방대학생의 대학생활 태도 및 진로준비 행동에의 영향을 중심으로. *지역발전연구*, *7*(1), 253-270.

이현서, 심희경(2016). 청년층 이직과정에 나타난 일 경험과 일의 의미: '가족중심 개인화'전략으로써의 이직. *문화와 사회*, 283-348.

이효선(2019). 대학생의 학습민첩성이 진로준비행동에 미치는 영향: 학업도전의 매개효과. *한국융합학회논문지*, *10*(1), 197-204.

이효선(2020). 대학생의 학습민첩성을 매개로 다양성수용도가 진로결정수준에 미치는 영향. *한국융합학회논문지*, *11*(4), 195-201.

임언, 윤형한(2005). 대학생용 진로개발준비도 검사 개발. *교육연구*, *18*(1), 116-132.

임은미, 이명숙(2003). 대학생의 진로자기효능감과 진로준비행동 간의 관계분석. *학생상담연구*, *1*, 101-113.

임창현, 위영은, 이효선(2017). 학습민첩성 (Learning Agility) 측정도구 개발 연구. *HRD 연구*, *19*(2), 81-108.

장용희, 이재신, 신의수(2016). 지방대학생의 진로장벽과 진로준비행동과의 관계: 주관적 행복감의 매개효과 검증. *교육종합연구*, *14*(3), 163-184.

정지애, 이제경(2018). 지방대학 대학생의 진로문제에 관한 국내 연구 동향. *취업진로연구*, *8*(2), 47-74.

정홍인, 우성미(2021). 교수지지와 진로준비 행동의 관계에서 학습민첩성의 매개효과: 대구·경북권 대학생을 중심으로. 인문사회과학연구, 23(1), 481-507.

조현정, 위영은, 김우철(2021). 성인용 학습민첩성 측정도구의 국내 타당화 연구. *HRD 연구*,

23(3), 99-125.

탁진국, 서형준, 김혜선, 남동엽, 정희정, 권누리, 김소영, 정일진(2015). 일의 의미 척도개발 및 타당화. 한국심리학회지: *산업 및 조직, 28*(3), 437-456.

한국경제연구원(2021), 2021년 대학생 취업인식도 조사.

함선유, 이원진, 김지원(2021). 코로나 19 의 확산과 청년노동시장 변화.

황매향, 조효진, 조윤진, 방지원(2013). 대학생의 일의 의미와 진로 결정과정에서의 경험에 대한 질적연구. *한국심리학회지: 일반, 32*(3), 675-699.

Ashmos, D. P., & Duchon, D. (2000). Spirituality at work: A conceptualization and measure. Journal of management inquiry, 9(2), 134-145.

Ausburn, L. J., & Ausburn, F. B. (2014). Technical perspectives on theory in screen-based virtual reality environments: Leading from the future in VHRD. *Advances in Developing Human Resources, 16*(3), 371-390.

Bakker, A. B., Albrecht, S. L., & Leiter, M. P. (2011). Key questions regarding work engagement. *European Journal of Work and Organizational Psychology, 20*(1), 4-28.

De Meuse, K. P.(2017), "Learning agility: Its evolution as a psychological construct and its empirical relationship to leader success", *Consulting Psychology Journal: Practice and Research, 69*(4), 267-295.

Duffy, R. D., & Sedlacek, W. E. (2007). The presence of and search for a calling: Connections to career development. *Journal of Vocational Behavior, 70*(3), 590-601.

Harpaz, I., & Fu, X. (2002). The structure of the meaning of work: A relative stability amidst change. *Human relations, 55*(6), 639-667.

Lombardo, M. M., & Eichinger, R. W.(2000). "High potential as high leaders", *Human Resource Management, 39*(4), 321-329.

London, M. & Maurer, T.(2004). Leadership development: A diagnose model for con-tinuous learning in dynamic organizations, In J. Antonakis, A. Cianciolo, & R. Sternberg (Eds.), The nature of leadership (pp, 222-245), Thousand Oaks, CA: Sage Publication.

McCaulley, C.(2001), Leader training and development, In S. Zacuuaro & R. Klimoski

(Eds.), The nature of organizational leadership.: Understanding the perform-ance imperatives confronting today's leaders (pp. 347-383), San Fransisco, CA: Jossey-Bassey.

OECD(2020), OECD Employment Outlook 2020 COVID-19: From a health to a jobs crisis. https://www.oecd-ilibrary.org/sites/1686c758-en/index.html?itemld=/content/pu blication/1686c758-en 2021.11.01. 발췌]

Petchsawang, P., & Duchon, D. (2009). Measuring workplace spirituality in an Asian context. *Human resource development international, 12*(4), 459-468.

Phillips, S. D.(1992), Career counseling: choice and implementation, In S. D. Brown & R. W. Lent (Eds), Handbook of Counseling Psychology (pp. 513-548), John Wiley & Sons.

Rosso, B. D., Dekas, K. H., & Wrzesniewski, A. (2010). On the meaning of work: A theoretical integration and review. *Research in organizational behavior, 30,* 91-127.

Saks, A. M. & Ashforth, B. E.(2000), "Change in job search behaviors and employ-ment outcomes", *Journal of Vocational behavior, 56*(2), 277-287.

Steger, M. F., Dik, B. J., & Duffy, R. D. (2012). Measuring meaningful work: The work and meaning inventory (WAMI), Journal of career Assessment, 20(3), 322-337.

Steger, M. F., Frazier, P., Oishi, S., & Kaler, M. (2006), The meaning in life ques-tionnaire: assessing the presence of and search for meaning in life. *Journal of counseling psychology, 53*(1), 80.

Wrzesniewski, A., & Dutton, J. E. (2001). Crafting a job: Revisioning employees as active crafters of their work. *Academy of management review, 26*(2), 179-201.

직원몰입과 일의 의미

김우철(kwccwk97@koreatech.ac.kr), 강원석(masaru444@koreatech.ac.kr), 조현정(hjjo0103@koreatech.ac.kr)

김우철은 미국 펜실베이니아 주립대학교에서 HRD 박사학위를 취득하였다. 현재 한국기술교육대학교 HRD학과/HRD 대학원에서 부교수로 재직중이며, HRD, 연구방법론, 창의력개발실습(PBL) 관련 과목을 강의하고 있다. 연구 관심분야는 직원몰입/업무몰입, 경력개발, 리더십, 훈련전이, 성과향상 등이다.

강원석은 한국기술교육대학교에서 HRD 석사학위를 취득하고 박사과정을 수료하였다. 현재 한국기술교육대학교 HRD학과 강사로 재직중이며, 능력개발교육원에 일학습병행 전담인력 양성과정 강사로 활동하고 있다. 연구 관심분야는 NCS, 일학 습병행, 일터학습, 직업교육훈련, 리더십, 성과 향상 업무몰입, 메타연구 등이 있다.

조현정은 한국기술교육대학교에서 HRD 석사학위를 취득하고 박사과정을 수료하였다. 현재 한국기술교육대학교 HRD학과 강사로 재직하고 있다. 연구 관심분야는 직원몰입/업무몰입, 경력개발, 리더십, 훈련전이, 임직원 웰빙 등이다.

직원몰입과 일의 의미

김우철, 강원석, 조현정

들어가며

◆ 일이란 무엇인가?

일이란 무엇인가? 사전적 정의에 따르면 일은 "무엇을 이루거나 적절한 대가를 받기 위하여 어떤 장소에서 일정한 시간 동안 몸을 움직이거나 머리를 쓰는 활동. 또는 그 활동의 대상"이다(국립국어원, 2022). 학문적으로는 "개인적 성취감을 주는 동시에 사회에 기여하게 하는 어떤 훈련된 활동"으로도 정의되기도 한다(장형석, 2000, p. 87). 어떠한 의미로든 시간과 공간의 경계를 초월하여 일은 한 개인의 전 생애에 걸쳐 특별한 의미와 중요성을 지닌다(탁진국 외, 2017). 이는 개인이 독립적인 존재로 자신의 삶을 영위하기 위해서 일은 필수불가결한 것이라는 인식으로부터 기인한다(김근호 외, 2019). 2021년 12월 기준 국가통계포털의 경제활동인구조사에 따르면 전체 경제활동인구 28,278,000명 중 취업자는 27,298,000명으로 전체 인구 51,628,117명 중 약 절반 정도가 일을 하고 있는 것으로 나타났다. 또한 2021년 OECD 통계에 나타나는 한국 근로자의 연간 근로시간은 1,908시간으로 전체 회원국 중 멕시코(2,124), 코스타리카(1,913) 다음으로 높다. 이러한 결과가 어떤 의미를 내포하고 있는지는 관점에 따라 다를 수 있다. 다만 이를 통해 인간의 삶 전체에 걸쳐 일이 커다란 비중을 차지하고 있으며 (장형석, 2001), 개인의 고통과 행복에 밀접한 영향을 미칠 것으로 추론할 수 있다(탁진국 외, 2017). 외부 환경의 변화로 일이 변화하는 경우도 마찬가지다. 예를 들어 4차 산업혁명과 같은 기술 발전이나 코로나19 팬데믹과 같은 현상은 일터의 환경과 일의 방식에도 직접적인 영향을 미치고 있으며 (김근호 외, 2019), 개인들이 지각하는 일의 의미에도 영향을 미친다. 일의 의미에 대해 많은 논의가 있지만, 포괄적인 관점에서는 "개인이 일에 대하여 갖는 신념, 가치, 동기, 중요성과 목적의 총체"로 정의될 수 있다(탁진국 외, 2015, p. 438). 이러한 맥락에서 Bellah 외 연구진(1985)과 Wrzesniewski 외 연구진(1997)은 일의 의미와 정체성을 크게 세 가지 유형으로 구분하였다. 첫 번째는 생업(job)으로 생계를 유지하기 위한 활동이다. 두 번째는 경력(career)으로 개인의 생애에 걸친 직업 혹은 직무 관련 경험이며((사)한국기업교육학회, 2010), 세 번째는 소명(calling)으로 공동체에 기여하고 깊은 성취감을 얻는 것이다. 그중 소명은 특정한 일을 천직으로 여기고 헌신하는 것으로 Dic과 Duffiy(2009)는 소명을 "개인이 자아 너머에서 비롯된 것으로 여겨지는 초월적 부름에 응하여 타인 지향적인 가치와 목표를 동기의 주요 원천으로 특정한 삶의 역할에서 목적과 의미를 지향하는 일"이라고 정의하였다(p. 427).

◆ 일의 의미와 HRD

이는 결국 개인이 자신의 일에 부여하는 의미와 밀접하게 연관되어 있다 (탁진국 외, 2015). 개인에게 있어 '의미'는 주관적인 것이다(Pratt & Ashforth, 2003). 같은 일을 할지라도 이를 단순히 생계를 유지하기 위한 수단으로 받아들이는지 아니면 개인의 성공과 성취를 위한 경험으로 인식하는지, 또는 타인에 대한 기여와 목적추구의 즐거움을 위한 활동으로 여기는지에 따라 개인이 일을 대하는 마음가짐과 태도, 행동이 매우 다르게 나타날 것이다. 따라서 일의 의미는 개인뿐 아니라 조직과 인적자원개발 측면에서도 관심을 기울여야 할 주제이다(박민희, 2020). 이러한 맥락에서 일의 의미와 관련한 여러 실증연구들이 수행되었다. 개별 실증연구들을 종합한 메타연구를 확인하면 일의 의미와 관련된 여러 변인을 확인할 수 있다. 해외의 메타연구에서는 일의 의미가 구성원의 몰입, 헌신, 철회행동, 직무만족 등과 연관되어 있다고 밝혔고(Allan et al., 2019), 국내의 메타연구에서는 일의 의미와 관련된 변인을 개인과 조직 관련 변인으로 구분하여 제시하였다(우성미, 정홍인, 2021). 개인 관련 변인으로는 소명의식, 소명수행의식, 번영, 삶의 의미, 삶의 만족, 자기효능감, 일과 삶의 균형과 소진이 있었으며, 조직 관련 변인으로는 직원몰입, 조직몰입, 잡크래프팅, 직무만족, 개인-직무 적합성, 기업의 사회적 책임, 정서적 몰입, 혁신행동, 직무성과, 직무스트레스, 직무소진, 이직의도가 있었다. 그중 직원몰입은 일의 의미와 관련하여 국내에서 가장 많이 연구된 것으로 나타났으며, 효과크기도 조직 관련 변인 중 가장 높게 나타났다(우성미, 정홍인, 2021). 이러한 연구결과는 직원몰입과 일의 의미에 대한 학문적 관심이 반영된 결과라고 할 수 있다.

◆ **직원몰입과 일의 의미**

자신의 일을 의미있게 여기는 사람들은 자신의 직무를 수행하는 데 있어서 더 많은 에너지를 투입하고, 몰입하며(박민희, 2020; Grawitch et al., 2010; Wrzesniewski et al., 1997), 이는 결과적으로 개인과 조직 모두에게 긍정적인 결과로 이어진다. 기존에 많이 연구되었던 직무만족과 직무성과간 관련성이 거의 존재하지 않는다는 결과가 중론으로 받아들여지면서(장형석, 2001), 성과와 헌신(commitment), 이직의도 등과 유의한 관계가 존재하는 것으로 밝혀진(Halbesleben, 2010) 직원몰입과 관련된 연구가 활발하게 진행되었다. 학자들마다 일컫는 용어와 정의하는 바가 약간씩 다르긴 하지만 직원몰입(employee engagement)은 인지·정서·행동적 에너지의 유지, 강도, 방향으로 조절되는 긍정적·활동적인 업무 관련 심리 상태로 여러 연구에서 개인몰입, 역할몰입, 업무몰입, 일몰입, 직무몰입, 직무열의 등의 다양한 용어들이 혼용되고 있다(Shuck et al., 2017).

직원몰입과 일의 의미에 대한 기존 연구들은 대부분 실증연구이며, 각 변인에 대한 동향연구나 메타연구가 일부 수행되었다. 그러나 두 변인 간 관계에 대한 국내 문헌연구는 아직 수행되지 않은 것으로 확인된다. 두 변인간 관계를 연구한 선행연구를 살펴보면 전반적으로 일의 의미가 선행변인으로 설정된 것은 맞지만 그 역할에 대해 약간의 이견이 존재한다. 각 연구에서 일의 의미는 직원몰입을 예측하거나 조절하는 변인으로 나타난다. 따라서 본 연구를 통해 직원몰입과 일의 의미 간 관계와 그 사이에 영향을 미치는 다른 변인들을 살펴보고 두 변인을 포함하는 후속 연구를 위한 어젠다를 제시하고자 한다. 두 변인 간 메커니즘을 이해하는 것은 개인의 일을 둘러싼 변인들을 통합적인 관점에서 바라봄으로써 학문적 토대를 구축하고 실무적인 아이디어를 수립하는 데 기여할 수 있다(김상범 외, 2020). 따라서 본 연구에서는 국내 맥락에서 수행된 직원몰입과 일의 의미 간 문헌연구를 통해 두 변인 간 관계를 살펴보고 개념적 통합모형을 제시함으로써 두 변인에 관한 보다 직관적이고 심층적인 이해를 제시하고자 한다.

이론적 배경

◆ 일의 의미(meaning of work)

누구나 그들의 삶과 일이 의미있기를 바랄 것이다(Pratt & Ashforth, 2003). 일의 의미가 여러 학문 분야(사회학, 심리학, 교육학, 상담학 등)에 걸쳐 지속적으로 연구되고 있는 이유는 그만큼 개인에게 '일의 의미'가 중요해졌기 때문이다(김근호 외, 2019). 개인의 신념, 가치, 동기는 일의 의미와 그 해석에 영향을 미치고(Rosso et al., 2010), 개인이 인식하는 일의 의미에 따라 일에 대한 태도와 방식, 행동이 달라진다(김근호 외, 2019). 이는 인지적, 정서적, 행동적 측면에서 개인이 일에 대해 지니는 통합적 태도를 의미한다(탁진국 외, 2015).

선행연구에서 확인할 수 있는 일의 유형에 대한 가장 오래된 연구는 Bellah 외 연구진(1985)에 의해 수행된 연구이다. 이들은 사회학적 관점에서 미국인의 삶에 대해 조사하면서 일에 대한 이해를 생업(jobs), 경력(careers), 소명(calling)으로 구분하였다. 비슷한 시기에 meaning of work(MOW) international research team(1987)도 8개국에 걸쳐 일의 의미를 연구하였다. 연구 결과, 일 중심성, 사회적 규범, 일의 가치와 신념, 일의 목적, 일역할 정체성이라는 일의 의미를 구성하는 다섯 가지 요인을 도출하였다(Harpaz, 1998). 이후 Wrzesniewski 외 연구진(1997)은 선행연구(Bellah et al., 1985)를 바탕으로 일의 의미를 각각 생업(job)과 경력(career), 소명(calling)으로 구분하였다. 이는 일의 가치와 중요성을 어디에 두는지에 따른 기준이라고 할 수 있다. 금전적인 보상과 그로 인해 살 수 있는 어떤 것을 위해 일한다면 생업으로, 개인의 성공, 성취, 사회적 지위를 가치 있게 여긴다면 경력으로, 자기실현과 사회적 기여, 그로 인한 성취의 즐거움에 초점을 맞춘다면 소명으로 보는 것이다(장형석, 2001). 연구 결과에 따르면 동일한 조직에서 동일한 직무를 하는 사람들 사이에서도 일의 의미를 서로 다르게 인식할 수 있으며, 일을 소명으로 생각하는 응답자들의 경우 일에 대해 긍정적이고 도전적인 태도를 가지고 있었다(Wrzesniewski et al., 1997).

국내에서는 장형석(2000), 탁진국 외 연구진(2015)에 의해 일의 의미 척도가 만들어진 바 있다. 장형석(2000)은 "자신이 하고 있는 일에 대해 개인이 주관적으로 부여하고 있는 인지적 평가"로 일의 의미를 정의하고(p. 88), 이를 기반으로 하여 자존감, 경제적 이득, 일의 매력, 사회적 소속, 일의 보람으로 구성된 일의 의미 척도를 개발하였다. 탁진국 외 연구진(2015)은 비직장인을 포함한 국내 성인을 대상으로 경제수단, 가족부양, 삶의 활력, 재미추구, 성장기회, 인정, 대인관계, 사회기여로 이루어진 일의 의미 척도를 개발하였다. 후속 연구를 통해 직장인을 중심으로 일의 의미 척도를 재검증하고 상위요인구조를 생업(경제수단, 가족부양), 사회관계(인정, 대인관계), 자아실현(재미추구, 성장기회, 사회기여, 삶의 활력)으로 도출하였다(탁진국 외, 2017).

국외에서 주로 활용되는 일의 의미 척도는 Steger 외 연구진(2012)에 의해 개발된 WAMI(working as meaning inventory)로, 긍정적 의미(positive meaning), 일을 통한 의미 만들기(meaning making through work), 대의를 위한 동기(greater good motivation) 요인으로 구성되어 있다. 이외에 MOW International research team(1987), MWI(meaning of work inventory) 등이 사용되고 있다(김근호 외, 2019).

한편, 일의 의미(meaning of work)와 혼용되는 용어로 '의미 있는 일(meaningful work)'이 있다(김근호, 2020). 'meaningful work'는 국내에서 '의미 있는 일'보다는 '일의 의미'로 번안되어 사용되는데(김근호, 2019), 두 가지 용어가 상호교환되어 사용되는 이유는 '의미'라는 용어가 내포하고 있는 긍정성 때문이다(Rosso et al., 2010). '의미'의 사전적 정의에는 말이나 행위의 뜻과 더불어 어떤 현상의 가치도 포함되어 있다(국립국어원, 2022). 선행연구에 따르면 일의 의미는 개인이 일로부터 형성하는 의의 혹은 가치

의 유형이며, 의미 있는 일은 개인이 일에 부여하는 가치의 정도로 표현될
수 있다(Pratt & Ashforth, 2003).

◆ 직원몰입(employee engagement)

직원몰입은 자신의 업무를 수행하는 동안 업무 역할 수행을 위해 신체적,
인지적, 감정적으로 집중하여 에너지를 사용하는 상태로 Kahn(1990)에 의
해 정의되면서 제시되었다. 이후 다양한 연구에서 몰입은 그 용어와 개념이
직원몰입, 업무몰입, 업무열의, 역할몰입, 개인몰입 등 다양하게 사용되었다
(Carasco-Saul et al., 2015). 선행연구에서 직원몰입과 관련하여 용어를
사용한 연구자와 해당 연구에서 사용된 용어, 그리고 정의는 다음과 같다.
먼저 Kahn(1990)의 연구에서는 개인몰입(personal emgagement)이라는 용
어를 사용하였으며, 이는 앞서 언급한 바와 같이 조직구성원이 본인의 업무
역할에 집중하여 성과를 도출하기 위해 신체·인지·감정적으로 노력을 기
울이는 상태로 정의되었다. 다음으로 Maslach 외(2001)의 연구에서는 직무
몰입(job engagement) 용어를 사용하였으며 소진의 세 가지 하위차원과는
반대의 개념으로 에너지와 관여, 효능감으로 구성되었다. 이후 Schaufeli 외
(2002)의 연구에서는 업무몰입(work engagement) 용어를 사용하였다. 이
때 몰입은 조직구성원이 직무 역할에 심리적으로 몰두하는 것으로 업무와
관련한 긍정적이고 성취 지향적인 마음 상태로 정의하였다. 구성개념으로는
활력(vigor)과 헌신(dedication), 몰두(absorption)를 제시하였으며, 이 중
활력은 업무수행 중 본인의 업무에 대하여 높은 수준의 에너지를 가지고 어
려움에 직면하였을 때 인내하고 견디는 끈기와 정신력, 회복력 등을 의미한
다. 또한 헌신은 스스로 업무에 심리적으로 강력하게 연관된 정도를 의미하
며, 마지막으로 몰두는 업무로부터 본인을 분리하기 어려운 상태를 의미한
다(Bakker & Demerouti, 2008; Schaufeli et al., 2002). 그리고 Saks(2006)
은 직원몰입(employee engagement)의 용어를 사용하여 개인의 역할과 관
련하여 성과와 연관된 인지적, 정서적, 행동적인 요소를 제시하였으며,

Shuck과 Wollard(2010)는 Saks(2006)와 같이 직원몰입(employee en-
gagement)이라는 용어를 사용하였으나 그 정의는 조직의 바람직한 성과에
대한 조직구성원의 인지적, 정서적, 행동적인 상태로 제시하였다. 이처럼 몰
입은 다양한 용어를 사용하여 표현되었고, 각각의 정의를 가지고 있음에도
불구하고 몇 가지 공통점을 보이고 있다(Kim, 2017). 먼저 조직구성원이 업
무 역할과 활동, 과업, 그리고 행동에 몰입하는 것을 의미한다. 또한 헌신,
만족, 열정과 충만, 그리고 동기와 같이 개인의 심리적인 상태를 의미한다.
마지막으로 몰입의 핵심적 구성요인으로 조직에서 성과를 도출하고 결과를
달성하는데 긍정적인 영향을 미친다.

이처럼 지금까지 직원몰입은 개념적인 측면에서 다양한 정의와 측정도구
가 혼용되었으며, 그중 신뢰도와 타당도가 높은 측정도구에 대한 연구의 필
요성이 제기되었다(김상범 외, 2020). 최근 박지원 외(2021) 연구진은 HRD
분야에서 자주 활용되는 측정도구(UWES-9[1], JES[2], EES[3])를 분석하였다.
그 결과, 한국 조직의 맥락에서 직원몰입을 측정하는 데 있어 EES와 JES가
통계적으로 유의한 것을 확인하였으며, 특히 모델의 간명성 측면에서 EES가
선호될 수 있음을 보고하였다.

이와 같은 선행연구에 기반하여 본 연구에서는 직원몰입의 개념으로 업무
에 대해 몰입하고 조직 내에서 업무와 관련된 활동에 적극적이고 충만한,
감정적으로 동기가 부여된 개인의 상태를 활용하고 용어는 '직원몰입'을 사
용하여 연구를 진행하는 것으로 한다(Schaufeli et al., 2002; Shuck et al.,
2017). 다만, 통합적 문헌연구를 위한 선행연구 검색에는 직원몰입과 동일
하거나 유사한 의미로 다양하게 사용되는 용어를 활용하여 기존의 연구에
대한 검색 및 검토를 실시하였다.

---

1) UWES(업무몰입 측정도구): Utrecht Work Engagement Scale(Schaufeli, Bakker, & Salanova,
   2006)
2) JES(직무몰입 측정도구): Job Engagement Scale(Rich, LePine, & Crawford, 2010)
3) EES(직원몰입 측정도구): Employee Engagement Scale(Shuck et al., 2017)

통합적 문헌연구 방법

본 연구는 통합적 문헌연구를 통해 특정 주제와 관련된 문헌 자료들을 체계적으로 검색하고 선정하여 분석하고자 하였다(Torraco, 2005). 직원몰입과 일의 의미에 관한 연구가 어떻게 이루어졌는지 확인하기 위하여 문헌 검색, 단계적 검토, 종합, 분석의 단계를 거쳐 두 변인 간 관계와 관련된 변인들에 대해 고찰하였다.

◆ 자료 수집 방법

먼저 연구 문헌을 선정하기 위하여 문헌 검색과 단계적 검토를 수행하였다. 자료 수집은 2022년 1월에 이루어졌으며, 이후 재검증과 다른 연구진의 교차검증절차를 거쳤다. 데이터베이스는 학술연구정보서비스(RISS)를 대상으로 자료를 수집하였다. '일의 의미', '의미 있는 일'과 '직원몰입'의 유사어가 제목과 주제어에 포함된 문헌을 수집하였다. 유사어들의 의미가 엄밀히 구분되는 것이 바람직하지만 국내는 물론 국외에서도 유사어들이 혼용되어 사용된 경향이 있다(김근호 외, 2019; Carasco-Saul et al., 2015).

검색 결과, 총 167개의 문헌이 검색 결과로 도출되었다. 구체적인 자료 수집 결과는 아래 <표 1>에 기술하였다.

〈표 1〉 자료 수집 결과

검색 키워드	데이터베이스	수집 결과
[국문] "일의 의미", "의미 있는 일" 그리고 "직원몰입", "업무몰입", "직무몰입", "일몰입", "임직원몰입", "직무열의", "업무열의", "직원열의", "임직원열의", "일열의" [영문] "meaning of work" or "meaningful work", and "engagement"	RISS	총 167개 (국문 92개 영문 75개)

• 자료 분석방법

1차 검색의 결과로 수집된 자료의 분석을 위해 단계적 검토 절차를 수행하였다(Torraco, 2005). 먼저 제목 및 초록을 검토하여 중복 문헌을 제외하였다. 동일한 주제의 학위논문과 학술논문, 학술대회 발표논문 등이 있는 경우, 학술논문을 자료에 포함하였다. 그리고 해당 문헌의 본문을 검토하여 온라인으로 본문 활용이 불가능하거나 연구 주제와 관련성이 없는 논문, 측정도구 개발 및 개념 연구 등을 제외하였다. 기타 특이사항으로 의미부재 척도를 일의 상황에서의 의미부재로 수정·적용한 척도를 사용한 연구 1편을 추가로 확인하여 제외하였다. 단계적 검토 결과, 최종적으로 19개의 문헌을 분석에 활용하였다. 선정된 19개의 논문을 대상으로 연구 제목과 목적, 대상, 결과를 정리하고, 종합 및 분석을 수행하였다. 최종 연구자료 선정 과정은 <표 2>에 기술하였다.

〈표 2〉 최종 연구자료 선정 과정

구분	RISS
제목과 초록 검토	총 167편 (제목: 82편 주제어: 85편)
중복 제거	국내연구 총 48편
본문 검토	총 19편 (국외 연구, 측정도구 개발 연구, 관련성이 미흡한 연구 제외)
최종 선정	총 19편의 논문 최종 선정

연구결과

• 기본정보 분석

2022년 1월 기준 본 연구를 위해 선정한 논문을 게재연도와 학술지별로 구분하여 정리한 결과는 다음 <그림 1>과 <표 3>과 같다.

직원몰입과 일의 의미의 관계에 관한 연구는 2015년부터 이루어졌으며, 2017년 이후 점차 증가하여 2020년 9편으로 가장 많은 연구가 이루어졌으며, 지난 8년간 19편의 연구가 이루어진 것을 확인하였다.

선정된 선행연구 중 학술논문은 8편, 학위논문은 11편으로 학위논문이 학술지 게재논문보다 약간 더 많은 것으로 확인되었으며, 학위논문 중 석사논문(9편)이 박사논문(2편)보다 많이 이루어진 것으로 확인되었다.

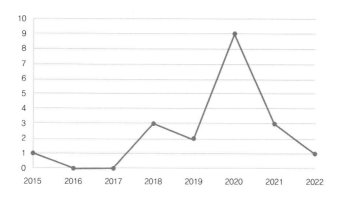

〈그림 1〉 직원몰입과 일의 의미 관련 연구의 연도별 게재연구 수

〈표 3〉 직원몰입과 일의 의미 관련 연구 게재학술지

구분		학술지/학교명	논문 수	
학술지		노동정책연구	1(5.3%)	8 (42.1%)
		동북아관광연구	1(5.3%)	
		디지털융복합연구	1(5.3%)	
		벤처혁신연구	2(10.5%)	
		조직과 인사관리연구	2(10.5%)	
		Journal of the Korean Data Analysis Society	1(5.3%)	
학위논문	석사	가톨릭대학교 상담심리대학원	1(5.3%)	9 (47.4%)
		고려대학교 교육대학원	1(5.3%)	
		광운대학교 상담복지정책대학원	1(5.3%)	
		연세대학교 교육대학원	3(15.8)	

	이화여자대학교 교육대학원	1(5.3%)	
	한양대학교 대학원 교육공학과	1(5.3%)	
	한양대학교 상담심리대학원	1(5.3%)	
박사	경희대학교 일반대학원	1(5.3%)	1(5.3%)
	연세대학교 대학원 교육학과	1(5.3%)	1(5.3%)

　다음으로 연구대상을 분석한 결과 국내 기업 종사자 대상 연구가 12편으로 가장 많았으며, 항공사 승무원, 간호사, MBA 과정 중인 직장인, PR실무자, 기업 인사담당자, IT기업 근로자, 청년친화강소기업 근로자가 각각 1편씩 연구가 이루어진 것으로 확인되었다.

〈표 4〉 직원몰입과 일의 의미 관련 연구 연구대상

연구대상	논문 수	비고
국내 기업 종사자	12(63.2%)	직장인(분야 불문)
항공사 승무원	1(5.3%)	
간호사	1(5.3%)	
MBA과정 중인 직장인	1(5.3%)	
PR실무자	1(5.3%)	
기업 인사담당자	1(5.3%)	
IT기업 근로자	1(5.3%)	
청년친화강소기업 근로자	1(5.3%)	

◆ 직원몰입과 일의 의미의 관계

　직원몰입과 일의 의미 관계에 대한 분석을 위해 선정된 연구에 대한 분석을 실시하였으며, 각각의 연구에서 선행변인과 매개/조절변인, 결과변인을 확인하였다. 그리고 해당 변인들 사이의 관계에서 직원몰입과 일의 의미 간 상호 영향을 미치는 관계를 살펴보았으며, 또한 두 변인 간 관계를 중심으로 다른 변인에 미치는 영향 또는 다른 변인으로 인해 받는 영향을 확인하였다. 마지막으로 직원몰입과 일의 의미, 그리고 다른 변인과의 관계에서 나타나는 매개효과와 조절효과에 대한 분석을 실시하였다.

직원몰입과 일의 의미 관계에 대한 선행연구 분석결과는 다음 <표 5>와 같으며, 분석결과는 두 변인간 관계에 대해서 제시한 결과만 기술하였으며, 이하 분석에 사용된 용어 중 직원몰입은 각 연구에서 사용한 용어를 본 연구의 목적에 부합하도록 '직원몰입'으로 통일하여 기술하였다.

분석 결과, 대체로 다수의 연구에서 일의 의미는 직원몰입에 정(＋)의 영향을 미치는 것으로 확인되었다(김근호, 2020; 김연진, 2021; 김지나, 2020; 박민희, 2020; 방지원, 2022; 우희영, 2015; 이대곤, 2020; 이유영, 2018; 이재경, 2020; 임재영, 2021; 정승철, 2021; 최수민, 2020). 그 외 다른 변인과의 관계에서 매개/조절효과를 보인 연구로 신인규와 정승철(2020)의 연구에서는 일의 의미가 개인－직무 적합도, 직원몰입, 직무성과의 매개관계에서 조절효과가 있는 것으로 확인되었으며, 백혜옥과 신진교(2018)의 연구에서 일의 의미는 상사의 과업관련 비인격적 행동과 직원몰입의 관계에서 조절효과가 있는 것으로 확인되었다. 또한 정승철(2021)은 연구를 통해 직원몰입이 일의 의미와 번영의 관계에서 매개효과가 있음을 확인하였으며, 김지혜(2018)는 일의 의미가 직무요구와 직원몰입의 관계에서 조절효과가 있음을 확인하였다. 또한 정승철(2020)은 직무성과에 대해서 직원몰입과 일의 의미가 상호작용을 통해서 영향을 미치는 조절효과가 있음을 확인하였으며, 또한 직원몰입에서 직무성과를 거쳐 번영감에 이르는 매개관계를 일의 의미가 조절하는 조절된 매개효과가 있음을 확인하였다. 윤미소, 유규창, 이혜정(2019)의 연구에서 일의 의미는 직무중심 인사관리와 직원몰입의 관계에서 매개효과가 있음을 확인하였으며, 이지영과 정승철(2020)의 연구에서는 직무특성과 번영 간의 관계에서 일의 의미와 직원몰입이 각각 단순 매개효과를 가지고 있음을 확인하였으며, 일의 의미와 직원몰입이 순차적으로 매개역할을 하는 이중매개 효과가 있음을 확인하였다. 방지원(2022)은 일의 의미가 잡크래프팅과 직원몰입의 관계에서 매개효과가 있음을 확인하였으며, 이대곤(2020)은 임파워링 리더십과 직원몰입의 관계에서 매개효과가 있음을 확인하였고, 최수민(2020)은 직무스트레스와 직원몰입의 관계에서 일의

의미가 매개효과를 가지고 있음을 확인하였다. 이재경(2020) 또한 연구를
통해 팀리더의 코칭행동과 직원몰입의 관계를 일의 의미가 매개한다는 것을
확인하였다. 그리고 이유영(2018)은 일의 의미와 직원몰입의 관계에서 자기
효능감의 조절효과가 있음을 확인하였다.

마지막으로 일의 의미와 직원몰입이 연구변인으로 포함되었으나 두 변인
간의 관계에 대한 연구가 이루어지지 않아 그 경로를 확인할 수 없는 연구
(이혜정 외, 2019)가 있었다. 이를 종합해보면 결과적으로 선정된 연구 중
다수의 연구에서 일의 의미는 직원몰입의 선행변인으로써 적용되었으며,
2편의 연구에서는 일의 의미와 직원몰입이 병렬관계로써 다른 변인과의 관
계를 규명하는 연구가 진행되었음이 확인되었다.

이후 본 연구의 목적에 따라 앞서 언급한 각 연구의 결과를 재구성하여
일의 의미와 직원몰입의 관계에서 일의 의미가 갖는 역할을 확인하였다. 그
결과 일의 의미는 연구에 따라 직원몰입의 예측변인, 조절변인, 예측/매개변
인, 병렬관계 등의 역할을 하고 있음을 확인하였으며, 두 변인 간 관계에서
선행변인과 조절 및 결과변인으로 연구된 변인을 확인하고 이를 최종적으로
정리하였으며, 그 결과는 다음 <표 5>와 같다.

〈표 5〉 일의 의미와 직원몰입의 관계에서 일의 의미의 역할과 관련 변인

연구자	선행변인	일의 의미의 역할	조절/결과변인	연구결과
김근호 (2020)	-	예측변인	-	- 일의 의미는 직원몰입에 정(+)의 영향
김연진 (2021)	-	예측변인	-	- 일의 의미는 직원몰입에 정(+)의 영향
김지나 (2020)	-	예측변인	-	- 일의 의미는 직원몰입에 정(+)의 영향
김지혜 (2018)	직무요구	조절변인	직무소진 (결과)	- 일의 의미는 직무요구와 직원몰입의 관계에서 조절효과가 있음
박민희 (2020)	-	예측변인	혁신행동 (결과)	- 일의 의미는 직원몰입에 정(+)의 영향
방지원 (2022)	잡크래프팅	예측/매개변인	-	- 일의 의미는 직원몰입에 정(+)의 영향 - 일의 의미는 잡크래프팅과 직원

				몰입의 관계에서 매개효과가 있음
백혜옥, 신진교 (2018)	비인격적 행동	조절변인	–	– 일의 의미는 상사의 비인격적 행동과 직원몰입 관계에서 조절효과가 있음
신인규, 정승철 (2020)	개인–직무 적합도	조절변인	직무성과 (결과)	– 일의 의미는 개인–직무 적합도, 직원몰입, 직무성과의 매개관계에서 조절효과가 있음
우희영 (2015)	심리적 자본, 리더–구성원 교환관계 (LMX)	예측/매개변인	–	– 일의 의미는 직원몰입에 정(+)의 영향 – 일의 의미는 심리적 자본과 LMX가 각각 직원몰입과 갖는 관계에서 매개효과가 있음
윤미소 외 (2019)	직무중심 인사관리	예측/매개변인	–	– 일의 의미는 직무중심 인사관리와 직원몰입의 관계에서 매개효과가 있음
이대곤 (2020)	임파워링 리더십	예측/매개변인	–	– 일의 의미는 직원몰입에 정(+)의 영향 – 일의 의미는 임파워링 리더십과 직원몰입의 관계에서 매개효과가 있음
이유영 (2018)		예측변인	직무만족 (결과) 자기효능감 (조절)	– 일의 의미는 직원몰입에 정(+)의 영향 – 직원몰입은 일의 의미와 직무만족의 관계에서 매개효과가 있음
이재경 (2020)	팀리더의 코칭행동	예측/매개변인	–	– 일의 의미는 직원몰입에 정(+)의 영향 – 일의 의미는 팀리더의 코칭행동과 직원몰입의 관계에서 매개효과가 있음
이지영, 정승철 (2020)	직무특성	예측/매개변인	번영 (결과)	– 직무특성과 번영 간의 관계에서 일의 의미와 직원몰입이 각각 단순 매개효과를 나타냄 – 일의 의미와 직원몰입이 순차적으로 매개 역할을 하는 이중매개 효과가 있음
이혜정 외 (2019)	–	병렬관계	–	– 일의 의미와 직원몰입의 관계에 대한 연구가 이루어지지 않음
임재영 (2021)	–	예측변인	–	– 일의 의미는 직원몰입에 정(+)의 영향
정승철 (2020)	–	병렬관계	–	– 일의 의미와 직원몰입의 관계에 대한 연구가 이루어지지 않음
정승철 (2021)	–	예측변인	직무수행 (결과), 번영	– 일의 의미는 직원몰입에 정(+)의 영향 – 직원몰입은 일의 의미와 직무수

			(결과)	행, 번영의 관계에서 매개효과가 있음
최수민 (2020)	직무스트레스	예측/매개변인	-	- 일의 의미는 직원몰입에 정(+)의 영향 - 일의 의미는 직무스트레스와 직원몰입의 관계에서 매개효과가 있음

* 연구결과에는 일의 의미와 직원몰입, 관련 변인 간 영향관계와 유의한 결과만 제시함

◆ 일의 의미와 직원몰입의 측정도구

본 연구에 활용하기 위해 선정된 연구를 대상으로 일의 의미와 직원몰입의 측정도구를 분석하였으며, 그 결과는 <표 6>과 같다.

일의 의미의 측정도구로는 대표적으로 Steger 외(2012)가 개발한 일의 의미 측정도구 WAMI(working as meaning inventory)를 번안한 문항을 활용하였으며, 일부 연구에서 탁진국 외(2015; 2017)와 김근호(2020)의 측정도구를 활용한 것으로 확인하였다.

직원몰입의 측정도구로는 Dutch Utrecht work engagement scale (UWES)가 가장 많이 활용되었다. UWES는 Schaufeli 외(2002)에 의해 최초 24개의 문항으로 개발되었으나 이후 Schaufeli와 Bakker(2003, 2004)가 7개의 문항을 삭제(UWES-17)하였고, 이후 Schaufeli 외(2006)에서 타당화 연구를 통해 9개로 문항을 축소하였다(UWES-9). 분석결과 UWES를 활용한 연구가 10편이었으며, 기타 Saks(2006)의 연구와 Bruin과 Henn(2013), Rich 외(2010)의 연구에서 개발한 측정도구를 활용한 연구가 있는 것을 확인하였다.

〈표 6〉 직원몰입과 일의 의미 측정도구

연구자	직원몰입 측정도구	일의 의미 측정도구
김근호(2020)	UWES-9	탁진국 외(2017)
김연진(2021)	UWES-9	WAMI (working as meaning inventory)
김지나(2020)	UWES-9	탁진국 외 (2015; 2017)
김지혜(2018)	UWES-9	WAMI
박민희(2020)	Schaufeli & Bakker(2004), 조두찬(2017)의 측정도구를 활용하여 단일요인으로 측정	탁진국 외(2017), 김근호(2020)의 측정도구를 활용
방지원(2022)	UWES-9	WAMI
백혜옥, 신진교(2018)	Saks(2006)의 연구에서 사용한 5문항	WAMI (6문항만 채택)
신인규, 정승철(2020)	UWES-17	WAMI
우희영(2015)	Bruin & Henn(2013), UWES-9	WAMI
윤미소 외 (2019)	Rich et al.(2010)	WAMI
이대곤(2020)	UWES-17	WAMI
이유영(2018)	UWES-17	WAMI
이재경(2020)	Saks(2006)의 연구에서 사용한 5문항	WAMI
이지영, 정승철(2020)	UWES-17	WAMI
이혜정 외 (2019)	Rich et al.(2010)	WAMI
임재영(2021)	UWES-17	WAMI
정승철(2020)	UWES-17	WAMI
정승철(2021)	UWES-17	WAMI
최수민(2020)	UWES-17	WAMI

◆ **직원몰입과 일의 의미의 개념적 통합모형**

이상의 선행연구 분석을 바탕으로 직원몰입과 일의 의미의 개념적 통합모형을 작성하였다. 직원몰입과 일의 의미 통합모형의 개념적 틀은 직무요구－자원(JD－R) 모델을 참고하였다. 직무요구－자원(JD－R) 모델에서 선행변인은 직무요구와 자원(직무/개인)의 두 범주로 분류되고, 동기와 긴장 요인을 거쳐 직무성과로 이어진다(Bakker & Demerouti, 2017). 직원몰입은 대표적인 동기 요인으로 자원과 직무성과를 매개하는 역할을 수행한다. 따라서 직무자원과 개인자원, 직무요구로 분류된 선행변인들이 일의 의미와 직원몰입의 관계를 거쳐 결과변인에 영향을 미친다. 이러한 선행연구를 바탕으로 본 연구에서 두 변인의 관계에 대한 문헌들을 반영하여 개념적 통합모형을 아래 그림과 같이 제시하였다.

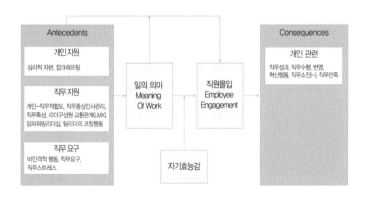

〈그림 2〉 직원몰입과 일의 의미 관련 개념적 통합모형

선행변인은 직무요구－자원(JD－R) 모델을 참고하여 개인자원과 직무자원, 직무요구로 분류하였으며, 일의 의미와 직원몰입을 거쳐 결과 변인으로 이어지는 관계를 도식화하였다. 개인자원에는 심리적 자본, 잡크래프팅, 직무자원에는 개인－직무적합도, 직무중심인사관리, 직무특성, 리더－구성원

교환관계(LMX), 임파워링리더십, 팀리더의 코칭행동 변인이 있었으며, 직무요구에는 비인격적 행동과 직무요구, 직무스트레스 변인이 있는 것으로 확인하였다. 또한 일의 의미와 직원몰입 간 관계에서 자기효능감이 조절변인으로 설정된 연구도 존재하였다. 이상의 개별 연구에서 일의 의미는 직원몰입을 예측하고 매개하며, 조절하는 역할을 수행하였다. 전체 19편 중 14편에서 일의 의미가 직원몰입을 예측 또는 예측/매개하는 역할을 수행하였으며, 3편에서는 조절하는 역할을 수행하였다. 따라서 직원몰입과 일의 의미를 포함한 연구모형 설계 시 일의 의미가 직원몰입에 미치는 영향에 대해서 다각도에서 고려할 필요가 있다. 병렬관계로 설정된 연구는 2건 존재하였으나 개념적 통합모형에는 반영하지 않았다.

<그림 2>에 제시된 모형은 직원몰입과 일의 의미 간 개념적 통합모형으로 이 모형이 실증적으로 검증된 것은 아니다. 따라서 모형이 전체적인 통합모형으로 기능하기 위해서 다양한 맥락(context)에서 실증연구가 수행되어 검증될 필요가 있다. 일의 의미와 직원몰입 관련 연구는 그 중요성에도 불구하고 국내에서 실증연구가 많이 축적된 편이라고 볼 수 없다. 특히 조직 차원의 선행변인과 결과변인, 일의 의미와 직원몰입 간 조절변인이 고려된 연구가 희소하다고 할 수 있다. 제시된 모형을 참고하여 전체적인 관점에서 선행변인, 매개변인, 조절변인, 결과변인을 동시에 고려한 모형을 설정하거나 조절된 매개 모형을 설정하여 일의 의미 변인의 기능적 확장을 고려할 수 있을 것이다.

나가며

◆ **논의 및 시사점**

본 연구는 2022년 1월 기준으로 국내에서 출간된 직무몰입과 일의 의미

변인 관련 연구를 수집하여, 최종 19편을 선정하여 문헌연구를 수행하였다. 최종 분석 논문을 정리하여 연구 대상과 목적, 측정도구, 관련 변인과 직원몰입과 일의 의미 관계에서 일의 의미의 역할을 확인함으로써 조직과 개인 모두에게 중요한 두 변인의 관계를 심층적으로 탐구하고자 하였고, 후속 연구를 위한 통합적 개념 모형을 제시하고자 하였다. 이에 본 연구에서 수행한 연구의 결과는 다음과 같다.

첫째, 직원몰입과 일의 의미 관련 연구는 2020년(9편) 직장인을 대상으로 가장 많이 수행되었다. 이는 일의 의미 관련 변인에 대한 메타분석을 수행한 우성미, 정홍인(2021)의 연구를 지지하는 결과이며, 개인이 일하는 방식이 변화함에 따라 일의 의미가 중요하게 부각되고 있는 것으로 이해할 수 있다. 또한 연구대상과 관련하여 변인의 특성상 일반적인 직장인을 대상으로 연구를 수행하여도 충분히 시사하는 바가 있으며, 일반화하기 용이하다는 장점이 있기 때문으로 해석할 수 있다. 논문의 출간 형태는 학술논문 8편, 학위논문 11편으로 우성미, 정홍인(2021)의 선행연구와 달리 학술논문과 학위논문의 비율에 큰 차이가 없었다.

둘째, 직원몰입과 일의 의미 관계에서 관련된 선행변인으로 심리적 자본, 잡크래프팅, 개인-직무적합도, 직무중심인사관리, 직무특성, 리더-구성원 교환관계(LMX), 임파워링리더십, 팀리더의 코칭행동, 비인격적 행동, 직무요구, 직무스트레스, 결과변인으로 직무성과, 직무수행, 번영, 혁신행동, 직무소진, 직무만족이 도출되었다. 선행변인은 직무요구-자원(JD-R) 모델에 따라 각각 개인자원, 직무자원, 직무요구로 구분하였으며, 일의 의미와 직원몰입 간 관계를 조절하는 조절변인으로 자기효능감을 확인하였다. 이중 심리적 자본, 직무중심인사관리, 직무특성, 리더-구성원 교환관계(LMX), 임파워링리더십, 팀리더의 코칭행동, 비인격적 행동, 직무요구, 직무수행은 우성미, 정홍인(2021)의 선행연구 결과에는 제시되지 않은 변인으로 리더십 관련 변인들이 다수 포함되어 있다. 향후 직원몰입, 일의 의미와 더불어 상사의 리더십 관련 변인을 포함한 추가적인 연구의 필요성이 제기된다.

셋째, 일의 의미의 측정도구는 WAMI, 직원몰입의 측정도구는 UWES가 가장 많이 사용되었다. 이는 김근호 외(2019), 김상범 외(2021), 우성미, 정홍인(2021)의 선행연구를 지지하는 결과로 개념과 용어가 혼재되어 있음에도 불구하고, 측정도구 사용에 있어서의 경향성을 확인할 수 있었다. 다만 후속 연구에서는 변인의 용어와 측정도구 사용에 있어서 연구 목적을 달성하기 위해 더욱 신중한 고려가 필요하다. '일의 의미'의 유사 용어로 '의미 있는 일' 등의 용어가 혼용되고 있다. 직원몰입 또한 '직무열의', '업무몰입', '일몰입', '직무몰입' 등의 용어가 혼용되고 있으며 단순히 표현이 다른 용어도 있으나 변인의 정의와 개념이 미묘하게 다른 경우도 있다. 따라서 가급적 선행연구를 참고하여 용어와 측정도구 사용에 있어 신중을 기하는 것이 변인에 대한 명료한 이해와 후속 연구의 축적에 도움이 될 것이다(김상범 외, 2021). 최근 직원몰입 연구에서 주로 쓰이는 UWES와 JES 측정도구와 더불어 EES 측정도구를 국내 기업 맥락에서 비교한 연구에서는 EES 측정도구의 신뢰도와 타당도가 있으며, 우선적으로 선호될 수 있는 것으로 나타났다(박지원 외, 2022). 따라서 후속연구에서는 이러한 선행연구를 근거로 EES 측정도구를 활용하여 직원몰입 변인을 포함한 실증연구를 설계할 수 있을 것이다. 마찬가지로 국내 맥락에서 적합한 일의 의미 측정도구를 비교·분석하는 연구가 이루어진다면 일의 의미의 학문적 토대를 넓히는 데 기여할 수 있을 것이다.

◆ **포스트 코로나 시대의 직원몰입과 일의 의미**

코로나19 팬데믹은 사람과 사람의 만남, 일하는 환경과 방법을 포함하여 우리가 삶을 살아가는 방식에 급격하고 거대한 변화를 가져왔으며, 그 변화는 아직도 현재진행형이다. 그럼에도 불구하고 모든 일에는 시작과 끝이 있고, 우리의 일과 삶은 계속될 것이다. 개인의 삶과 일은 분리되어 있지 않고 하나의 연속선상에 놓여 있다(우성미, 정홍인, 2021). 코로나19로 인한 충격이 아직 가시지 않았지만 포스트 코로나 시대의 목전에서 인간 존재의 의미와 삶의 방식에 대한 성찰을 추구하는 것은 어쩌면 당연한 것일지도 모른다 (김기봉, 2021). 그러한 연장선상에서 본 연구는 개인의 일과 삶에 영향을 미치는 두 변인인 직원몰입과 일의 의미의 관계를 탐색하고, 정리하여 후속 연구를 위한 어젠다를 제시하고자 하였다.

일의 의미는 개인이 일을 어떻게 인식하는지에 대한 것이자 일에 대한 개인의 믿음과 중요성, 목적과 근거라고 할 수 있다(탁진국 외, 2015). 이는 자신의 업무활동에 인지적, 정서적, 행동적으로 열중함으로써 조직의 바람직한 성과를 이끌어내는 직원몰입의 주요 동기가 된다. 그리고 두 변인을 둘러싼 여러 변인들의 관계는 직무요구－자원(JD－R) 모델로 설명될 수 있다.

이상의 결론에도 불구하고 본 연구의 한계점은 다음과 같다. 먼저 '직원몰입'과 '일의 의미' 문헌연구를 위한 검색 키워드를 최대한 포함하고자 하였으나, 몰입(engagement)과 일(work)의 의미를 중심으로 데이터베이스와 문헌의 범위를 한정함으로써 문헌 자료 수집에 있어서 한계가 존재하였다. 특히 일의 의미의 유사 개념과 용어들, 측정도구와 관련하여 후속 연구에서 보다 심층적으로 다뤄야 할 필요성이 존재한다. 이와 더불어 국외 연구까지 포함한 메타분석을 통해 직원몰입과 일의 의미 관계에 대한 통계적 유의성, 효과크기 등까지 검토한다면 보다 의미있는 연구가 될 수 있을 것이다.

참고문헌

(사)한국기업교육학회. (2022.01.25.). 경력. HRD 용어사전. https://vo.la/rwqad

국립국어원. (2022.01.25.). 의미. 국립국어원 표준국어대사전. https://vo.la/4kTsy

국립국어원. (2022.01.25.). 일. 국립국어원 표준국어대사전. https://vo.la/wr8gQO

김근호, 장지현, 김성혜, 조아로, 장원섭. (2019). "일의 의미" 실증연구 동향: 2009~2018년 국내·외 학술지 게재 논문을 대상으로. 기업교육과 인재연구, 21(1), 79-101.

김근호. (2020). 일의 의미와 혁신행동의 관계에서 일자리 질의 조절효과 분석: 청년친화강소기업을 중심으로. 기업교육과 인재연구, 22(4), 113-143. https://doi.org/10.46260/KSLP.22.4.5

*김근호. (2020). 일자리 질에 따라 일의 의미가 일몰입과 혁신행동에 미치는 영향 [국내박사학위논문]. 연세대학교 대학원.

김기봉. (2021). 포스트코로나 시대 감염과 연결에 대한 성찰. 인문과학연구, 68, 391-412. https://doi.10.33252/sih.2021.3.68.391

김상범, 조현정, 김우철. (2021). 심리적 주인의식과 업무몰입의 관계에 대한 국내·외 연구동향. HRD 연구, 23(1), 113-143.

*김연진. (2021). 밀레니얼 세대 조직 구성원의 조직지원인식과 일의 의미가 직무열의에 미치는 영향 [국내석사학위논문]. 연세대학교 교육대학원.

*김지나. (2020). 일의 의미와 피드백 환경이 업무몰입 및 조직몰입에 미치는 영향 [국내석사학위논문]. 연세대학교 교육대학원.

*김지혜. (2018). 직무요구가 직장인의 직무소진에 미치는 영향 [국내석사학위논문]. 연세대학교 대학원.

*박민희. (2020). 항공사 객실승무원의 일의 의미, 직무열의, 혁신행동 관계연구. 동북아관광연구, 16(4), 243-262. https://doi.org/10.35173/NATR.16.4.12

박지원, Brad Shuck, 김우철. (2021). A study on the comparison of three engagement scales in a Korean organizational context. 역량개발학습연구, 16(4), 1-29. https://doi.org/10.21329/khrd.2021.16.4.1

*방지원. (2022). MZ 세대가 인식하는 잡 크래프팅과 일의 의미가 직무 열의에 미

치는 영향에서 임파워링 리더십의 조절된 매개효과 검증 [국내석사학위논문]. 한양대학교.

*백혜옥, 신진교. (2018). 상사의 비인격적 행동과 직무열의 간 관계에서 개인특성 및 조직특성의 조절효과. *조직과 인사관리연구, 42*(4), 1-33.

*신인규, 정승철. (2020). 개인-직무 적합성과 직무성과의 관계에 대한 직무열의의 매개효과와 일의 의미의 조절된 매개효과 연구. *벤처혁신연구, 3*(2), 77-93.

우성미, 정홍인. (2021). 일의 의미 관련 변인에 대한 메타분석. *사회융합연구, 5*(6), 89-101. https://doi.org/10.37181/JSCS.2021.5.6.089

*우희영. (2015). *간호사가 지각하는 리더의 진성리더십과 조직문화가 직무태도에 미치는 영향* [국내박사학위논문]. 경희대학교 일반대학원.

*윤미소, 유규창, 이혜정. (2019). 직무중심 인사관리가 직무열의에 미치는 영향 : 개인-직무 적합성과 일의 의미의 매개효과. *노동정책연구, 19*(4), 33-61.

*이대곤. (2020). *임파워링리더십이 혁신행동과 직무열의에 미치는 영향* [국내석사학위논문]. 가톨릭대학교 상담심리대학원.

*이유영. (2018). *직장인의 일의 의미와 직무만족의 관계* [국내석사학위논문]. 이화여자대학교 교육대학원.

*이재경. (2020). *팀리더의 코칭행동이 밀레니얼 세대 구성원의 직무열의에 미치는 영향* [국내석사학위논문]. 한양대학교 상담심리대학원.

*이지영, 정승철. (2020). PR실무자의 직무특성이 번영에 미치는 영향 : 일의 의미와 직무열의의 이중매개효과 연구. *벤처혁신연구, 3*(2), 129-145.

*이혜정, 유규창, 명순영. (2019). 직무중심 인사관리가 구성원의 태도에 미치는 영향. *조직과 인사관리연구, 43*(3), 149-176.

*임재영. (2021). *수도권 IT기업 근로자의 세대별 일의 의미가 직무열의에 미치는 영향* [국내석사학위논문]. 고려대학교 교육대학원.

장형석. (2000). 일의 의미 척도의 구성 및 직무만족과의 관계. *심리과학연구지, 1*(1), 81-117.

장형석. (2001). 직무만족과 일의 의미 정도에 따른 삶의 목적감의 차이. *Journal of Student Guidance Research, 33*(1), 137-158.

*정승철. (2020). 직무열의와 번영의 관계에 대한 직무성과의 매개효과와 일의 의미의 조절된 매개효과 연구. *Journal of the Korean Data Analysis Society, 22*(4), 1539-1552. https://doi.org/10.37727/jkdas.2020.22.4.1539

*정승철. (2021). 일의 의미가 번영에 미치는 영향에 대한 연구 : 직무열의와 직무수행의 이중매개효과. *디지털융복합연구, 19*(1), 99-105. https://doi.org/10.14400/JDC.2021.19.1.099

조두찬. (2017). *패밀리 레스토랑 직원이 지각한 코칭리더십이 선제적 행동에 미치는 영향: 직무열의의 매개효과를 중심으로* [국내석사학위논문]. 세종대학교 대학원.

*최수민. (2020). *신입사원의 직무스트레스와 직무열의의 관계* [국내석사학위논문]. 광운대학교 대학원.

탁진국, 서형준, 김혜선, 남동엽, 정희정, 권누리, 김소영, 정일진. (2015). 일의 의미 척도개발 및 타당화. *한국심리학회지: 산업 및 조직, 28*(3), 437-456.

탁진국, 서형준, 원용재, 심현주. (2017). 일의 의미 척도 구성타당도 검증: 직장인을 중심으로. *한국심리학회지: 산업 및 조직, 30*(3), 357-372.

통계청. (2022.01.25.). *경제활동인구조사.* KOSIS 국가통계포털. https://kosis.kr/index/index.do

Allan, B. A., Batz-Barbarich, C., Sterling, H. M., & Tay, L. (2019). Outcomes of meaningful work: A meta-analysis. *Journal of Management Studies, 56*(3), 500-528. https://doi.org/10.1111/joms.12406

Bakker, A. B., & Demerouti, E. (2008). Towards a model of work engagement. *The Career Development International, 13*(3), 209-223. https://doi.org/10.1108/13620430810870476

Bellah, R. N., Madsen, R., Sullivan, W. M., Swidler, A., & Tipton, S. M. (2007). *Habits of the heart, with a new preface: individualism and commitment in American life.* Univ of California Press.

Bruin, G. P., & Henn, C. M. (2013). Dimensionality of the 9-item utrecht work engagement scale(UWES-9). *Psychological reports, 112*(3), 788-799. https://doi.org/10.2466/01.03.PR0.112.3.788-799

Carasco-Saul, M., Kim, W., & Kim, T. (2015). Leadership and employee engagement: Proposing research agendas through a review of literature. *Human Resource Development Review, 14*(1), 38-63. https://doi.org/10.1177/1534484314560406

Dik, B. J., & Duffy, R. D. (2009). Calling and vocation at work: Definitions and prospects for research and practice. *The counseling psychologist, 37*(3), 424-450. https://doi.org/10.1177/0011000008316430

Grawitch, M. J., Barber, L. K., & Justice, L. (2010). Rethinking the work-life interface: It's not about balance, it's about resource allocation. *Applied Psychology: Health and Well-Being, 2*(2), 127-159. https://doi.org/10.1111/j.1758-0854.2009.01023.x

Halbesleben, J. R. (2010). A meta-analysis of work engagement: Relationships with burnout, demands, resources, and consequences. In A. B. Bakker & M. P. Leiter (Eds.), *Work engagement: A handbook of essential theory and research*, (pp. 102-117). Psychology Press.

Harpaz, I. (1998). Cross-national comparison of religious conviction and the meaning of work. *Cross-Cultural Research, 32*(2), 143-170. https://doi.org/10.1177/106939719803200202

Kahn, W. A. (1990). Psychological conditions of personal engagement and disengagement at work. *Academy of Management Journal, 33*(4), 692-724. https://doi.org/10.5465/256287

Kim, W. (2017). Examining mediation effects of work engagement among job resources, job performance, and turnover intention. *Performance Improvement Quarterly, 29*(4), 407-425. https://doi.org/10.1002/piq.21235

Maslach, C., Schaufeli, W. B., & Leiter, M. P. (2001). Job burnout. *Annual Review of Psychology, 52*(1), 397-422. https://doi.org/10.1146/annurev.psych.52.1.397

MOW International Research Team. (1987). *The meaning of working*. Academic Press.

OECD. (2022.01.25.). *Average annual hours actually worked per worker*. OECD.Stat. https://stats.oecd.org/

Pratt, M. G., & Ashforth, B. E. (2003). Fostering meaningfulness in working and at work. In K. S. Cameron, J. E. Dutton, & R. E. Quinn

(Eds.), *Positive Organizational Scholarship: Foundations of a New Discipline* (pp. 309-327). Berret-Koehler.

Rich, B. L., Lepine, J. A. & Crawford, E. R. (2010). Job engagement: Antecedents and effects on job performance. *Academy of Management Journal, 53*(3), 617-635. https://doi.org/10.5465/amj.2010.51468988

Rosso, B. D., Dekas, K. H., & Wrzesniewski, A. (2010). On the meaning of work: A theoretical integration and review. *Research in organizational behavior, 30*, 91-127. https://doi.org/10.1016/j.riob.2010.09.001

Saks, A. M. (2006). Antecedents and consequences of employee engagement. *Journal of Managerial Psychology. 21*(7), 600-619. https://doi.org/10.1108/02683940610690169

Schaufeli, W. B., & Bakker, A. B. (2003). *UWES-Utrecht Work Engagement Scale: Testmanual.* [Unpublished manuscript]. Department of Psychology, Utrech University.

Schaufeli, W. B., & Bakker, A. B. (2004). Job demands, job resources, and their relationship with burnout and engagement: a multi-sample study. *Journal of Organizational Behavior, 25*(3), 293-315. https://doi.org/10.1002/job.248

Schaufeli, W. B., Bakker, A. B., & Salanova, M. (2006). The measurement of work engagement with a short questionnaire: A cross-national study. *Educational and Psychological Measurement, 66*(4), 701-716. https://doi:10.1177/0013164405282471

Schaufeli, W. B., Salanova, M., González-Romá, V., & Bakker, A. B. (2002). The measurement of engagement and burnout: A two sample confirmatory factor analytic approach. *Journal of Happiness Studies, 3*(1), 71-92. https://doi.org/10.1023/A:1015630930326

Shuck, B., & Wollard, K. (2010). Employee engagement and HRD: A seminal review of the foundations. *Human Resource Development Review, 9*(1), 89-110. https://doi.org/10.1177/1534484309353560

Shuck, B., Adelson, J. L., & Reio Jr, T. G. (2017). The employee engagement scale: Initial evidence for construct validity and implications for theory and practice. *Human Resource Management, 56*(6), 953-977. https://doi.org/10.1002/hrm.21811

Shuck, B., Osam, K., Zigarmi, D., & Nimon, K. (2017). Definitional and conceptual muddling: Identifying the positionality of employee engagement and defining the construct. *Human Resource Development Review, 16*(3), 263-293. https://doi.org/10.1177/1534484317720622

Steger, M. F., Dik, B. J., Duffy, R. D. (2012). Measuring meaningful work: The work and meaning inventory (WAMI). *Journal of Career Assessment, 20*(3), 322-337. https://doi.org/10.1177/1069072711436160

Torraco, R. J. (2005). Writing integrative literature reviews: Guidelines and examples. *Human resource development review, 4*(3), 356-367. https://doi.org/10.1177/1534484305278283

Wrzesniewski, A., McCauley, C., Rozin, P., & Schwartz, B. (1997). Jobs, careers, and callings: People's relations to their work. *Journal of research in personality, 31*(1), 21-33. https://doi.org/10.1006/jrpe.1997.2162

*: 문헌연구에 활용된 논문

echnology and learning at work

학습과
테크놀로지

03

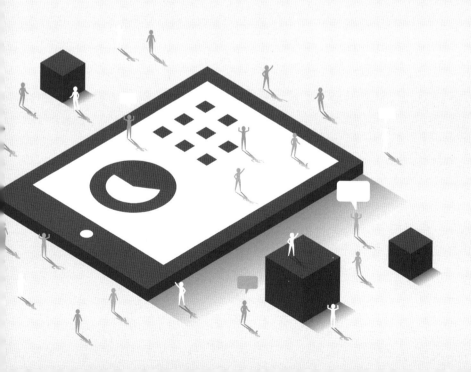

인공지능 활용을 통해 살펴본 일과 학습의 의미: 전문직의 사례

장주희(jchang@krivet.re.kr)

장주희는 미국 오하이오주립대학교에서 HRD 전공으로 박사학위를 취득하였다. 현재 한국직업능력연구원 고용능력·
자격연구본부에서 정책연구를 수행하고 있다.

* 이 글은 2020년 12월에 발행된 한국직업능력연구원 기본연구
「인공지능 시대의 전문직 직업연구」의 내용을 수정·보완한 것임.

인공지능 활용을 통해 살펴본
일과 학습의 의미: 전문직의 사례

장주희

기술의 발전은 많은 사람들의 삶의 모습을 바꾼다. 집 전화와 공중전화는 '삐삐'라고 불리던 무선호출기에게 자리를 넘겨주었고, 다시 핸드폰과 스마트폰에게 차례로 자리를 넘겨주었다. 스마트폰이 세상에 나오기 전에는, 소위 '단톡방'에서 모임 날짜를 투표하고, 모바일 뱅킹으로 축의금을 보내며, 앱 하나로 택시를 부르는 모습을 상상하기 어려웠다.

기술의 발전은 삶의 모습과 생각에 영향을 끼쳐왔을 뿐만 아니라 당연히 일터에도 영향을 미친다. 예전에는 존재하지 않던 기계나 도구를 사용하기도 하고, 일의 내용 자체가 바뀌기도 한다. 어떤 일들은 더 이상 사람이 할 필요가 없어지고, 전에는 하지 않던 일들이 생기기도 한다. 이처럼 기술의 변화가 어떤 일 그 자체와 그 일을 둘러싼 환경에 영향을 미친다면, 일하기 위해 알아야 하는 것, 일터에서 중점을 두어야 할 것도 종전과 달라지는 것은 당연할 것이다. 다시 말해, 기술의 변화는 '일과 학습의 의미'에도 영향을 미친다.

이 글에서는 인공지능(Artificial Intelligence: AI)에 초점을 두고 실제로 인공지능의 활용으로 인해 일과 학습에 어떤 변화가 일어나고 있는지, 그러한 변화를 어떻게 바라보아야 할 것인지를 전문직의 사례를 중심으로 살펴본다.

인공지능과 자동화

인공지능, AI라는 용어는 과학기술 분야의 전문가가 아닌 일반인에게도 익숙하게 사용되고 있다. 1956년 영국에서는 계산기를 활용해서 복잡한 정보를 처리한다는 개념으로 인공지능이라는 말을 처음 사용하기 시작하였다 (아이뉴턴편집부, 2018; 이노우에 도모히로, 2016). 인간을 포함한 생명체만이 지능을 가지고 있는가? 만약 기계가 매우 발전한다면 어느 순간에는 인간의 지적 활동과 유사한 수준이 될 것이라는 가정, 즉 기계도 인간과 유사한 지적 활동을 할 수 있을 것이라는 기대를 담고 있는 용어가 바로 인공지능이다. 강한 인공지능(strong artificial intelligence), 범용 인공지능(artificial general intelligence)이라는 말에도 '인간처럼 정보를 학습하고, 의미를 부여하며, 다양한 문제를 인지하여 해결책을 도출하는 과정을 구현'할 수 있는 '인간 수준의 지능(human-level intelligence)'이라는 의미가 포함되어 있다(추형석, 2018).

인공지능이란 대체 무엇인가, 대체 어떤 모습을 상상하면 될까. 인공지능이라고 부르기는 하지만 그것이 '기계로 만들어진 두뇌'나 수많은 전선과 납땜으로 뒤덮인 여러 개의 기계장치의 덩어리 같은 것은 아니다. 인공지능의 실체는 지적인 작업을 수행하는 소프트웨어이다(이노우에 도모히로, 2016). 그렇다면 이러한 소프트웨어는 과연 인간을 얼마나 대신하고 있는가. 일상생활에서, 그리고 일터에서 인공지능은 어떻게 활용되고 있는가.

스마트 가전과 같은 단순한 제어 프로그램에 해당하는 1수준, 청소로봇,

챗봇과 같은 고전적인 인공지능인 2수준, IBM의 Watson과 같이 머신러닝 (machine learning)을 통해 스스로 규칙과 지식을 학습하고 빅데이터를 기반으로 판단하는 3수준을 지나 현재는 자율주행, 화상인식과 같이 딥러닝 (deep learning)을 통해 인간에 필적하는 판단을 할 수 있는 4수준의 인공지능이 빠르게 발전하고 있다.

〈표 1〉 인공지능의 수준에 따른 분류

인공지능의 수준	개념	예시
1수준	단순한 제어 프로그램. 인공지능이라고 부르지만 실제로는 제어공학이나 시스템공학으로 오랜 역사가 있는 분야의 연구 결과임.	스마트 가전
2수준	고전적인 인공지능. 단순한 제어 프로그램의 조합이며, 작동 패턴은 매우 다양함.	청소로봇, 챗봇
3수준	기계학습(machine learning), 즉 데이터를 통해 규칙과 지식을 스스로 학습하는 기술을 적용한 인공지능. 빅데이터를 바탕으로 고도의 판단을 수행함.	장기 소프트웨어, IBM의 왓슨(Watson)
4수준	딥러닝(deep learning)을 적용한 인공지능. 데이터 속의 특징을 스스로 찾아내어 인간에 필적하는 판단을 할 수 있음.	자율주행, 화상인식

출처: 아이뉴턴편집부(2018). Newton Highlight 121: 인공지능. pp.6-7; 장주희 외(2020). 「인공지능 시대의 전문직 직업연구」 p.26. 재인용.

인공지능은 로봇공학, 나노기술, 3D 프린팅, 유전학 등과 함께 4차 산업혁명을 가속화 할 신기술 중 하나로 평가된다(World Economic Forum, 2016). 4차 산업혁명이라는 용어는 '제조업의 자동 생산 체계 구축으로 인한 변화'라는 의미로 2016년 1월 세계경제포럼에서 처음 알려지게 되었다. 그런데 4차 산업혁명이라는 말은 멋지게 들리지만, 실제로 좋기만 한 것일까. 일각에서는 4차 산업혁명이라는 새로운 시대의 도래와 함께 전 세계적으로 자동화 (automation)로 인해 일자리가 감소할 것이라는 경고가 속속 등장하였다.

대표적으로 2017년에 발표된 Frey와 Osborne의 연구가 있다. 이 연구에 따르면 2013년 기준으로 미국에 있는 일자리를 살펴보았을 때, 전체 일자리 중에서 47%가 자동화될 가능성이 매우 큰 일자리이고 20년 내에 사라질 위험이 있다고 한다(Frey & Osborne, 2017). 그 이후 다양한 연구가 진행되면서, 자동화로 인한 일자리 감소의 위험이 과장된 측면이 있다는 의견도 등장하였다. OECD 국가의 일자리 중에서 14%가 자동화 가능성이 70% 이상이며, 32%의 일자리는 자동화 가능성이 50~70%이고 직무 내용이 크게 바뀔 가능성이 있다는 연구 결과도 있다(Nedelkoska & Quintini, 2018).

이것은 Brynjolfsson과 McAfee가 주장하는 '제2의 기계시대'와도 관련지어 볼 수 있다. 제1의 기계시대에서 증기기관이 인간의 육체적인 힘을 강화했다면, 현재 우리가 맞이하고 있는 '제2의 기계시대'에서는 정보통신기술이 인간의 정신을 강화하는 방식으로 변화의 양상이 나타나고 있다는 것이다(Brynjolfsson & McAfee, 2016).

일반적으로 저숙련(low-skilled), 저임금(low wage), 단순 직종은 고숙련의 전문가 직종에 비하여 자동화될 가능성이 더 크다고 알려져 있다(Frey & Osborne, 2017). 그렇지만 우리는 이미 '로봇 청소기'를 훨씬 뛰어넘는 수준의 인공지능이 생활 곳곳에 스며들어 있는 세상에 살고 있다. '펀드매니저보다도 로보어드바이저(robo-advisor)의 포트폴리오가 높은 수익률을 낸다'는 소식을 '사람 기자가 아니라 인공지능 기자가 쓴 온라인 기사'를 통해 접하는 일이 일상적으로 일어나고 있는 것이다. 이런 일들은 이제 전문직도 자동화에서 결코 자유로울 수 없다는 것을 짐작하게 한다. 실상 자동화 위험이 높은 직업 중에는 관세사, 회계사 등 일부 전문직이 포함되기도 한다(김건우, 2018). 기존에는 정형적인 업무의 자동화만을 고려했지만, 인공지능은 암묵지가 필요한 비정형적인 업무까지도 침식할 것이라는 예상도 있다(박성원 외, 2020).

인공지능의 도입에 따른 직무 및 요구 능력의 변화와 교육훈련의 방향

장주희와 동료들(2020)은 인공지능의 도입이 직무에 어떤 변화를 가져오고 있는지, 직무를 수행하는 데 요구되는 능력은 어떻게 바뀌고 있는지, 그에 따라 교육훈련은 어떤 방향으로 나아가야 하는지를 알아보았다. 이 연구는 특히 전문직에 주목하였는데, 그 이유는 첫째, 저숙련의 단순, 반복 업무만이 아니라 전문직도 자동화의 위협으로부터 자유롭지 않을 것이라는 논의가 있다는 점, 둘째, 지식의 독점을 통해 사회적인 인정과 경제적인 보상을 누려온 이들 직업이 소위 선호 직업으로서 많은 이들의 관심의 대상이라는 점이다.

연구자들은 인공지능이 전문직의 직무에 어떤 영향을 주고 있는가를 살펴보고 교육훈련에 대한 요구에 변화가 있는지 살펴보고자, 인공지능이 사용되고 있는 전문직 분야 중에서 의사, 자산운용가(이하 펀드매니저), 기자의 세 개 직업군을 연구 대상으로 하여 직무조사, FGI, 심층면담, 델파이조사를 실시하였다.

직무조사	FGI	심층면담	델파이 조사
의사 5명 펀드매니저 3명 기자 3명	의료산업 7명 금융산업 7명 언론산업 8명	의료산업 1명 언론산업 3명	의사그룹 23명 펀드매니저 그룹 22명 기자 그룹 22명
- 인공지능의 도입 배경 - 인공지능 도입 전후 직무의 변화 - 인공지능 기술 발전에 따라 예상되는 인공지능의 역할	- 직업 및 업무에서의 인공지능 활용 경험 - 인공지능 활용에 따른 전문성 변화 - 인공지능 활용에 따른 일자리 변화 - 인공지능 활용에 대한 전망 및 제언	- 직무조사 결과에 대한 검토 및 추가 의견 - 우수사례 추천 - FGI 결과에 대한 검토 및 추가 의견 수렴 - 델파이 조사 문항 개발을 위한 전문가 의견 수렴 등	- 인공지능 도입 및 활용 현황 - 인공지능 활용에 대한 향후 전망 - 인공지능 활용에 따른 전문성과 지식·기술·태도 변화 - 인공지능 활용에 따른 일자리·채용·교육 변화 - 인공지능 활용 지원 정책

〈그림 1〉 연구의 흐름

출처: 장주희(2021). 인공지능 시대의 전문직 전망: 의사, 자산운용가, 기자의 인식을 중심으로. The HRD Review, 24(2), 10-33. p.4 그림 일부 수정.

연구의 결과를 정리하여 직업별로 제시하면 다음과 같다.

◆ 의사

의료 분야의 경우 비교적 초기에 인공지능이 도입되었다. 2016년 가천대 길병원에서 가장 먼저 도입한 IBM의 Watson이 대표적이다. 그러나 연구가 수행된 2020년 시점을 기준으로 보았을 때, 일반적으로 알려진 것에 비하여 실제로 의사의 직무에 인공지능이 보편적으로 활용되고 있지 않은 것으로 드러났다. 인공지능을 임상에 적용하는 병원은 많지 않았다. 주로 영상의학과의 진단, 병리 부분에서 보조적인 수단으로 사용되고 있었는데, 진단 및 기본 처방, 검사, 심전도 결과 자동 판독 등의 분야에서 사용되고 있었다.

> 심전도 자동판독의 수준은 점차 향상되고 있습니다. 경험이 있는 순환기내과의 전문가적 판독이 자동판독보다는 표준으로 임상에서 활용되고 있는 것으로 알고 있습니다. 중환자라든가 검사 진행의 협조가 되지 않는 경우에는 깨끗한 심전도 검사 기록을 얻기 어려운 경우가 많은데, 인공지능을 이용한 자동 심전도 판독의 경우 깨끗한 심전도 검사 기록이 아니면 정확한 판독은 아직 어려운 것 같습니다. 인공지능이 계속 발전한다면 이 부분은 점차 좋아질 것이라고 생각합니다(의사 1).

의료 현장에서 인공지능을 활용하기 위해서는 인공지능에 대한 지식과 디지털 자료의 해석, 전달 능력이 필요하다. 인공지능이 보편화되면 타 분야의 전문가와 소통하고 협업하기 위한 기술이 더욱 요구될 것으로 보인다. 아직까지 인공지능 도입으로 인해 의사 임용에 변화는 가시적이지 않지만, 앞으로 인공지능이 보편적으로 활용되면 인공지능에 대한 이해도가 높은 의사, 다양한 배경 지식을 가진 의사가 필요할 것으로 전망된다.

인공지능이 보편적으로 활용되는 시대가 되더라도 의학적인 지식과 술기

(skill)는 모두 필요하므로, 의과대학의 교육과정에 큰 변화는 없어야 한다는 것이 공통적인 의견이었다. 다만, 의료인력 양성에 인공지능과 신기술에 관한 교육이 필요해질 것이며, 지식의 가치 판단, 윤리교육이 중시될 것으로 전망된다. 인공지능을 비판적으로 활용하고 연구에 적용할 수 있는 능력을 제고하는 것에 의학교육의 주안점을 두어야 할 것이며, 변화하는 지식과 진료 트렌드에 적응하고 변화를 주도하기 위한 자기주도적인 학습능력의 개발이 필요하다. 의사들이 임상과 연구에 인공지능을 활용할 수 있도록 의사 재교육에 인공지능에 관한 내용이 포함되어야 하며, 향후 연수, 강좌, 학회 세미나 등의 형식으로 인공지능 활용에 관련한 의사의 평생교육이 이루어져야 할 것이다.

> 지속적으로 새로운 의학 지식을 연마할 수 있는 자기주도학습, 스스로 항상 공부하는 능력을 교육해야 합니다. 인공지능 시대의 리더로서 발전할 수 있는 인공지능에 대한 일반적인 교육도 추가로 해야 할 것이라고 생각합니다. 전문가로서 적절한 윤리를 갖춘 태도 교육도 강화해야 합니다(의사 2).

◆ 펀드매니저

펀드매니저는 자산운용가로도 불리며, "투자신탁, 연금 등 기관투자가의 투자운영을 담당하며, 투자계획을 수립하고 자금사정의 변화 및 증권시장의 변동에 따른 포트폴리오를 모니터하고 전문지식에 기초하여 최대한의 투자수익을 올릴 수 있도록 투자를 결정하고 자산을 운용"하는 업무를 수행한다 (통계청, 2017).

펀드매니저의 경우, 자산운용 업무에서는 데이터 분석 과정 등에 RPA(Robotic Process Automation)를 이용하고 있으나, 업계 전반적으로 인공지능 기술의 활용도는 아직 높지 않았다. 로보어드바이저는 2016년에 우리나라에 도입되어 자산운영 분야의 인공지능 활용 사례로 널리 알려져

왔지만, 실제로는 펀드 상품 소개, 적합한 자산 배분 제안 등의 기초적인 수
준에 머물러 있는 상황이었다.

인공지능 도입 이전에는 펀드매니저가 일일이 데이터를 수집하고 분석해
왔지만, 이제 이런 과정들은 프로그램화되어 있어서 자산운용가의 업무 일
부를 대체하였다.

> *데이터 수집에 관한 업무가 줄었습니다. 과거에는 홈페이지에 들어*
> *가서 해당 데이터를 내려받고 이를 정리하는 업무가 있었는데, 이런*
> *절차들이 없어지거나 줄었습니다. 그리고 의사결정 과정이 단순해졌*
> *습니다(펀드매니저 1).*

인공지능은 펀드매니저가 데이터를 수집, 분석하는 과정과 투자 의사결정
을 내리기 위한 지표 산출 등의 업무에 보조적으로 활용되고 있었다.

〈그림 2〉 펀드매니저의 업무에서 인공지능이 활용되는 영역

출처: 장주희 외(2020). 「인공지능 시대의 전문직 직업연구」, p.86 그림 일부 수정.

인공지능이 도출한 결과를 활용해 적시에 판단하고 투자를 실행하기 위해
서는 소프트웨어를 활용하는 능력이 중요하다. 펀드매니저로서의 통찰력,
컴퓨터 언어에 대한 이해, 투자 결과에 대한 책임감 있는 자세와 윤리의식
이 요구된다. 기존과 같이 경영학, 경제학, 수학, 통계학 등의 전공자를 채용

하는 경향에는 변함이 없지만 향후 금융 분야에서 데이터 사이언스, 인공지
능 관련 전공자 채용의 증가가 예상된다.

　인공지능 도입 이후 펀드매니저 양성은 고유의 전문적인 지식과 기술을
교육하면서 IT 능력을 함양할 수 있는 방향이 되어야 한다. 인공지능 도입
이후에 일어날 수 있는 리스크에 대한 관리와 윤리적인 책임에 대한 내용도
다루어져야 한다. 펀드매니저의 재교육에 인공지능에 대한 내용이 포함되어
야 한다.

　　저는 파이썬, 스위프트, 머신러닝까지 다 배우고 있어요. 그런데
　이게 굳이 필요한지 모르겠어요. 어떤 것인지 알고 싶어서 직접 배우
　고 있는데, 코딩도 우리가 굳이 디테일하게 알아야 하나 싶어요. 그
　런 것보다 알고리즘적 능력, 우리가 이걸 인공지능에게 줬을 때 내가
　원하는 결과를 잘 가지고 올 건지 말 건지 그걸 판단할 수 있는 능력
　이 필요할 것 같아요(펀드매니저 2).

◆ 기자

　로봇기자, AI 앵커 등 AI 저널리즘과 언론 산업의 인공지능 활용에 대한
관심이 높은 편이다. 저널리즘 환경이 디지털, 온라인 환경으로 바뀌고 빨리
많은 기사를 생산해야 하는 상황에서 단순, 반복 기사는 기계에게 맡기자는
것이 인공지능 도입의 출발점이었다. 일반적으로 기자들의 인공지능 활용
경험은 많지 않고, 일부 선도적인 사례에서 인공지능을 기사 작성에 활용하
고 있었다.

　인공지능 기술 활용 이후 기자가 하지 않게 된 업무는 데이터의 수집, 정
리, 확인하는 일, 일정한 틀의 문장에 데이터를 넣어 단순하고 반복적인 기
사를 작성하는 일, 기사에 맞는 사진을 찾는 일 등이다. 심층 보도 기사를
작성하고, 뉴스 기사 콘텐츠를 기획하고 개발하는 일은 여전히 기자의 고유
업무로 남아 있다. 기존에는 하지 않던 새로운 업무도 생겼는데, 인공지능이

작성한 기사에 대한 검수, 인공지능이 생성하는 기사에 활용되는 데이터의
정확성과 품질 관리, 오류 수정, 인공지능이 생성한 기사의 선별 등이다.

> *언론계의 자동/AI 서비스는 입력 데이터의 정확도가 필수입니다.*
> *아무리 잘 만든 서비스라도 입력 데이터가 부정확하거나 품질이 낮*
> *으면 결괏값이 좋을 수 없습니다. 이 때문에 데이터의 품질을 실시간*
> *관리하고 기상청 등 데이터 제공기관과 협의해 데이터 오류 등에 대*
> *처하는 업무도 중요도가 대폭 높아졌습니다(기자 1).*

[인공지능 활용 전] 기자가 모든 업무를 수행

[인공지능 활용 전] 인공지능이 데이터를 수신하여 기사를 작성, 기자는 추가 취재 및 후속 기사 작성

〈그림 3〉 인공지능 활용 전후 직무의 변화: 분기별 실적 기사 작성 사례
출처: 장주희 외(2020). 「인공지능 시대의 전문직 직업연구」, p.97 그림 보완.

인공지능이 간단한 기사를 스스로 작성하는 시대에는 기계가 하지 못하는
차별화된 인간만의 강점을 갖추는 것이 더욱 중요하다. 맥락을 파악하고 가
치를 판단하는 일, 호기심을 갖고 가설을 추론해내는 일, 논리적인 사고력,
학습 및 자기계발 능력이 더욱 요구된다. 데이터를 시각화하고 최적화된 플
랫폼이나 툴을 선별하는 등 인공지능 기술을 활용하는 역량이 필요하다. 인

공지능이 대체하지 못할 해설이나 심층적인 기사를 작성하겠다는 자세, 인공지능을 협업의 주체로 인식하고 새로운 역량을 강화하는 기회로 여기는 마음가짐이 필요하다.

> 이젠 취재를 하든 기획을 하든 기사를 쓰든 매번 끊임없이 새로운 것을 배워야 합니다. 'N번방 사건(주. 미성년자 및 일반 여성들을 상대로 한 성착취 영상이 모바일 메신저인 텔레그램을 통해 공유·판매된 디지털 성범죄 사건)'을 제대로 취재하려면 텔레그램 같은 보안 강화 메신저의 작동 원리를 알아야 하고, 디지털 성범죄의 해악과 젠더 감수성 문제를 이해해야 합니다. 가해자들이 썼던 암호화폐의 익명화 특성도 공부해야 합니다. 취재원과 친하게 지내고 정보를 물어오는 것이 능사가 아닙니다. 오히려 허위 사실을 유포하려는 취재원에 속아 오보를 하거나, 정보의 진위를 판별 못해 가짜뉴스를 양산하는 문제가 요즘 '기레기'의 큰 폐해로 지적되지 않습니까? 이런 문제를 피하려면 꾸준히 배우고 정보를 검증하는 능력이 필요합니다(기자 2).

기자는 직업 특성상 끊임없이 새로운 분야를 배우고 학습하는 것이 중요하다. 기자는 형식적인 교육제도를 거쳐 길러진다기보다는 대부분 현장에서 일하면서 배우고 익혀 전문성을 쌓아 가는 직업이다. 직무를 수행하면서 학습할 수 있도록 다양한 프로그램을 제공하고 다양한 분야에 관한 교육과 연구 활동을 지원해야 한다. 데이터에 기반한 양질의 기사를 작성하는 데 도움이 되도록 인공지능을 활용한 기사 작성 방안을 교육하고, 인공지능을 활용한 사례를 공유할 필요가 있다. 인공지능 전문가들과의 협업 기회도 제공해야 한다.

인간과 인공지능의 협업

인공지능이 더욱 발전할수록 인간은 인공지능을 단순히 하나의 도구로서가 아니라 더불어 일해야 할 대상으로 보아야 할 것이다. 인공지능은 직무 내용이나 요구되는 능력의 변화를 가져올 뿐만 아니라, 일이 이루어지는 맥락이나 일을 둘러싼 요인들의 상호관계에도 영향을 미친다.

장주희와 동료들(2020)의 연구에서 전문직 응답자들은 인공지능과 인간이 각자 잘할 수 있는 분야를 맡아서 협업하게 될 것이며, 인공지능은 인간이 업무를 수행하면서 보편적으로 사용하는 도구가 될 것이라고 보았다. 인공지능이 발전해서 설령 현재 인간이 수행하는 일을 모두 대체할 수 있는 시점이 오더라도 중요한 일은 여전히 인간의 일로 남을 것이라고 생각하고 있었다(5점 척도 문항의 응답 평균: 의사 4.74점, 기자 4.36점, 펀드매니저 4.00점).

〈표 2〉 인간과 인공지능의 관계에 대한 전망 (단위: 점, %)

구분	항목	평균	표준편차	긍정률(%)
의사	향후 인공지능 활용이 보편화되면서 인공지능과 의사는 각자 잘할 수 있는 업무 단계나 분야를 맡아서 협업하게 될 것이다.	4.22	0.60	91.3
	인공지능이 의사의 모든 업무를 대체할 수 있는 시점이 오더라도 중요한 부분은 사람 의사의 일로 남아 있을 것이다.	4.74	0.45	100.0
	X-ray나 MRI가 그렇듯 향후 인공지능은 의사가 일상적으로 사용하는 도구로 보편화될 것이다.	4.26	0.62	91.3
펀드매니저	향후 인공지능 활용이 보편화되면서 인공지능과 펀드매니저는 각자 잘할 수 있는 업무 단계나 분야를 맡아서 협업하게 될 것이다.	3.95	0.38	90.9
	인공지능이 모든 것을 대체할 수 있는 시점이 오더라도 중요한 부분은 사람 펀드매니저의 일로 남아 있을 것이다.	4.00	0.82	86.4
	현재 스마트폰이나 PC가 그렇듯 향후 인공지능은 펀드매니저가 일상적으로 활용하는 도구로 보편화될 것이다.	3.86	0.71	86.4
기자	향후 인공지능 활용이 보편화되면서 인공지능과 기자는 각자 잘할 수 있는 업	4.32	0.57	95.5

구분	항목	평균	표준편차	긍정률(%)
	무 단계나 분야를 맡아서 협업하게 될 것이다.			
	인공지능이 모든 것을 대체할 수 있는 시점이 오더라도 중요한 부분은 사람 기자의 일로 남아 있을 것이다.	4.36	0.73	95.5
	현재 스마트폰이나 PC가 그렇듯 향후 인공지능은 기자가 일상적으로 활용하는 도구로 보편화될 것이다.	4.00	0.82	77.3

주: 1) 2차 델파이 조사 결과임.
　2) 평균은 5점 척도(1: 매우 동의하지 않음, 2: 동의하지 않음, 3: 보통, 4: 동의함, 5: 매우 동의함)로 조사하여 얻은 원점수의 합을 전체 응답자 수로 나눈 값임.
　3) 긍정률은 5점 척도인 문항에서 4점 이상(4점: 동의함, 5점: 매우 동의함)으로 응답한 사례 수를 전체 응답자 수로 나눈 값임.
출처: 장주희(2021). 인공지능 시대의 전문직 전망: 의사, 자산운용가, 기자의 인식을 중심으로. The HRD Review, 24(2), 10-33. p.7 표.

그렇다면 의사, 펀드매니저, 기자는 자신들의 일 중에서 어느 정도를 인공지능이 수행한다고 생각하고 있을까? 5년 후에는 어느 정도까지 자신의 일을 대신할 것이라고 전망하고 있을까?

현재 시점에서 인공지능이 수행하는 비율은 세 집단 모두 10% 이하라는 대답이 가장 많았다. 집단별로 평균을 살펴보면, 의사 집단은 현재 시점에서 인공지능이 수행하는 의사 업무의 비율이 평균 6.28%라고 응답한 반면, 펀드매니저 집단과 기자 집단은 각각 18.18%와 14.02%로 응답하여 의사 집단에 비해 현재 시점에서 인공지능이 자신들의 업무를 더 많이 수행하고 있다고 인식하는 것으로 나타났다. 5년 후 전망의 집단별 평균을 살펴보면, 5년 후 인공지능이 의사 업무의 26.74%, 펀드매니저 업무의 43.18%, 기자 업무의 34.58%를 수행할 것이라고 전망하였다.

〈표 3〉 인공지능이 수행하는 업무의 비율에 대한 인식(단위: 명, %)

집단	시점	평균(%)	인공지능의 업무수행률							
			10%이하	11~20%	21~30%	31~40%	41~50%	51~60%	61~70%	71~80%
의사	현재	6.28	20	3	0	0	0	0	0	0
			(87.0)	(13.0)	(0.0)	(0.0)	(0.0)	(0.0)	(0.0)	(0.0)
	5년 후	26.74	8	4	5	1	4	0	0	1
			(34.8)	(17.4)	(21.7)	(4.3)	(17.4)	(0.0)	(0.0)	(4.3)
펀드매니저	현재	18.18	14	2	2	0	3	1	0	0
			(63.6)	(9.1)	(9.1)	(0.0)	(13.6)	(4.5)	(0.0)	(0.0)
	5년 후	43.18	1	5	3	2	5	1	2	3
			(4.5)	(22.7)	(13.6)	(9.1)	(22.7)	(4.5)	(9.1)	(13.6)
기자	현재	14.02	15	4	3	2	0	0	0	0
			(62.5)	(16.7)	(12.5)	(8.3)	(0.0)	(0.0)	(0.0)	(0.0)
	5년 후	34.58	4	5	4	4	3	1	2	1
			(16.7)	(20.8)	(16.7)	(16.7)	(12.5)	(4.2)	(8.3)	(4.2)

주: 1) 1차 델파이 조사 결과임.
2) 괄호 안의 수치는 각 집단의 전체 응답자 수(의사 n=23, 자산운용가 n=22, 기자 n=24)에 대한 비율임.
출처: 장주희(2021). 인공지능 시대의 전문직 전망: 의사, 자산운용가, 기자의 인식을 중심으로. The HRD Review, 24(2), 10-33. p.6 표.

인공지능의 도입에 따른 일과 학습의 의미

5년 후에 인공지능이 어떤 직업의 업무 중 20%, 30%를 담당한다는 것은 과연 어떤 의미일까. 미래에 그 직업의 일자리 중에서 20%, 30%는 더 이상 사람을 필요로 하지 않을 것이라는 의미는 아닐 것이다. 현재 그 직업에서 사람이 담당하고 있는 일 중에서 일부 또는 상당 부분을 더 이상 사람이 하지 않게 될 것이다.

그렇다면 사람은 무엇을 하게 될까. 앞의 사례들에서 보았듯이, 사람은 인공지능이 더 잘 일할 수 있도록 도와주고(예: 정확한 데이터를 확보할 수 있도록 관계기관의 협조를 얻는 일), 새로이 인공지능이 한 일을 확인하고 수정하는 일(예: 기사에 대한 검수, 품질 관리, 오류 수정)을 할 것이다. 인공지능을 비판적으로 활용하고, 인공지능이 생산해내는 수많은 산출물의 가치를 판단하는 것 또한 인간의 몫이다. 인공지능을 도입함으로써 일어날 수 있는 리스크에 대처하고, 윤리적인 책임을 지는 일도 인공지능은 할 수 없는 인간에게 요구되는 일이다.

이렇게 본다면, 인공지능을 활용하여 일한다는 것은 단순히 또 하나의 편리한 도구를 얻는 것 이상의 의미가 있다. 우리는 인공지능이라는, 개개인의 삶과 일터의 모습을 이전과는 완전히 바꿔 놓을 게임체인저(game changer)가 본격적으로 무대에 등장하는 순간을 목격하고 있는 것인지도 모른다. "인공지능은 기술이자 사회적 인프라이고, 장차 변화를 이끌어나가는 지적 존재로 성장할 가능성"이 있다는 점에서 여타의 기술들과 차이가 있기에 더욱 그렇다(박성원 외, 2020).

인공지능의 가능성은 일한다는 것이 인간에게 있어 무엇을 의미하는가에 관하여 다시 생각해 보게 한다. 생계를 꾸려가기 위해, 성인에게 사회가 요구하는 기대에 걸맞는 사람이 되기 위해, 자신의 가치를 실현하기 위해, 또 그 무엇을 위해 우리는 일하고 있거나 일하려고 한다. 인공지능으로 대표할 수 있는 빠르고 거대한 변화가 밀려오는 시대에 '일한다'는 것은 결코 과거와 같은 의미가 아닐 것이다. 변화에 적응하기 위해 계속해서 배워야 한다는 절박함이 새로운 일상으로 자리 잡았다. 이제 "급변하는 일의 세계에서 일에 대한 자세와 일을 대하는 태도"를 갖춰야 한다(장원섭, 2021a, 2021b). 빠른 변화와 커져가는 불확실성 속에서 기존의 지식과 기술을 변형하여 적응할 수 있는 '적응적 전문성'이 필요하다(이윤진, 장주희, 2021).

일을 하면서 일 그 자체, 일이 수행되는 과정에 대해 비판적인 성찰을 통해 일을 둘러싼 상황에 대한 이해를 높여야 한다. 예컨대 '이 일을 하는 데 있어 무엇이 요구되는가, 나는 이 일을 하기 위해 어떤 자원이나 능력을 어떤 방식으로 투입 또는 적용하고 있는가, 일하는 과정에서의 사소한 행동이나 판단이 미치는 파급효과는 무엇인가, 왜 이런 일이 일어나는가, 이 일이 수행되는 절차 내에서, 또는 이 일을 둘러싼 외부 환경에서 어떤 변화가 일어나고 있는가, 그러한 변화는 이 일에 어떤 영향을 줄 것인가' 등을 끊임없이 생각하지 않으면 안 된다. 복잡성과 불확실성이 증가하고, 학교나 책에서 배운 것을 단순히 적용하는 것만으로는 진정으로 의미있는 문제를 해결하지 못하는 상황이 더욱 빈번하게 일어날 때 '실천 중 성찰하기(Reflection -in-practice)'를 통해 문제를 규정하는 것이 더욱 중요해진다(Schon, 1984).

인공지능, 또는 세상을 바꿀 또 다른 신기술이 나타났을 때, 기술 그 자체를 이해하고, 새로운 것에 대한 두려움을 극복하는 것은 물론 중요하다. 기술을 빠르게 익혀 업무에 적용하고 노동시장에서 나의 가치를 높이는 것도 중요하다. 그러나 무엇보다도, 새로운 변화를 인식하고 변화에 의미를 부여하는 방식 그 자체를 익히는 것이 더욱 중요할 것이다. 나와 일의 관계에 대한 성찰이 요구된다.

참고문헌

김건우(2018). 인공지능에 의한 일자리 위험 진단: 사무·판매·기계조작 직군 대체 가능성 높아. LG경제연구원.

박성원, 박상훈, 정영훈, 허유선, 박훈(2020). 통합적 생태계 관점에서 인공지능의 발전과 사회변화 예측. 국회미래연구원.

아이뉴턴편집부(2018). Newton Highlight 121: 인공지능. 아이뉴턴(뉴턴코리아).

이노우에 도모히로(2016). 『2030 고용절벽 시대가 온다: 4차 산업 혁명은 일자리를 어떻게 변화시킬까?』(김정환 역). 서울: 다온북스(2017).

이윤진, 장주희(2021). 인공지능 도입에 따른 직무 변화와 적응적 전문성 인식에 대한 고찰: 기자의 경험을 중심으로. *HRD연구, 23*(3), 127-153.

장원섭(2021a). 교육과 일의 세계. 서울: 학지사.

장원섭(2021b). 이제는 메타 역량이다. *The HRD Review, 24*(3), 2-7.

장주희(2021). 인공지능 시대의 전문직 전망: 의사, 자산운용가, 기자의 인식을 중심으로. *The HRD Review, 24*(2), 10-33.

장주희, 방혜진, 이윤진, 이진솔, 한상근, 이승희 (2020). 인공지능 시대의 전문직 직업연구. 세종: 한국직업능력개발원.

추형석(2018). 「범용 인공지능의 개념과 연구 현황」, 『이슈리포트』 2018-002. 소프트웨어정책연구소. ULR: https://www.spri.kr/posts/view/ 22231?code=issue_reports

통계청(2017). 제7차 한국표준직업분류.

Brynjolfsson, E., & McAfee, A. (2016). The Second Machine Age: Work, Progress, and Prosperity in a Time of Brilliant Technologies. 에릭 브린욜프슨, 앤드루 맥아피 저(이한음 역). 『제2의 기계시대: 인간과 기계의 공생이 시작된다』.

Frey, C. B., & Osborne, M. A. (2017). The future of employment: How susceptible are jobs to computerisation? Technological Forecasting & Social Change, 114, 254-280.

Nedelkoska, L., & Quintini, G. (2018). Automation, Skills Use and Training: OECD Social, Employment and Migration Working Papers No. 202. Paris: OECD Publishing. URL: https://doi.org/10.1787/ 2e2f4eea-en

Schon, D. A. (1984). The Reflective Practitioner: How Professionals Think In Action, [배을규 옮김(2018). 『전문가의 조건: 기술적 숙련가에서 성찰적 실천가로』, 서울: 박영스 토리].

World Economic Forum(2016). The future of jobs: Employment, skills, and workforce strategy for the fourth industrial revolution. URL: http://www3.weforum.org/d ocs/WEF_Future_of_Jobs.pdf

테크놀로지를 활용한 경력개발

신범석은 고려대학교 교육학과에서 박사학위를 취득하였다. 현재 HRD연구 및 컨설팅 전문 (주)입소의 대표이사로 재직중이며, 고려대학교 교육대학원에서 '경력개발론', '평생교육경영론' 등을 강의하고 있다. 연구 관심분야는 경력 개발제도 구축, 중장기 인재육성체계 수립, 역량모델링 등이다.

테크놀로지를 활용한 경력개발

신범석

테크놀로지를 활용한 경력개발의 필요성

경력개발은 미래의 경력계획을 실현하는 과정이며 경력목표를 달성하기 위한 직무경험, 교육 및 학습경험을 포괄하는 일련의 활동이다. 미래의 경력계획을 수립하기 위해서는 본인의 직무적성이나 선호도, 가치관, 경력닻(career anchor), 이전경력 등 진단을 바탕으로 그에 맞는 미래 직무나 경력경로를 탐색해야 한다. 이전에는 진단과 탐색 모두 수동으로 해왔지만 이제는 온라인시스템이나 소프트웨어 등 테크놀로지를 활용하여 진행되고 있다. 그 이유는 방대한 자료(big data)를 활용하여 진단 및 분석을 하거나 해석의 정확성을 기하기 위해서이다. 이제는 AI나 머신러닝을 통해 적합한 직무매칭(또는 직업매칭)이나 경력상담까지 이루어지고 있다.

테크놀로지를 활용한 경력개발은 4차 산업혁명 등으로 디지털 전환이 가속되면서 필수불가결한 경력개발의 방법으로 자리잡고 있다. 테크놀로지를 통한 경력개발이 필요한 이유는 다음의 몇 가지로 나누어 살펴 볼 수 있다.

첫째, 디지털 전환을 통한 테크놀로지 기반의 직무수행방식 변화이다. 즉 IT시스템을 통한 자동 업무처리 및 클라우드 저장공간에 정보저장, 협업 툴을 통한 시스템 상에서의 수시 커뮤니케이션 증가 등이 그 대표적인 예이다. 이러한 변화는 직무수행 시 쌓이는 경험이 테크놀로지를 활용하여 축적되고 공유된다는 특징을 보인다. 이는 직무수행뿐만 아니라 직무관련 데이터를 활용하여 2차 작업을 할 때에도 테크놀로지를 활용하게 되고 심지어 업무관련 커뮤니케이션도 다양한 테크놀로지를 통하여 이루어진다는 것을 의미한다. 이처럼, 직무와 관련된 경험 및 데이터가 테크놀로지를 활용하여 축적되고 공유된다는 점에서 경력개발 역시 테크놀로지를 활용하여 이루어질 수밖에 없는 환경으로 변하고 있는 것이다.

둘째, 직무수행에 요구되는 스킬변화이다. 디지털 전환이 가속되면서 직무수행 시 요구되는 스킬에도 변화가 있다. 과거에는 스킬이라고 하면 작업자가 보유하거나 보유해야 할 기술 또는 기능으로 정의했지만 이제는 작업자의 기술이나 기능만이 아니라 테크놀로지를 활용한 기술이나 기능으로 정의해야 할 상황이다. 그만큼 테크놀로지는 직무수행 시 떼려야 뗄 수 없는 필수불가결한 수단이 되었고 그러다보니 스킬이 발휘될 때에도 다양한 테크놀로지를 통해야 기술이나 기능이 발휘되는 상황으로 변하고 있다. 직무수행 시 요구되는 스킬들은 작업 시 활용하는 컴퓨터시스템이나 그 시스템을 작동시키는 소프트웨어, 각종 작업분석 툴을 담은 프로그램, 원격으로 제어되는 IoT시스템 등과 하나가 되어 기술이나 기능이 발휘되어야 하는 상황에서 적절하게 활용되고 있다. IT담당자가 아니어도 일반적인 직무수행자들에게 요구되는 스킬들로는 시스템운용기술, 프로그램을 통한 분석기술, 데이터 생성 및 해석기술, 시스템을 통한 소통기술 등이 포함된다. 이러한 스킬의 변화는 경력개발의 내용과 방법을 테크놀로지기반으로 전환하게 하는 매우 중요한 동력이라고 할 수 있다.

셋째, 경력개발 시 고려해야 할 변수 증가이다. 경력개발은 경력개발 계획수립을 위한 진단에서부터 경력개발 실행, 상담, 평가 등으로 절차가 진행되는데 각 절차들마다 고려해야 할 변수가 급증하고 있다. 대표적으로 4차 산업혁명 등 산업구조의 변화, 수평조직화 등 조직구조의 변화, 고객의 요구

수준 변화, 디지털 기반의 직무 변화 등 고려해야 할 변수가 많아졌다. 또한, 경력개발 주체인 조직구성원의 내적특성에 대해서도 고려해야 할 변수가 많아지고 있다. 과거에는 직무적성 정도를 고려했다면 이제는 조직몰입도, 직무만족도, 이전 경력, 인사평가 결과, 이전 작업 수행 시 포트폴리오, 미래 경력희망까지 고려하고 있다. 이처럼 다양하고 수시로 변화하는 변수들을 고려하여 경력개발을 하려면 수동으로는 거의 불가능하고 테크놀로지를 통한 자동시스템으로 진단 및 분석을 하지 않으면 안된다.

넷째, 인공지능, 머신러닝 등 테크놀로지 변화이다. 경력개발에 활용되는 테크놀로지도 다양한 모습으로 변화하고 있다. 대표적인 것이 인공지능과 인공지능의 기능인 머신러닝이다. 인공지능은 경력개발 관련 변수가 많아지고 데이터가 복잡해지면서 경력진단이나 경력분석 및 해석, 예측에 주로 사용되고 있다. 인공지능의 주요 기능인 머신러닝은 인공지능 기능 가운데에서도 경력개발 미래 경로예측이나 자동방식 경력상담에 주로 활용되고 있다. 다만, 인공지능은 신뢰로운 데이터를 기반으로 해야 한다는 점에서 인공지능이 모든 것을 해결해주는 것은 아니며 노하우를 가진 전문가와 협업하는 구조로 활용될 필요가 있다.

이상과 같이, 디지털 기반의 직무수행 방식 변화, 시스템기반 스킬 변화, 경력개발 관련 변수 증가, 인공지능 등 테크놀로지 변화에 의해 테크놀로지를 활용한 경력개발은 그 필요성이 점점 더 증가하고 있다.

테크놀로지를 활용한 경력개발의 적용 범위

◆ 경력개발에 활용되는 주요 테크놀로지

온라인 자동 진단시스템 및 분석 툴

온라인 진단시스템은 온라인상에 프로그램 형태로 진단도구를 탑재하여

(특별히 정해진 날이 아니라 언제 어디서나) 직원이 진단항목에 체크하면 기준값(norm)과 비교하여 현재수준과 기준값과의 차이를 제시하고 진단결과에 대해 분석결과를 텍스트나 파일형태로 제시한다. 진단결과 제공 시 다양한 차트와 그래프 등을 사용하여 진단자의 현재수준, 기준값과의 격차, 다른 직원질의 진단결과 평균과의 요소별 차이 등을 시각화하여 제시한다. 이전의 진단도구는 오프라인 상에서 설문지형식으로 진단지에 체크하면 수동으로 분석하여 직원개인별 결과분석지를 프로파일로 제공하는 방식이었으나 온라인 진단시스템은 진단절차부터 결과분석까지 시스템상에서 자동으로 이루어진다. 온라인 진단시스템에 탑재된 기준값(norm)은 대규모 진단결과를 바탕으로 진단영역별로 영향을 미치는 요인을 분석한 후 요인별로 범주를 조건화하여 통계 처리한 후 최종적으로 규준을 산출한 것이다. 조직 내부에서 만든 시스템의 경우는 적어도 1년 이상의 운영결과를 바탕으로 통계적으로 유의미한지를 검증하고 오류를 보정한 기준값을 도출하여 활용해야 한다.

온라인 진단시스템의 진단내용은 어떤 목적의 도구를 탑재하느냐에 따라 다른데, 통상 직무적성 진단, 직업흥미도 검사, 성격유형 검사 등 범용적 도구는 물론 조직 내 경력닻(career anchor) 진단, 이전 경력진단, 경력요건 대비 준비도 진단, 미래 경로탐색 등 다양한 도구를 탑재하고 필요에 따라 활용하도록 프로그램화되어 있다. 또한, 온라인 진단시스템에는 분석 툴이 탑재되어 있는데 진단도구별 분석은 물론 진단결과값의 종합적인 분석결과도 함께 제시하도록 설계되어 있다. 분석 툴은 분석의 정확성뿐만 아니라 피진단자가 이를 읽고 해석하는데 용이하도록 분석결과 코멘트의 정확성과 시각적 이미지화에도 신경을 쓴다.

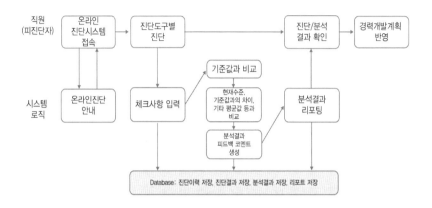

〈그림 1〉 온라인 진단시스템(진단 및 분석과정)

출처: 국내 G사 CDP시스템의 온라인 진단시스템(필자가 수행/설계한 경력개발시스템상의 진단시스템 참조)

경력개발시스템(Career Development System)

여기서 말하는 '경력개발시스템'은 범용적 도구라기보다는 특정한 조직에서 조직구성원의 경력개발 지원 및 관리를 목적으로 만든 조직 내 경력개발 전용시스템이다. 여기에는 경력진단 및 경력계획수립, 경력개발 활동, 직무정보(직무기술서 등), 역량진단(특히 직무역량) 및 역량개발정보(교육 및 학습정보), 경력상담, 평가 및 피드백 등의 메뉴가 포함된다.

구체적으로 실제 구축되었던 경력개발시스템을 가지고 설명해본다.

먼저, Career Path 관련 '직위/직책 및 경로관리' 차원에서는 경력개발계획수립, 경력상담, 보직부여 기능이 연계되고 필요한 전문가를 매칭한다. 필요전문가는 직원개인의 프로파일을 바탕으로 적합성이 높은 경우에 매칭된다.

다음으로, 직무관리 차원에서는 직종/직무선택직무정보 제공, 직무수행지원 등이 이루어지며 성과평가 기능과 연동된다. 실무적으로는 성과평가는 경력개발과는 별개의 인사관리 행위로 인식되는 경향이 있다. 그러나 성과

평가는 1년간 직원이 직무수행의 과정과 결과를 종합해서 이루어지는 것이기에 성과평가의 세부사항은 개인의 경력이력에 데이터의 형태로 축적되고 관리되어야 한다.

그 다음으로, 역량/학습관리 차원에서는 필요역량 분석, 역량진단, 역량개발 교육훈련, 역량발휘 등이 이루어지며 역량평가 기능과 연동된다. 역량평가는 공통/리더십/직무역량에 대한 평가결과를 산출하고 끝나는 것이 아니라 필요역량 및 필요수준 대비 부족한 역량이 무엇이고 보완해야 할 것이 무엇인지 피드백하여 후속 역량개발까지 이어지도록 하는 것이 필요하다.

경력개발 및 관리의 각 단계마다 생성되는 데이터는 스토리지에 저장되어 DB화되는데, 관리자모드를 통해 실시간 통계분석이나 리포팅이 가능하다.

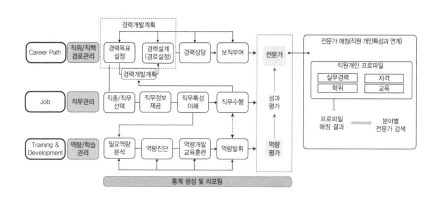

〈그림 2〉 경력개발시스템

출처: 국내 K사 경력개발시스템(필자가 수행/설계한 경력개발시스템 참조)

경력개발 및 상담 관련 AI(Artificial Intelligence) 또는 머신러닝(Machine Learning)

경력개발에도 AI나 AI의 주요기능인 머신러닝(Machine Learning) 활용이 증가하고 있다. 채용단계부터 수만명의 지원서를 AI를 활용하여 적합한

후보자를 찾아내고, 직무이동이나 승진 시 AI를 통해 직무요건이나 승진요
건 충족도가 가장 높은 후보자들을 추천하고 있다(IBM Global, IBM Korea
등). AI는 관련 DB로부터 데이터를 집계하고 직원들의 프로파일을 필터링하여
요구조건에 적합한 후보자를 추천한다. 물론 직무이동이나 승진의 결정은 직
원 본인의 동의와 인사위원회의 결정을 통해 최종 확정된다. 직원 개인의 입장
에서는 언제 어디서나 자신한테 보다 적합한 직무를 서치하거나 가상매칭을
해보는 데에 AI가 활용될 수 있다(이하 <그림 3> 참조). 직무수행정보, 자격
정보, 진단정보를 클릭(입력)하면 적합 직무를 시뮬레이션 해볼 수 있다.

또한, AI나 머신러닝을 활용하여, 직무이동이나 승진, 직무수행 상의 문제
등에 대해 이전의 케이스나 데이터를 바탕으로 경력상담을 진행한다. 경력
상담은 챗봇을 활용하여 문자대화방식으로 이루어지기도 하고 마치 사람이
직접 인터뷰하듯이 음성으로 이루어지기도 한다. AI나 머신러닝을 활용한
경력상담은 언제 어디서나 가능하며 익명성을 보장받기 때문에 오프라인 상
에서 사람을 통해서 이루어지는 상담보다 오히려 선호될 수 있다.

한국고용정보원은 지능형 직업상담서비스를 지원하고 있다. 이 서비스는
구직자의 이력서를 AI기술로 직무역량을 자동 분석하여 훈련·자격·일자리
상담에 활용할 수 있도록 지원하는 시스템으로 고객정보, 노동시장정보, 추
천정보로 구성되어 있다. 먼저, 고객정보에서는 구직자가 작성한 이력서의
직무 관련 내용이 어떤 직종과 관련이 있는지를 AI기술을 활용하여 제시하
고, 해당 직종에서 요구되는 직무역량과 지원자가 보유한 직무능력간 차이
와 경력개발 관점에서 수준별 필요 직무역량과 도움이 되는 직업훈련과정을
제공한다. 다음으로, 노동시장정보에서는 최근 3년간 워크넷의 구직자 이력
서 1.5천만건과 구인공고문 약 4백만개를 분석하여 직종, 지역별 구인·구직
일자리 상황, 임금수준, 전공, 훈련, 자격 등 직업 선택 및 취업 준비에 필요
한 노동시장 데이터를 시계열로 제공해준다. 그 다음으로, 추천정보에서는
취업 준비 및 경력개발 등을 위한 직업훈련, 자격증 정보를 추천하고, 구인
기업과 구직자 간 직무역량분석과 희망지역, 직종, 경력, 임금 변수를 활용

하여 일자리를 자동으로 추천하여 준다(고용노동부 보도자료(2021. 12. 1)).

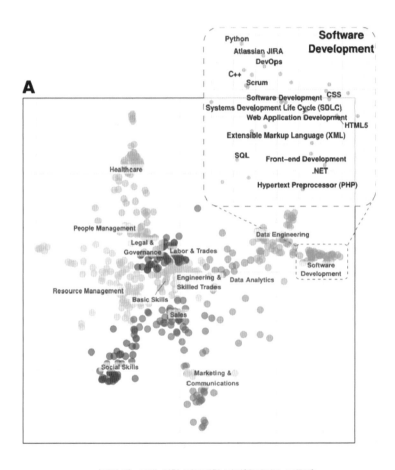

〈그림 3〉 AI에 의한 직무매칭 과정(유사직무 그룹핑)

출처: Dawson, M., M. Rizoiu, M.Williams(2021). How AI can help choose your next career and stay ahead of automation. www.theconversation.com.

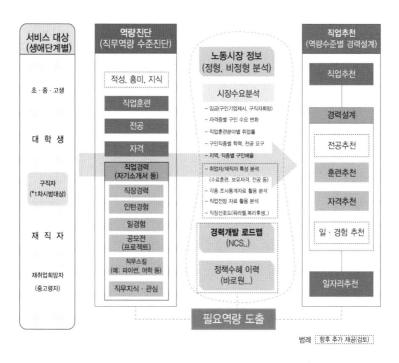

〈그림 4〉 한국고용정보원 지능형(AI기반) 직업상담서비스

출처: 고용노동부 보도자료(2021. 12. 1).

경력개발 평가시스템

'온라인 평가시스템'은 경력개발의 실행 결과를 평가하고 계획이나 실행
상의 문제점을 찾아 환류하기 위한 경력개발시스템상의 지원시스템이다. 여
기에서는 경력개발계획에 제시한 역량개발, 직무경험 형성, 교육 및 학습활
동들과 경력개발 실행 결과를 비교하여 평가한다. 이를 통해 경력진단 단계
에서 보완할 것, 경력개발계획 단계에서 보완할 것, 경력개발 실행단계에서
보완할 것을 찾아 각 단계로 피드백하게 된다. 경력개발 평가는 자기개발이
행율과 같이 정량적으로 평가되는 것도 있지만 조직에서 상사나 멘토, 코치
의 평가 등 정성적으로 평가되는 것도 있다. 경력개발 평가결과는 대체로

그래프나 코멘트 형태로 제시되는데 잘된 점과 보완점의 형태로 피드백된다.

◆ 테크놀로지를 활용한 경력개발의 적용 범위

테크놀로지를 통한 의사결정과 활용

테크놀로지를 활용한 경력개발의 적용 범위는 테크놀로지를 통하여 경력 개발의 주요 판단을 어디까지 의존할 것이며 어디까지 사람이 개입해야 하는지를 결정하는 문제이다. "인공지능에게 맡길 수 있는 영역은 무엇인가? 인공지능이 보조적으로 기능할 수 있는 영역은 무엇인가? 상호 협업할 수 있는 영역은 무엇인가? 인간이 오롯이 결정해야 하는 영역은 무엇인가?"(김성준 외(2020). 인사(HR) 분야의 인공지능 활용, KISDI AI Outlook(2020 Vol. 3)). 이러한 질문은 크게 두 가지 입장으로 나누어진다. 먼저, 의사결정에 있어서 AI 등 테크놀로지는 단순한 보조도구라고 보는 입장이다. 이는 테크놀로지가 제공하는 결과들은 참고사항일 뿐 대부분의 경력개발을 위한 결정은 사람이 해야 한다는 것이다. 즉 복잡한 데이터에 대해 테크놀로지를 통해 결과가 제공되면 이를 사람이 판단하여 최종 결정해야 한다는 입장이다. 이와 반대로, 의사결정의 객관성과 공정성을 담보하기 위해 테크놀로지의 결정에 따르자는 입장이다. 이는 경력개발 실행 시 직무매칭이나 경력경로 안내 등 결정을 사람의 개입없이 AI나 머신러닝기술을 활용하거나 알고리즘으로 유도된 프로그램을 통하여 진행하자는 것이다. 이는 일체의 인간적인 인지적 편향이나 선입견에 사로잡히지 않고 객관적인 데이터를 기반으로 의사결정을 하자는 입장이다. 가령, AI기반으로 결정하면 의사결정의 일관성과 객관성이 커진다고 본다. 후자의 입장에 대해서는 아직 완전한 동의가 이루어지지 못한 것도 사실이다. "AI라고 해서 인지적 편향에서 완전히 자유로운 것은 아니다. 편향된 데이터를 사용해 인공지능이 무의미한 상관관계를 그럴듯한 상관관계로 포장할 수 있기 때문이다"(E. Colson(2019). What AI-Driven Decision Making Looks Like, Harvard Business

Review(July 08, 2019)). 미국의 아마존사에서도 AI를 채용에 활용해본 결과 AI가 남성을 더 선호하고 여성을 차별한다는 것을 발견하면서 채용에 AI를 도입하는 것을 전면 재검토한 바 있다(Dastin, J. (2018). Amazon scraps secret AI recruiting tool that showed bias against women. Reuters). 그 이유는 AI도 남성선호라는 왜곡된 데이터를 기반으로 인간의 편견까지도 학습하면서 편향을 갖게 되었다고 보았기 때문이다.

인간의 인지적 편향이라는 한계와 완전하지 않은 AI의 한계를 보완하는 합리적 모델이 필요한 것이다. 그런 점에서, Colson(2019)은 AI와 인간의 판단을 균형있게 혼합한 의사결정 모델이 현재로서는 가장 합리적이라고 보고 다음과 같은 모형을 제시한다.

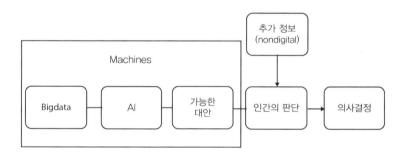

〈그림 5〉 AI와 인간 판단의 균형있는 혼합형 의사결정 모델

출처: Colson, E. (2019). What AI-Driven Decision Making Looks Like, Harvard Business Review(July 08, 2019).

테크놀로지를 활용한 경력개발의 적용[1]

테크놀로지를 활용한 경력개발의 적용 범위는 경력개발을 위한 미래 스킬개발 및 스킬맵 가이드, 개인화된 경력전환/이동정보 제공, 기술포트폴리오 제공, 경력경로 안내, 역량개발 지원으로 요약할 수 있는데, 경력개발에 있어서 가장 큰 영향을 미치고 있는 AI를 중심으로 몇 가지로 나누어 살펴 본다. 첫째, 빅데이터 분석을 통한 직무수요 예측이다. 이는 AI를 통해 진단결과 스킬격차(skill gap)를 분석하고 그에 따른 개인화된 맞춤형 경력개발을 지원하는 것을 의미한다. 이를 위해 세분화된 스킬지도(skill map)를 안내하고 모듈식 교육을 기반으로 한 교육훈련 코스를 자동 매핑한다. 둘째, 경력전환 정보제공 및 지원이다. 노동시장정보 및 기술수요 분석을 통해 개인맞춤형 경력전환이나 직무이동 정보를 제공하고, 경력전환이나 직무이동에 필요한 개인화된 학습정보를 제공한다. 셋째, 기술 포트폴리오 제공이다. 직무경험과 교육을 기반으로 한 기술 포트폴리오를 제공하는데, 기술분야별 포트폴리오를 통해 향후 경력설계안을 구성할 수 있다. 자신의 경험과 기술수준에 맞는 직업/직무를 추천받고 각 직업/직무경로에 대해 상세한 정보를 제공한다. 기술 포트폴리오를 통해 학습 포트폴리오를 작성할 수 있는데 스킬격차를 줄이기 위한 학습의 우선순위를 정하고 구체적인 계획을 수립하여 실행하도록 돕는다. 넷째, 미래 경력경로 안내이다. AI로부터 가장 적합한 향후 경력지향점 및 경력경로를 추천받고 관심있는 미래경력을 탐색할 수 있다. 다섯째, 빅데이터 활용 역량개발 지원이다. 보다 바람직한 미래 경력설계를 위해 데이터 기반의 역량개발안내 가이드를 제공한다. 직원의 고용가능성을 높이고 경력개발의 주도성을 강화하고 자기주도적 역량개발이 가능하도록 가이드를 제공한다.

---

1) 테크놀로지를 활용한 경력개발은 싱가포르 정부가 주도하는 AI기반 Job매칭 플랫폼인 JobKred의 주요 기능들을 중심으로 정리함. 출처: G.Gan(2020). JobKred, Using AI for Job Matching, World Bank S4YE Webinar, 2020.

테크놀로지기반 경력개발의 활용성과 그 한계

◆ 테크놀로지기반 경력개발의 활용성

테크놀로지기반 경력개발은 앞서 언급한 필요성과 더불어 다양한 활용가치를 가진다. 이전에 사람이 직접 수동으로 하던 것과 비교하여 정확하고 복잡하고 다양한 변수들을 종합적으로 고려할 수 있다는 장점을 지니고 있는데 이를 구체적으로 살펴 보자.

첫째, 정확성이다. 경력개발은 미래 경력설계가 매우 중요하기 때문에 진단 및 분석을 통한 정확한 정보제공이 반드시 필요하다. 그런 의미에서 '정확성'은 DB에 저장된 데이터의 신뢰성을 의미하기도 하고 이를 직원의 상황에 적용할 때 오류를 최소화하는 것을 의미하기도 한다. 특히 미래 경력계획 수립에 필요한 미래 경력경로 예측이나 미래 적합 직무를 예측하는 데 있어서 정확성이 요구된다. 테크놀로지를 활용한 경력개발은 직접 수동으로 할 때보다 진단 및 분석의 정확성을 기할 수 있으며, 신뢰로운 데이터를 바탕으로 진단, 분석, 해석, 예측의 정확성을 높이는 데 도움을 줄 수 있다.

둘째, 맞춤화이다. '맞춤화'는 진단 및 분석결과 직원 개인에 특화된 경력정보를 제공하거나 적합 직무를 매칭하거나 필요한 프로그램을 정확하게 매칭하는 것을 의미한다. 맞춤화는 앞서 언급한 테크놀로지를 활용하여 개인의 경력특성, 경력희망 등과 DB상의 직무정보, 경력 이동정보, 승진정보 등을 매칭한다. 개인의 다양한 요구나 필요에 적합한 대안을 제시하는 것으로, 직원 개인의 단기 요구만 충족시키는 것이 아니라 향후 필요한 것을 제시한다는 데에 의미가 있다.

셋째, 종합성이다. '종합성'은 경력개발 시 수많은 변수들을 충분히 고려하여 종합적인 결과를 만들어낸다는 것을 의미한다. 경력개발 시 고려해야할 변수들은 개인이나 집단이 수동으로 작업할 수 없을 정도로 많아지고 있다. 즉 자동으로 작동하는 테크놀로지를 활용하여 외부환경 변수, 내적특성

변수 등 다양한 변수들을 종합적으로 고려하고 각 변수들 간의 관계성을 결과도출에 활용한다.

넷째, 미래지향성이다. '미래지향성'은 경력개발이 중장기 미래 경력설계를 지향하기 때문에 가능성이 있는 미래를 전망/예측하고 미래 변화에 맞는 준비를 하기 위한 것이다. 테크놀로지를 활용한 경력개발은 미래 경력경로 및 가능성있는 미래 시나리오를 보다 적합하고도 구체적인 모습으로 가시화하는 데에 도움을 줄 수 있다. 미래를 탐색한다는 것은 이전에 여러 케이스들로부터 추출한 근거 데이터와 변수들을 종합적으로 고려하여 미래에 가능성이 가장 높은 경로나 직무를 추천하는 데에 의미가 있다. 테크놀로지를 활용한 경력개발에서 '미래지향성'을 강조하는 것은 자칫 과거자료나 이력만을 가지고 판단할 때 발생할 수 있는 오류, 즉 과거와 현재의 인식수준에 머무는 것을 경고하기 위한 것이고 보다 미래지향적인 경력경로나 직무를 추천하여 새로운 도전과 시도가 가능하도록 안내하기 위한 것이다.

◆ 테크놀로지를 활용한 경력개발의 몇 가지 한계

테크놀로지기반 경력개발은 정확성이나 종합성, 미래지향성 등 활용성이 높지만 아직은 완전하지 못한 기술개발로 한계도 있다.

첫째, 테크놀로지기반 경력개발 시 미래 직업/직무매칭이나 미래 경력경로 안내 시 예측 오류가능성이다. 이는 신뢰롭지 못한 데이터를 바탕으로 예측할 경우 예측오류가 발생하는 것을 의미한다. 여기서 말하는 '신뢰롭지 못한 데이터'는 시스템이나 DB관점에서는 직업/직무정보가 부실하게 도출된 것이거나 편향된 정보(일부 직업/직무에 대해서는 자세하게 기술되어 있으나 일부 직업/직무에 대해서는 정보가 없거나 부실한 경우)일 경우, 부정확한 산업 및 직업변화 기술 등이 있고, 행위주체 관점에서는 경력진단 시 피진단자의 부실한 체크, 개인 프로파일 정보의 필수항목 누락이나 부실기록 등이 있다. 아무리 첨단화된 테크놀로지라 하더라도 신뢰롭지 못한 데이터를 기반으로는 예측오류가 발생할 수밖에 없다. 예측오류를 줄이려면, 분석대상이 되는 데이터의 신뢰성을 확보하는 것이 가장 중요하며 특히 데이터 생성 시 필요항목분류와 정확한 데이터 입력 및 근거제시가 반드시 필요하다.

둘째, 테크놀로지가 분석 예측한 결과는 참고사항인데도 정답으로 과신하는 것이다. 테크놀로지를 활용하여 직무매칭정보 제공이나 미래 경력경로 가이드가 가능하지만 테크놀로지가 제공하는 모든 정보를 정답으로 인식하는 것은 매우 위험한 일이다. 앞서 테크놀로지를 의사결정에 활용할 때 테크놀로지의 분석결과와 인간의 판단이 균형있게 결합하는 것이 바람직하다는 점(Colson(2019)의 AI와 인간의 혼합형 의사결정 모델)을 언급한 바 있는데, 현실에서는 테크놀로지의 시스템적인 체계성과 화려한 이미지를 맹신하는 경우가 많기 때문에 경계심을 갖는 것이 바람직하다.

셋째, 테크놀로지를 기반으로 한 경력개발은 암묵지의 형태로 축적된 선배직원의 직무경험이나 경력의 전수에는 한계가 있다. 테크놀로지를 활용한 경력개발은 직무, 임금, 승진 등 객관적인 경력에 대한 분석이나 예측은 가능하지만 조직몰입이나, 직무만족, 현장에서 축적한 노하우 등 주관적 경력의 전수나 정보화에 대해서는 한계가 있다. 이는 디지털시스템이 아날로그 감성을 반영하지 못한다는 상식적인 명제를 재차 확인하려는 것이 아니라 실제 테크놀로지를 활용한 경력개발에서 노하우 전수나 경험전수에 문제가 발생하는 것을 강조하기 위해서 언급하는 것이다. 최근에는 직원들이 조직생활을 통해서 얻게 되는 현장경험이나 직무경험 등 직원경험을 가시화하고 체계적으로 설계하려는 움직임이 활발하게 일어나고 있다. 테크놀로지기반 경력개발은 객관적인 경력정보를 바탕으로 직무매칭이나 미래 경력경로 추천을 하는데 활용하고 선배직원의 경험이나 노하우는 직원경험설계를 통해 보완하려는 노력이 필요한 것이다.

넷째, 테크놀로지기반 경력개발 시 비용의 문제이다. 경력개발 지원서비스나 기능이 좋은 테크놀로지일수록 구매비용이나 구축비용이 많이 드는 것도 사실이다. AI 엔진을 탑재한 경력개발시스템을 구축하려면 고비용이 들며, 전문외부기관을 활용하더라도 테크놀로지 사용료 또는 구매비용이 든다. 비용이 거의 들지 않거나 저렴한 오픈시스템의 경우 외부노동시장에 내부노동시장으로 진입하는 구직자를 위한 사이트나 시스템은 많지만 조직 내 직원(직장인)들을 위한 시스템은 거의 부재하다. 직원개인이 자신에게 특화된 서비스를 받으려면 고비용을 지불해야 한다.

테크놀로지를 활용한 경력개발의 실제

CDP 프로세스	경력진단	분석	경력개발 실행	경력개발 상담	경력개발 평가
		경력개발계획 수립			환류
CDP 활동	• 직무적성진단 • 필요역량진단 • 필요 직무경험 • 직무요건대비 확인 • 미래 희망 직무조사 등	• 미래 경력요건 대비 Gap 분석 • 필요역량 대비 Gap 분석 등 • 분석결과 활용 경력개발 계획 수립	• 직무이동 • (직무매칭) • 경력경로 탐색 • 교육활동 • 맞춤형 학습 • 직무OJT 등	• 경력목표 수정 • 직무 미스매칭 상담 • 조직 내 관계갈등 상담 • 교육/학습 상담 • 미래 불안 상담 등	• 경력계획 대비 실행정도 확인 • 경력개발 충실도 확인 • 경력성장 효과 • 역량향상도 확인 등
테크놀로지 (시스템)	• IT시스템 상 진단 툴 • 온라인 진단시스템	• 시스템 상 탑재된 AI, 머신러닝	• 시스템 상 탑재된 AI, 머신러닝	• 시스템 상 탑재된 AI, 머신러닝	• AI, 머신러닝, 온라인 평가 시스템
활용 도구/ DB	• 직무적성, 직무정보, 직무요건 DB • 필요역량 DB	• 빅데이터 • 분석 툴 • Gap Closing Comment DB	• 직무정보 DB • 교육/학습 정보 DB • OJT지도/멘토 추천 DB	• 직무정보 DB • 교육/학습 정보 DB • OJT지도/멘토 추천 DB	• 경력개발 평가/분석 툴 • 유형별 해석 DB

〈그림 6〉 테크놀로지를 활용한 경력개발의 실제(프로세스)

출처: 국내 G사, K사, S사, E공단의 경력개발시스템을 종합하여 작성(필자가 수행/설계한 경력개발시스템들을 종합하여 재구성).

첫째, 경력진단단계이다. '경력진단'은 직원의 현상태를 확인하여 경력개발을 위한 계획수립이나 실행을 위한 방향과 근거를 찾기 위한 단계이다. 여기에서는 직무적성에 대한 진단, 관련 역량 진단, 필요직무경험 등 직무요건 대비 준비도 확인, 미래경력희망 등을 진단 조사한다. 경력진단단계에서 활용하는 테크놀로지는 '온라인 시스템'이나 'IT화된 진단시스템'이다. 직원들이 자신의 정보를 입력하고 진단을 실시하면 직무적성, 필요역량, 직무요건 등을 담은 DB상의 데이터와 비교하여 진단결과를 자동으로 제공한다.

둘째, 분석단계이다. '분석'은 진단결과가 요구되거나 희망하는 경력요건 대비 Gap을 분석하거나 필요역량 대비 Gap을 분석하는 단계이다. 진단단계에서 활용하는 테크놀로지는 AI나 머신러닝이다. 다양한 빅데이터를 바탕으로 AI나 머신러닝을 통해 자동으로 결과를 분석하고 알고리즘화된 분석툴을 통해 적합한 Gap Closing(Gap을 줄여주기 위한 대안) 코멘트가 제공된다.

셋째, 경력개발 실행단계이다. '경력개발 실행'은 진단 및 분석결과 제시된 직무매칭(안)이나 직무이동경로(경력경로)를 따라 필요한 직무경험을 쌓거나 교육 및 학습을 통해 부족하거나 필요한 내용을 개발하는 단계이다. 경력개발 실행단계에서 활용하는 테크놀로지는 AI나 머신러닝이고 전통적으로는 '조직 내 경력개발시스템'이다. AI나 머신러닝을 통해 적합한 직무를 매칭하거나 개인에 맞춤화된 학습소스 제공(Learning Curation기능)에 따라 자기주도적 학습활동이 이루어진다. '경력개발 실행'에 활용되는 DB는 직무정보, 교육 및 학습정보, OJT 및 멘토정보 등이다.

넷째, 경력상담단계이다. '경력상담'은 경력계획을 수정하거나 직무 미스매칭이 발생했을 때, 조직 내 관계갈등이 있거나 미래가 불안할 때 시스템상에서 이루어지는 상담이 이루어지는 단계이다. 경력상담단계에서 활용하는 테크놀로지는 AI나 머신러닝이고 활용되는 DB는 직원 직무이력정보, 이전 평가정보, 교육 및 학습정보 등이다. 경력상담은 시스템상에서 저장된 경력상담 데이터(사례)를 바탕으로 직원의 질문에 적합한 대답이 대화 또는 채팅하듯 실시간으로 제공된다. 언제 어디서나 시스템에만 접속하면 적합한 경력상담을 받을 수 있다(이전에는 특정한 분야의 전문가나 카운슬러, 상사를 통해서만 가능). 현재 하는 일이 맞지 않을 때, 현 소속조직 내에서 인간관계상 갈등을 겪을 때, 미래 직무를 탐색하고자 할 때 질문하고 답을 얻을 수 있다. 시스템(AI, 머신러닝)을 통한 상담은 상담사나 전문가를 통해 직접 상담을 받는 것은 아니지만 그에 못지 않는 전문적인 조언이나 케어, 가이드를 언제 어디서나 받을 수 있다는 점에서 강점이 있다.

다섯째, 경력개발 평가단계이다. '경력개발 평가'는 일련의 과정을 통해 진행된 경력개발 활동이 당초의 계획대로 실행됐는지, 경력개발 활동이 충실하게 이루어졌는지, 경력개발을 통해 실제로 직원이 성장했거나 역량이 향상됐는지 확인하는 단계이다. 경력개발 평가단계에서 활용하는 테크놀로지는 AI나 온라인시스템이며 활용되는 도구나 DB는 경력개발 평가도구, 분석 툴, 유형별 해석 DB이다. 경력개발 평가는 경력진단부터 분석, 경력개발 실행, 경력상담 등 이전 단계들에서 잘된 점, 보완점을 확인할 수 있으며 이를 통해 바람직한 방향으로 직원의 성장 발전을 돕게 된다.

여섯째, 환류(피드백)과정이다. '환류'는 경력개발 평가를 통해 확인된 문제점이나 보완점을 경력진단, 분석, 경력개발 활동, 경력상담 단계로 피드백하여 보완하는 과정이다. 지금까지 통상 평가결과는 성과 확인이나 분류를 하는 것으로 그쳤고 그 결과에 따른 각 선행단계로의 피드백은 부족한 편이었다. 환류를 통해 선행단계들이 개선된다면 보다 적합하고 충실한 경력개발 프로세스가 진행될 것이며, 환류가 거듭될수록 직원들은 보다 높은 수준으로 경력이 성장하고 진보하는 결과를 확인할 수 있다.

참고문헌

고용노동부(2021. 12. 1). 보도자료(지능형(AI기반) 직업상담서비스 관련).

김성준 외(2020). 인사(HR) 분야의 인공지능 활용, KISDI AI Outlook(2020 Vol. 3)).

신범석 외(2015). 국내 G사 CDP시스템의 온라인 진단시스템, 국내 K사 경력개발시스템
    (필자가 수행한 경력개발시스템 구축 프로젝트)

Avila, V. (2017). The Machine Learning Career Path. 1-Trek.

Baba, A. (2019). Scrutinizing Artificial Intelligence based Career Guidance and
    Counselling.

Bahl, M. (2019). Who Will Train the Skills for Tomorrow's AI Workforce? TLNT.
    Systems: an Appraisal. Research Gate.

Clark, B. (2019). What Will Artificial Intelligence Mean for Your Career? Further.

Colson, E. (2019). What AI-Driven Decision Making Looks Like, Harvard Business
    Review(July 08, 2019).

Gan, G. (2020). JobKred, Using AI for Job Matching, World Bank S4YE Webinar,
    2020.https://spre.jobkred.com/government.

Dastin, J. (2018). Amazon scraps secret AI recruiting tool that showed bias against
    women. Reuters. https://www.reuters.com/article/us-amazon-com-jobs-automa
    tion-insight-idUSKCN1MK08G.

Dawson, M., M. Rizoiu,   M.Williams(2021). How AI can help choose your next
    career and stay ahead of automation. www.theconversation.com.

Patankar, F. (2019). Introducing the first Career Advise Chatbot. Career Geek.

메타버스와 일터학습

한수정(soojeounghan@yonsei.ac.kr), 장성희(ilj821@yonsei.ac.kr)

한수정은 미국 Texas A&M University의 Human Resource Development Program에서 석/박사 학위를 취득하였다. 현재 연세대학교 교육대학원 조교수로 평생교육경영과 인적자원개발 관련 연구와 수업을 하고 있다. 팀마인드셋 연구소의 소장으로 팀기반학습, 팀혁신 및 창의성, 공유리더십 등의 연구를 하고 있으며 관련해서 컨설팅, 워크숍, 강연 등을 수행하고 있다. 이전에는 미국 Boise 주립대학에서 교수를 역임하였다. 한국인력개발학회 상임이사, 한국성인교육학회 위원이며 Human Resource Development Review 저널의 편집 위원을 역임하고 있다.

장성희는 연세대학교 교육대학원 교육행정 전공으로 2023년 2월 석사학위 취득예정이다. 현재 한국성서대학교 성과관리실 팀장으로 일하고 있다. 연구 관심분야는 대학생 대학몰입과 미래 교육방법 등이다.

메타버스와 일터학습

한수정, 장성희

변화하는 일터학습

4차 산업혁명으로 인해 일터의 적응이나 개인과 조직의 지속가능한 발전을 위해서는 다양한 영역에서 빠른 변화가 요구되고 있다. 2020년에 발생한 코로나19 팬데믹은 비대면 상황을 초래하여 배움 공동체의 활동을 위축시키고 있다. 한편으로는 비대면 기술들의 발달과 적용은 일터학습에 새로운 기회를 부여하며 또 다른 도전을 요구하고 있다. 이러한 기술변화는 '스마트 시대'의 복잡성을 촉진시키며, 시간과 공간뿐 아니라 지식과 관계의 확장을 통해 학습을 활성화하고 데이터 기반의 지식 관리 기능을 가능하게 하고 있다(Ausburn & Ausburn, 2014; Bennett, 2009). 4차 산업혁명은 디지털 기술을 바탕으로 사물과 개인의 신체까지 인터넷과 연결되는 등 물리 세계와 디지털 세계의 접목이 이루어지며 새로운 형태의 융합과 통합을 특징으로 한다(Wilkesmann, Steden, & Schulz, 2018). 기술의 변화는 일터 학습의 방법에 있어서 매체 활용에 대한 관심을 증폭시키며 온라인 학습공간이 가능한 VHRD(Virtual Human Resource Development)로 새로운 접근이 시도되고 있다.

VHRD는 조직과 구성원의 전문성과 성과, 혁신 및 공동체 구축을 전략적으로 향상시키기 위해 형식·비형식 학습을 지원하는 풍부한 매체와 문화적 관련성을 지니는 웹 환경으로 정의된다(Bennett 2009, p. 364). 디지털화가 가속화되면서 VHRD 역할이 커지고 개인의 배움, 기술적 측면이 강화되고 있다(Bennett & McWhorter, 2021). VHRD가 제공하는 가상환경의 질과 안정성은 얼마나 현실과 유사한 경험을 구현할 수 있는가에 달려있다. 물리적으로 떨어져 있는 사람들 간의 연결성과 소속감을 높이기 위해서는 실제 환경과 존재에 대한 '사회적 실재감'이 필요하다(Bickle, Hirudayaraj, & Doyle, 2019). '사회적 실재감'은 학습을 촉진하는 가상공간에서 연결된 상호 관계성을 측정하는 도구로서 협력과 경험의 공유를 통해 서로 배울 수 있고, 다른 사람들의 사회적 존재를 인식하여 효과적인 탐구적 학습이 이루어지게 한다. 현재 시점에서 온라인 가상 학습공간에서의 부서 간 협업이나 개인 간 지식 공유를 가능하게 만드는 기술혁명으로 메타버스가 소개되고 있다. 따라서 '사회적 실재감'을 증진시키는 기술의 메타버스에 대해 살펴보고 메타버스로 인한 일터학습의 혁신 가능성에 대해 탐색해 보고자 한다.

메타버스, 새로운 세상

◆ 메타버스 정의

메타버스는 가공, 추상을 의미하는 '메타(Meta)'와 현실 세계를 의미하는 '유니버스(Universe)'의 합성어로 1992년 닐 스티븐슨의 소설 '스노우 크래쉬(Snow Crash)'에서 유래한 개념으로 3차원 가상세계를 말한다(Ondrejka, 2005). 고선영 외(2021)는 메타버스란 "현실의 나를 대리하는 아바타를 통해 일상 활동과 경제생활을 영위하는 3D 기반의 가상세계"라고 정의하였다.

이승환(2021)은 "메타버스란 가상과 현실이 상호작용하며 공진화하고 그 속에서 사회·경제·문화 활동이 이루어지면서 가치를 창출하는 세상"을 의미한다고 보았다.

메타버스는 물리적 세계와 가상세계의 단순 결합이 아니라, 결합을 통한 상호작용이며 나아가 결합 속에서 일상생활과 경제 활동이 영위되는 세계를 의미한다고 볼 수 있다.[1)

◆ 메타버스의 특징

일반적으로 가상세계 유형의 메타버스는 다음과 같은 특징을 갖는다(황경화, 정주연, 권오병, 2021). 첫째, 연결성(connectedness)을 통해 가상세계와 현실세계와의 이질감을 최소화한다. 둘째, 메타버스의 새로운 자아를 형성시키는 특징은 아바타를 통해 자신의 모습을 더욱 매력적으로 만들며 메타버스에서 활동하려 한다. 셋째, 메타버스는 관계성, 사회성이 강화된 가상세계의 특징을 갖는다. 다만 메타버스에서의 관계성은 이중성을 가지며, 사회성의 강화는 메타버스 사용에 따른 만족에 긍정적 또는 부정적 요소로 작용한다. 넷째, 메타버스 내에서는 개인의 일상적인 경험과 정보의 기록, 저장, 배포 활동을 통해 타인과의 공유가 가능하다.

메타버스는 가상공간일 뿐만 아니라, 우리가 사는 현실세계와 가상세계를 연결하는 연결고리이자 교차점이고, 가상공간과 현실세계가 결합하고, 융합하며, 상호작용하는 공간으로 메타버스에서 공연을 할 수도 있고, 상거래도 가능하며, 친구를 만날 수도 있고 인간 아바타와 에이전트가 상호작용하는 공간이 될 수도 있다(송원철, 정동훈, 2021).

◆ 메타버스의 유형과 적용사례

ASF(Acceleration Studies Foundation)은 메타버스를 '증강과 시뮬레이

---

1) [2021 KERIS 이슈 리포트]_ 메타버스(Metaverse)의 교육적 활용: 가능성과 한계
   출처: 대학지성 In&Out(http://www.unipress.co.kr)

션', '내적인 것과 외적인 것'이라는 두 축을 가지고 그림과 같이 네 가지 범주로 분류했다(Smart, et al., 2007). 메타버스는 기존의 가상현실과 증강현실에서 진화한 개념으로 사용되고 있으며 메타버스의 유형은 크게 나누면 기술과 응용에 기준을 둔 증강(aug-mentation)과 시뮬레이션(simulation)축과 외적요소(external)와 내적 요소(intimate)를 기준으로 하는 사용자의 이용형태 축에 따라 증강현실(aug-mentation), 라이프로깅(lifelogging), 거울세계(mirrorworlds), 가상세계(virtual worlds) 네 가지 범주로 분류한다.[2]

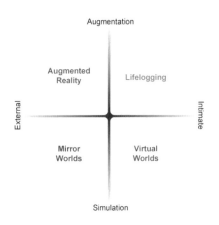

〈그림 1〉 메타버스의 4가지 유형 프레임 웍

출처: Metaverse Roadmap Pathways to the 3D Web

ASF는 MVR 보고서에서 메타버스를 구현 공간과 정보 형태에 따라 네 가지 형태로 구분하였다(한상열, 2021). 첫 번째 형태인 증강현실(Augmented Reality, AR) 세계는 현실에 외부 환경정보를 증강하여 제공한다(한상열, 2021). ASF는 증강현실을 가상의 대상물이 현실세계의 시각, 청각, 촉각에

---

2) 김광집 (2021). 메타버스 사례를 통해 알아보는 현실과 가상세계의 진화. 방송과 미디어, 26(3), 10−19.

중첩되어 정보 흐름을 증가시키는 혼합된 구조로 정의한다(송원철, 정동훈, 2021). 두 번째, 라이프로깅(Lifelogging) 세계는 개인·개체들의 현실 생활 정보를 기반으로 구현된다(한상열, 2021). 우리가 경험한 것들을 디지털로 저장하고 언제든지 원할 때 그 기록물에 접근하여 사용할 수 있다. 세 번째, 거울 세계(Mirror Worlds)는 외부 환경정보를 기반으로 현실을 모방한 가상 공간을 의미한다(한상열, 2021). 거울세계는 가상현실 기술을 통해 컴퓨터로 구현된다는 점에서 일반 가상세계 혹은 가상환경 공간과 유사하지만, 복제의 대상이 우리가 사는 세상이라는 점에서 일반적인 가상세계와 구분된다(Ahn, 2011).   네 번째, 가상세계(Virtual Worlds)는 현실의 경제사회적 환경과 유사하게 구축된 가상공간으로 교육, 쇼핑, 업무까지 다양한 개인·개체들의 활동이 가능한 환경이다(한상열, 2021). 각 유형의 정의와 특징, 활용분야, 적용사례는 다음의 표와 같다.

〈표 1〉 메타버스의 네 가지 유형

구분	증강현실	라이프로깅	거울세계	가상세계
정의	현실세계 기반 영상에 가상의 사물이나 이미지를 실시간으로 합성하여 존재하는 사물처럼 보이게 하는 기술	일상적인 경험과 정보를 디지털로 저장하고 언제든 볼 수 있도록 공유하는 기술	외부 환경정보를 기반으로 현실을 모방한 가상공간	디지털 기술을 통해 현실의 세계를 확장하여 유사하거나 대안적으로 구축한 세계
특징	위치기반 기술과 네트워크를 활용해 스마트 환경 구축하고 사용자에게 몰입감 높은 상호작용 경험 제공	증강기술을 활용해 사물과 사람의 정보를 기록	가상지도, 모델링 GPS 기술 활용	이용자의 자아가 투영된 아바타 간의 상호작용 활동에 기반
활용분야	스마트폰, 차량용 HUD	웨어러블 디바이스 블랙박스	지도기반 서비스	온라인 멀티플레이어 게임
사용사례	포켓몬Go, 디지털교과서, 실감형 콘텐츠	페이스북, 인스타그램, 삼성헬스, 나이키플러스	구글어스, 구글맵, 네이버지도, Airbnb	세컨드라이프, 마인크래프트, 로블록스, 제페토

◆ 메타버스의 교육적 활용 사례

메타버스의 교육적 활용 사례를 살펴보면 증강현실을 활용하여 교과서에 멀티미디어 자료, 실감형 콘텐츠 등 다양한 자료화 학습지원이 가능한 AI 학습분석 기능이 추가된 디지털교과서가 있다.

위치기반 AR콘텐츠로 영국의 런던박물관은 2010년 '스트리트뮤지엄 (Street Museum)' 애플리케이션을 출시하고 AR기술을 이용해 스마트폰을 통해 런던시의 유적지의 옛날 모습을 보여준다. 프랑스도 루브르－DNP박물 관랩(Louvre－DNP Museum Lab)을 개발하였다. 증강현실 기술을 활용하여 전시물을 자세하게 보여주며, 증상현실 기반 큐레이터가 전시를 안내하는 서비스를 제공한다.[3]

〈그림 2〉 디지털교과서 AR 콘텐츠 활용방법
출처: www.edunet.net

〈그림 3〉 런던 박물관의스트리뮤지엄 앱
출처: https://www.dailymail.co.uk

메타버스 플랫폼의 성장과 발달은 다양한 가상공간에서의 교육 활동이 가능하도록 하고 있다. 디지털 플랫폼으로 게더타운은 가상공간에서 대화와 업무를 할 수 있도록 지원하고 있으며 게더타운을 활용하여 학생들이 동아리 부스를 찾아가고 소통을 하는 공간으로 활용되고 있다. 제페토는 국내 대표적인 메타버스 플랫폼으로 네이버 Z가 운영하는 증강현실 아바타 서비

---

3) 이강봉. 런던 시가지 모습 3D 영상으로 재현. (ScienceTimes, 2013.11.06)

스다. 네이버는 2021신입사원들을 대상으로 비대면 입문 프로그램에서 제페토를 활용하였으며 제페토에 네이버사옥을 3D맵으로 개설하여 가상공간에서 인증샷을 찍는 등의 미션을 수행하였다. 로블록스는 2006년 출시된 가상세계로 자기주도적으로 공간을 창조하고 언제든지 게임을 즐길 수 있는 플랫폼으로 원격교육을 위한 도구로 활용되며 상호작용이나 공동작업과 같은 교육적 기능이 있다. 2016년에 설립된 스페이셜은 공동작업을 할 수 있는 개인 아바타를 만들고 함께 협업하는 서비스를 제공한다.

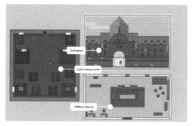

〈그림 4〉 게더타운 수업공간
출처: 게더타운 홈페이지
(https/www.gather.town/)

〈그림 5〉 스페이셜 활용 모습
출처: 스페이셜 홈페이지
(https://www.spatial.io)

메타버스, 새로운 일터학습을 향해

메타버스 플랫폼 성장과 함께 찾아온 일터학습은 어떤 변화와 기회를 맞이하게 될까? 코로나19의 장기화로 일터학습에서도 비대면 온라인 교육이 증가되었으며 VHRD의 새로운 조직 환경이 구성되고 있다. VHRD는 언제 어디서든지 구성원들이 비대면으로 모바일과 연계하여 학습을 통해 역량 향상이 가능하도록 온라인 학습 공간에서 만나게 된다(Bennett & McWhorter, 2021). VHRD는 구성원들 간의 소통과 업무 흐름의 핵심적 기능을 제공하고 구성원 개개인의 학습과 경력 개발의 측면에서 활용되고 있으며 메타버스를 이용한 교육활동을 촉진하고 있다(Bennett & McWhorter, 2021).

원격 협업 플랫폼은 서로 다른 지역에 있는 사용자들이 아바타를 통해 서로 같은 공간에서 일하는 것처럼 느끼도록 지원하는 혼합현실(Mixed Reality, MR)기반의 메타버스 플랫폼이다. MS사는 협업 플랫폼 메쉬(Mesmh)를 공개했는데 메쉬(Mesmh)는 혼합현실 플랫폼으로 사용자가 다른 지역에 있어도 같은 공간에 있는 것처럼 느끼도록 지원해 준다. 메쉬(Mesmh)를 활용하면 교육, 설계, 디자인, 의료 등 다양한 분야에서 시공간을 초월한 협력이 가능하게 된다(이승환, 2021). 이외에도 Spacial, Glue 등 다양한 메타버스 기반 협업 플랫폼이 존재하며 비대면 상황과 맞물려 사용량이 급증하고 있는 추세다. AR기반 원격협업 도구를 제공하는 Spatial의 사용량은 코로나 19 이전보다 10배 이상 증가하였다.[4] 기술의 발달은 컴퓨터 없는 사무실에서 협업이 가능하게 해 주며 협업플랫폼 'Infinite Office', 가상생활 플랫폼 'Horizon' 등을 통해 플랫폼 혁신이 가속화되고 있다(이승한, 2021).

〈그림 6〉 마이크로소프트 메쉬

출처: https://www.microsoft.com/en-us/mesh

---

4) 조선비즈(2020.5.14), "AR로 회의하세요" 스페이셜, 원격 회의 솔루션 무료 공개

기업에서 직원교육을 메타버스를 통해 구현하고 있으며, 게임적 요소와 재미를 추가하여 학습 동기가 유발되고 그 이전 오프라인이나 온라인에서 경험했던 것보다 더 효율적이고 몰입감 있는 경험을 제공하고 있다.[5] 또한 기업에서 메타버스 플랫폼을 활용하여 고객들과 소통의 장을 마련하며 새로운 세대와 창의적인 소통 방식으로 메타버스를 활용한다.[6]

교육, 의료 등에서도 정책이 당면한 문제를 메타버스 도입을 통한 해법을 탐색하고 있다. 정부기관에서도 3D기반 '가상정부'를 구상 중에 있으며 가상에서도 행정서비스를 받을 수 있도록 현실화하는 작업과 단순 반복 업무를 가상의 아바타를 활용하여 가상공간을 현실화 할 수 있는 아이디어를 모색하고 있다. 공공서비스를 메타버스 플랫폼에서 구현한다면 이용자가 시공간적 한계를 벗어나 직관적이고 편리한 서비스 구현이 가능해질 수 있다(한상열, 2021) 의료계에서도 비대면 시대에 맞는 의료 실습 및 훈련, 자격시험 등에 메타버스 도입방안을 검토하고 있다. 현재 모의환자, 마네킹을 활용한 방식에서 메타휴먼을 활용한 진료수행평가(CPX), 임상술기(OSCE) 등 세부 적용방안을 모색하고 있다(이승한, 2021).

---

5) GC녹십자는 국내 제약사 최초 메타버스 신입사원 교육을 진행해 용인시에 있는 녹십자 본사 및 R&B센터 전경과 신입사원 교육이 이뤄지는 교육장을 메타버스로 구현했다(GC녹십자 뉴스 2021.10.15). KB국민은행은 '메타버스 기반 신입행원 연수 개강식'을 메타버스 플랫폼의 게더타운(Gather Town)을 활용해 진행했다(KB국민은행 뉴스 2021.8.25).
6) 현대차는 자동차 업계 최초로 메타버스 플랫폼인 제페토에서 차량을 구현해 고객들에게 인터랙티브한 경험을 제공해 플랫폼 내 인기 맵인 다운타운과 드라이빙 존에서 쏘나타 N라인을 시승할 수 있게 했다(현대자동차 뉴스 2021.6.25).

시사점

메타버스를 일터학습에 적용시켰을 때의 시사점은 아래와 같다. 메타버스의 공간은 단순한 가상공간이 아니라 확장현실을 경험할 수 있는 다양한 공간이 존재하기에 메타버스는 일터학습에 새로운 가능성을 부여해 주고 있다. 메타버스는 시간, 공간, 인원 제한 등 물리적 제약이 없으며 시·공간을 초월하는 비대면 공간은 교육사각지대, 지역격차를 해소하는 역할을 하게 된다. 메타버스 공간 안에서 자신의 아바타를 통해 비대면으로 원활한 의사소통을 이끌어 낼 수 있다. 가상이지만 현실 같은 현장감, 체험을 통한 콘텐츠 몰입감, 상호작용 경험을 제공한다. 또한 메타버스 제작 도구를 활용한 자유로운 콘텐츠를 제작할 수 있으며 가상세계 기반으로 시설 구축비용 및 투입 인력이 절감될 수 있다. 게임적 요소와 재미를 추가하여 학습동기를 유발하고 메타버스 내에서 소속감과 친밀감을 느끼며 누구나 차별 없는 학습을 실현하는 장점을 가지고 있다.

반면에 빠르게 진화하고 있는 메타버스는 그 변화의 속도만큼 기술적인 면에서 그리고 메타버스에 포함되는 현재 제공되는 서비스 면에서 문제점을 가지고 있다. MZ세대를 중심으로 빠르게 진화, 확산되고 있어 세대 간 격차를 심화하고 있다. 또한 메타버스의 과도한 사용으로 인한 인터넷 프라이버시 문제, 가상현실에 대한 중독 및 사회적 고립감의 심화, 소비 조장 문화 및 빈부 격차 심화 등의 사회적 문제를 일으킬 수 있다. 이에 따라 개인 정보 침해, 사이버 성범죄 등 발생할 수 있는 부작용에 대한 법적, 제도적 논의가 필요하다. 저작권과 소유권 문제부터 아바타에 대한 성희롱 등의 가상공간에서 발생할 수 있는 불법행위 등에 대한 규제와 정책도 마련되어야 할 것이다(김광집, 2021).

메타버스는 현실과 정치, 사회, 경제, 문화적으로 상호작용하면서 현실과 유사한 형태로 전개되고 있다. 중요한 것은 메타버스는 과연 누구를 위한 공간이며 사용자에게 있어 어떤 가치 있는 공간이 될 것인가 하는 문제이다. 이러한 사용자 중심의 관점으로 메타버스를 바라 볼 수 있어야 메타버스가 가져올 역기능을 최소화할 수 있다. 빅데이터, 인공지능, 소셜미디어, 게임, 가상현실 등 메타버스를 만드는 기술과 제공되는 서비스가 갖는 문제점과 향후 메타버스 연구가 기술적 관점과 시장의 관점과 더불어 사회적 위험으로부터 보호될 방안을 구체화해야 하는 것도 바로 사용자 관점이 필요한 이유인 것이다(송원철, 정동훈, 2021). 메타버스를 기술 중심적으로만 볼 것이 아니라 사용자 관점에서 접근하여 인간 커뮤니케이션과 현실 경험 그리고 확장현실에 대한 이해를 바탕으로 메타버스에 접근하여야 할 것이다.

글로벌 미래교육재단 설립자 마크 프렌스키(2019)는 "기술이 우리에게 줄 수 있는 큰 기회 중 하나는 좀 더 많이 가지고 있고, 많이 알고 있는 사람들이 그렇지 못한 사람들을 도울 수 있다는 점이다"라고 말하고 있다. 메타버스 내에서의 소통과 협업은 곧 현실세계에서의 상호작용 이상이며 이는 인격적이고 상호보완적인 관계를 바탕으로 이루어져야 한다(Suzuki, 2020). 메타버스 시대 인간 중심 문화와 기술의 발전은 인간의 본성인 배움의 욕구를 충족시켜 줄 것이며 나아가 배움 공동체 일원으로서 조직의 발전에도 기여할 수 있기를 기대해본다.

참고문헌

고선영, 장한균 김종인, 신용태(2021). 메타버스의 개념과 발전 방향, *정보처리학회지* 28(1), 7-16.

김광집(2021). 메타버스 사례를 통해 알아보는 현실과 가상세계의 진화. *방송과 미디어*, 26(3), 10-19.

이승환(2021). 로그인(Log in) 메타버스; 인간×공간×시간의 혁명. *소프트웨어정책연구소*, 1S-115.

송원철, 정동훈(2021). 메타버스 해석과 합리적 개념화. *정보화정책*, 28(3), 3-22.

한상열(2021). 메타버스 플랫폼 현황과 전망. *FUTURE HORIZON*, 20 page

황경화, 정주연, 권오병(2021). "가상세계형 메타버스 지속방문의도에 영향을 미치는 요인 연구", *한국경영정보학회 춘계통합학술대회*, 43-46.

마크프렌스키(2020). 허성심 옮김, 미래의 교육을 설계한다 4판, 한문화.

Ahn, S. (2011). "Mirror worlds creation technology." *Robot and Human*, 8(4), 17-25.

Ausburn, L. J., & Ausburn, F. B. (2014). Technical perspectives on theory in screen-based virtual reality environments: Leading from the future in VHRD. *Advances in Developing Human Resources, 16*(3), 371-390.

Bennett, E. E.(2009). Virtual HRD: The intersection of knowledge management, culture and intranets. *Advances in Developing Human Resources, 11*(3), 362-374.

Bennett, E. E., & McWhorter, R. R. (2021). Virtual HRD's role in crisis and the post Covid-19 professional lifeworld: Accelerating skills for digital transformation.*Advances in Developing Human Resources, 23*(1), 5-25.

Bickle, J. T., Hirudayaraj, M., & Doyle, A. (2019). Social presence theory: Relevance for HRD/VHRD research and practice. *Advances in Developing Human Resources, 21*(3), 383-399.

Maximiliane Wilkesmann/Stephanie Steden/Maximilian Schulz, Industrie 4.0 (2018)

Hype, Hope oder Harm?, *ARBEIT*, Vol. 27 Issue 2, S. 130

Ondrejka, C.(2005). Escaping the gilded cage: User created content and building the Metaverse. *NYLS Law Review, 49*(1), 6.

Smart, J. M., Cascio, J. & Paffendorf, J. (2007). Metaverse roadmap overview. CA: Acceleration Studies Foundation.

http://www.metaverseroadmap.org/overview/index.html (Retrieved on July 15, 2021).

Suzuki, S. N., Kanematsu, H., Barry, D. M., Ogawa, N., Yajima, K., Nakahira, K. T., ... & Yoshitake, M. (2020). Virtual experiments in Metaverse and their applications to collaborative projects: The framework and its significance. *Procedia Computer Science, 176*, 2125-2132.

earning in organization

조직에서의
학습

04

ESG 경영과 전략적 HRD

김태성(tskim@inu.ac.kr)

김태성은 펜실베니아 주립대학교에서 HRD/OD 전공으로 박사학위를 취득하였다. 현재 인천대학교 창의인재개발학과 부교수로 재직중이며, 인적자원개발론과 전략적 HRD 등의 과목을 강의하고 있다. 연구 관심분야는 조직개발, 전략적 HRD, 지속가능성과 HRD 등이다.

* 이 글은 2020년 11월 「HRD 연구」에 게재된 논문 "지속가능개발 관점에서의 국내 HRD 연구 고찰",
2021년 3월 「Sustainability」에 게재된 논문 "Socially Responsible HR in Action: Learning from
Corporations Listed on the Dow Jones Sustainability Index World 2018/2019",
2021년 11월 「한국인력개발학회 추계학술대회」에서 발표된 자료
"ESG 경영 환경에서의 지속가능HRD 모형 연구" 등을 수정 및 보완한 것임

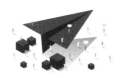

ESG 경영과 전략적 HRD

김태성

들어가며

　학문과 실천의 영역으로서 HRD 분야의 정체성 확립과 영향력 확대를 위한 여정은 현재 진행형이다. 특히 기업을 배경으로 한 HRD(corporate HRD)는 개인이 업무 수행을 통해 성과를 만들고, 일련의 성과 창출 과정에서 유무형의 학습과 경험을 통해 배우고 발전하며, 이러한 학습과 성장을 토대로 더욱 향상된 가치를 실현하도록 촉진하는 역할을 주도해 왔다. 조직의 비전과 핵심 가치가 전사적으로 공유될 수 있도록 하고, 구성원 간 협업과 시너지를 창출하며, 조직의 구조와 문화를 발전시키는 역할 또한 핵심 사명으로 수행해 왔다. 이러한 역할 수행 과정에서의 다양한 논의와 실천, 학문적 연구는 HRD의 성숙과 진화를 견인해 왔다.

　기능주의적(functional) 측면에서 HRD 활동은 조직이 지향하는 목적이 비즈니스 성과의 최적화와 이로 인한 재무적 가치의 극대화에 있다는 근현대 자본주의 시장경제의 패러다임을 근본 가정으로 삼고 있다. 효과적 경영을 통해 비용 절감과 경쟁우위 확보 및 이윤을 창출하고, 이렇게 실현된 재무적 부가가치가 자본을 투입한 주주에게 환원되도록 하여 재투자를 유인하

는 기제를 강화하며, 결과적으로 사업의 성장과 지속성을 유지해 나가는 것
이다. 이러한 생존 공식이 통용되는 무한경쟁의 생태계에서 오늘의 생존과
내일의 성장을 추구하는 것은 유기체적 존재인 기업의 당연하고도 필수적인
존재적 목표이고, 유기체를 구성하는 일부로서 HRD의 존재 근거 또한 이러
한 목표의 달성에 기여하는 것일 수밖에 없다. 다시 말해, 탁월하고 지속적
인 재무적 가치의 창출이 조직의 목표라면 HRD의 책무성 또한 이러한 목표
에 효과적으로 복무하는 것이어야 한다.

  그런데 한동안 비즈니스 생태계의 근본 원리였던 자본주의 시장경제 패러
다임 자체에 최근 변화의 조짐이 감지된다. 기후변화, 불평등 등 지구 환경
이나 사회 시스템과 관련한 초국적 문제가 심각성을 더해감에 따라 경제적
가치 일변도의 기업 행태에 의문이 제기되고, 그러한 활동의 부산물로 초래
되는 부정적 외부효과(externality)가 조명되고 있다. 주주와 고객 등 기업
활동을 둘러싼 전통적 이해관계자에 더해 그동안 간과되었던 다양한 이해관
계자의 존재와 중요성이 부각되고, 이들의 요구에 주목하는 기업들의 대응
도 빨라지고 있다. 국제사회와 정책 당국, 사회와 일반 시민, 심지어 금전적
회수에 가장 민감한 투자자에 이르기까지 환경적·사회적 함의에 둔감한 이
익 추구 활동을 용인하지 않고, 이러한 현실에 적응하지 못하는 기업은 각
종 제재와 비난에 더해 생존 자체가 어려울 수 있다는 인식이 확산하는 모
습이다. 기업 활동에 있어 주주들과 사회에 경제적 부를 돌려주는 것을 넘
어 환경과 사회적 측면에서의 책임 있는 역할과 높은 수준의 윤리의식이 필
요하다는 지속가능경영의 개념이 현대 자본주의의 새로운 문법으로 자리해
가는 양상이다.

  이처럼 기업 생태계의 작동 공식과 변화 방향에 대한 발전적 논의의 장이
형성되는 상황, 즉 기존의 근본 가정이 흔들리는 전환의 시기에 HRD가 어
떤 역할을 할 것인지는 중차대하고 시의적절한 논의 주제이다. 변화주도자
(change agent)를 자임하는 HRD는 급변하는 환경에 대응하기 위한 조직과
구성원의 변화 요구에 민첩하게 대응해 왔다. 경쟁우위 확보, 세계화, 일과

삶의 균형, 4차 산업혁명, 디지털 전환 등과 관련한 연구와 실천은 대표적인 몇몇 사례일 뿐 조직을 둘러싼 크고 작은 변화와 보폭을 맞추려 부단히 노력해 왔다. 지금 또 하나의 거대 담론으로 지속가능성(sustainability)과 ESG(environmental, social, governance) 경영이 대두한 상황에서 HRD의 역할에 대한 성찰이 시급하다. 다시 말해, 거시적 경영 환경의 진화를 심도 있게 인식하고, 이를 둘러싼 시장과 기업들의 움직임에 주목하며, 그 속에서 HRD의 새로운 과제와 추진 전략을 고민하는 것은 사회와 기업, HRD 모두의 지속가능성을 높이는 데 작지 않은 의미를 가질 것이다.

지속가능발전과 ESG 경영

지구 생태계와 인류 공동체의 지속이 가능할지를 논하는 상황 자체가 우리 앞에 놓인 심각한 위기를 웅변한다. 그나마 다행인 점은 이 주제가 사회적 담론의 중심에 자리하게 되었다는 것이다. 더욱이 현대 사회의 강력한 영향력의 주체인 기업이 이에 관심을 보인다는 사실은 아직 갈 길이 멀다 해도 고무적인 일이다. 본 장에서는 지속가능발전의 개념과 의의 및 기업의 지속가능성 제고를 위한 ESG 경영의 현황에 대해 살펴본다.

◆ 지속가능발전

인류는 18세기 중반 이래 몇 차례의 산업혁명을 거치며 생산 방식과 생활 양식에 비약적 발전을 이루었고 이전과 비교할 수 없을 정도의 경제적 부를 창출해 왔다. 그 사이 대공황과 세계대전, 글로벌 금융위기, 최근의 코로나 19 사태 등 세계적으로 심각한 타격을 가한 위기들도 있었으나 역사적으로 경제성장은 우상향의 패턴을 그려 왔다. 인간의 욕구는 다채로운 모습으로 나타나고 기술과 시장은 이를 충족하기 위해 지속적인 발전과 혁신을 일구어 왔기 때문이다. 그리고 이러한 경제성장은 인류에게 지금껏 어느 세대도 경험하지 못한 풍요와 번영을 선사하였다.

하지만 이처럼 화려한 경제적 성과의 이면에는 짙은 그늘도 드리워져 있다. 발전이 먼저 이루어진 지역과 지체된 지역 사이에 심각한 불균형이 존재하고, 선진국과 저개발국을 막론하고 한 사회 내에서도 구조적 불평등의 문제가 해결보다 악화일로를 걷는 듯하다. 편의와 풍요의 확대에도 오히려 공동체의 균열은 전례 없이 커지고 국내외를 막론하고 사회적 불신과 갈등이 고조되어 가는 양상이다. 지난 산업혁명의 과정을 거치며 고도화된 생산 시스템은 부정적 외부효과의 누적과 확대재생산을 통해 기후 재앙과 생태계 파괴 등의 모습으로 우리에게 돌아오고 있다. 우리의 사고와 경제 체제가 지금까지의 방식(business as usual)을 고수한다면 머지않아 경제 활동의 긍정적 효과가 환경과 사회 차원의 부작용에 의해 완전히 잠식되거나 아예 역전되는 국면이 전개될 수 있음을 시사한다(Sachs, 2015).

이러한 인류 공통의 문제에 대한 인식의 발로가 지속가능발전(Sustainable Development)의 개념이다. UN 등 국제기구를 중심으로 관련 논의가 진행되던 중 1987년 Brundtland 보고서에서 미래 세대가 니즈를 충족할 수 있는 능력을 훼손하지 않으면서 현재의 니즈에 맞추는 발전이라는 정의가 소개되었고, 이후 경제·사회·환경의 조화로운 발전을 3개의 축(triple bottom line, TBL)으로 하는 보다 통합적인 개념으로 진화하였다(Elkington, 1997; Savitz, 2013). 논의의 진전과 함께 실천 활동도 전개되었는데, 2000년에 채택되어 많은 성과를 낸 UN의 새천년개발목표(Millenium Development Goals)와 이를 발전적으로 계승하여 2015년부터 추진 중인 지속가능개발목표(Sustainable Development Goals, SDGs) 등이 대표적이다. <그림 1>로 제시된 SDGs는 경제, 사회, 환경 및 세계 평화를 위한 17개의 목표(goals) 및 이의 실천과 성과 측정을 위한 169개의 세부과제(targets)와 247개의 지표(indicators)를 통해 국제사회 및 각국 정부와 시민 사회, 민간 기업 등 다양한 주체들의 광범위한 참여를 견인하는 실천적 지침을 제공하고 있다. 비슷한 맥락에서 UN은 2006년 공표한 책임투자원칙(Principles for Responsible Investment, PRI)을 통해 투자처 선정 시 재무적 요소만을 고려하던 오랜 관행에서 벗어나 기후변화와 생태계 등 환경(environment, E), 인권과 고용관계 등 사회(society, S), 부패와 이사회 운영 등 지배구조(governance, G) 관련 요소까지를 고려한 사회적으로 책임 있는 의사결정을 내릴 것을 안내하고 있다.

〈그림 1〉

출처: 지속가능발전포털(http://ncsd.go.kr/)

또한 이러한 노력은 한때의 유행처럼 논의되다 사라지기보다 여러 영역에서 반향을 일으키고 있다. 각국이 파리협약(Paris Agreement)과 당사국회의 등을 통해 합의한 탄소순배출제로(net zero) 달성 시기를 도전적으로 설정하고, 세계적 자산운용사인 블랙록(BlackRock)을 필두로 국내외 기관투자가나 연기금 등이 ESG를 중심으로 투자 포트폴리오 재편을 가속화하는 등 더욱 빠르고 광범위하게 확산하는 추세이다. 이처럼 활발한 국제사회, 국가, 자본시장의 움직임과 점증하는 시민적 공감대는 기업들의 동참을 견인하는 힘으로 작용한다. 지속가능발전이라는 지구적 과제는 선언적이고 규범적인 접근만으로는 해결이 어렵고, 기술 혁신, 자본 투자, 생산과 경영 활동 등을 통해 우리 생활에 광범위하게 관여하는 기업이 일익을 담당할 때 비로소 실질적인 동력이 확보될 수 있다는 인식도 확대되고 있다. 지속가능발전은 한시적 캠페인이 아닌 비즈니스를 둘러싼 거대 담론이자 현실적 조건이며 이를 이해한 기업들의 실천도 활발해지고 있다.

◆ 기업의 지속가능성과 ESG 경영

기업은 지속가능발전이라는 지구적 노력의 성패를 좌우할 수 있는 핵심 주체이다. 국제사회와 정부는 지속가능발전의 의제를 우선순위에 올리고 제도적 장치를 통해 시장 참여자들의 행동을 유인하거나 규제함으로써 그 역할을 이행하는 한편, 기업은 제도적 컴플라이언스와 함께 윤리적이고 책임 있는 구성원이 되기 위한 자발적 노력을 강화함으로써 지속가능발전을 위한 협력적 파트너십에 참여하고 있다. 여전히 회계부정, 환경오염, 부당노동행위 등 크고 작은 일탈은 끊임없이 발생하지만, 법과 제도의 정비 및 높아지는 사회와 시민의 관심 속에 건전하고 윤리적인 경영에 대한 기업의 인식과 실천이 제고되는 모습도 광범위하게 목격된다. 지속가능발전의 세계적 흐름에 동참하지 않으면 그 속에서 생존과 번영을 구가하는 기업의 지속가능성도 취약해질 수밖에 없는 시대가 펼쳐지고 있다.

이러한 움직임을 좀 더 거슬러 올라가면 기업의 책임의 대상을 주주에서 고객, 종업원, 공급업체, 정부, 지역사회 등으로 확대한 Freeman(1984)의 이해관계자이론(stakeholder theory), 기업의 책임을 경제적, 법적, 윤리적, 자율적 영역으로 규정하여 설명한 Carroll(1991)의 주장 및 2000년대 초반 물의를 일으킨 엔론, 월드컴 등의 대규모 분식회계 사태와 이를 계기로 높아진 윤리경영에 대한 사회적 요구 등과 맞닿는다. 성장지상주의의 이면에 숨겨진 부조리와 그 결과로 초래된 부정적 파급효과에 대한 사회적 관심이 제도적 장치의 강화와 대안적 행동을 견인하는 영향력으로 작용하게 된 것이다. 연속선상에서 이익 극대화를 통해 주주에 대한 책임을 다하는 데에 그치지 않고, 고객과 구성원, 협력사와 지역사회 등 사업 활동에 직간접적으로 관여하는 다양한 주체들까지 고려하는 기업의 사회적 책임(corporate social responsibility, CSR) 또한 중요한 의제로 부상하게 된다(Werther & Chandler, 2006). 이는 이익의 일부를 기부나 재단 설립 등의 형태로 사회에 환원하거나 대외 봉사 활동에 구성원의 참여를 독려하는 등의 일과 함께, 조직 내부적으로 사업장 안전과 종업원의 건강을 챙기고, 협력사에 대한 교육과 기술지원을 강화하며, 시민의식 제고를 위한 다양한 캠페인과 홍보 활동을 전개하는 등의 실천으로 이어졌다. CSR 개념과 실천은 광범위한 공감대를 형성하였으나 기업의 본업과 유리된 부수적 활동이라는 점에서 활성화에 상당한 제한이 있었고, 비슷한 이유로 진정성과 지속성을 의심받기도 하였다. 이러한 문제의식에 대한 대안이자 비즈니스와 CSR의 시너지를 창출하려는 접근으로 공유가치창출(creating shared value, CSV)이라는 개념도 제안되었다(Kramer & Porter, 2011). 부수적이고 시혜적인 활동이 아니라 만연한 문제에서 비즈니스 기회를 발견함으로써 이익과 기여의 두 마리 토끼를 잡는 혁신적이고 전략적인 접근이 시도된 것이다.

이러한 흐름은 앞서 소개된 지속가능발전 및 TBL 개념의 확산과 UN의 PRI 및 SDGs 등의 이니셔티브를 통해 더욱 강력한 정당성과 실천적 방향성을 부여받게 된다. 초국적 과제의 해결에 기업의 참여와 파트너십이 필수불가결의 요소로 간주되고, 기관투자자와 연기금 등이 환경, 인권과 사회책임, 기업 지배구조를 고려하여 투자 대상을 결정하는 등 자본시장에서 사회책임투자(socially responsible investment, SRI)가 실행에 옮겨지고 있다. UN, 국제표준화기구(ISO), 다우존스, 모건스탠리, 블룸버그 등 국제기구나 기관들은 앞다투어 지속가능성 관련 원칙과 지표를 제시하고 이를 토대로 기업들을 평가하고 있으며, 우리나라도 금융위원회나 국민연금 등의 공공 부문이나 한국지배구조원, 경제정의실천시민연합 등의 기관들에서 지속가능성 관련 제도화와 평가 등의 다양한 활동을 전개하고 있다.

이러한 시대적 흐름 속에 기업 현장에서도 윤리경영, CSR, CSV 등의 개념을 넘어 지속가능한 발전을 고민하는 움직임이 한창이다. 특히 이윤 창출을 위한 기업 활동 전반에 환경과 사회에 대한 책임 및 투명한 사업 관행을 통합하려는 ESG 경영에 대한 논의와 실천이 확산하고 있다. 미국의 거대 IT 기업 A와 M사는 탄소제로를 위해 재생에너지 생산이나 사내탄소세 제도 등을 운영하고, 세계적 유통기업 W사는 탄소 배출량과 폐기물 감소를 위한 혁신과 동시에 다양한 근로자 인권 보호, 노동법 준수 활동을 통해 열악한 일터라는 과거의 오명에서 벗어나는 중이다. 국내의 S그룹은 ESG 전담 조직을 두고, 계열사 핵심성과지표에 사회적 가치를 큰 비중으로 반영하며, 다수의 자회사가 재생에너지 100% 사용을 지향하는 RE100(Renewable Energy 100)에 가입하는 등 국내 ESG 경영을 선도하고 있고, 이른바 빅테크 기업들도 중소상공인들과의 상생, ESG 위원회 설치, 감사위원회 강화 등을 통해 사회적 책임 및 투명한 비즈니스 관행을 정착해 가고 있다.

ESG 경영에 대한 사회 전반의 인식과 관심도 전례 없이 확산되고 있다. 정직하고 공정한 기업을 선호하는 신념 기반의 착한 소비는 대세가 되고, 종업원과 협력업체를 착취하거나 소비자를 기만하는 기업의 사례는 SNS를 통해 삽시간에 공유되며, 많은 이들이 환경과 사회 친화적인 제품과 서비스를 선택하고자 더 큰 비용과 불편을 기꺼이 감수하기도 한다. 2020년 말 시행된 자유기업원의 대학생 대상 설문조사에서는 소비뿐만 아니라 입사지원과 주식투자의 경우에도 ESG 관련 요소를 고려하겠다는 응답이 80% 내외에 이르는 것으로 나타났다. 기업들 또한 자발적으로 지속가능보고서를 발간하여 공유하고, 대내외 ESG 캠페인과 브랜드 액티비즘(brand activism) 활동을 전개하며, 선제적으로 사업 관행과 내부 통제 시스템을 재정비하는 등 전에 없던 노력을 기울이고 있다. 이러한 행동들이 바람직할 뿐만 아니라 궁극적으로는 재무적 측면에도 도움이 된다는 경험적 증거들이 축적되며 사업 모델과 기술의 혁신뿐만 아니라 가치 혁신에도 나서고 있는 것이다(김재구 외, 2018). 이처럼 지속가능발전과 ESG 경영을 중심으로 한 거시적 흐름은 오늘날 기업에 시사하는 바가 지대하며, 기업 경영의 전략적 파트너를 지향하는 HRD에도 깊이 있는 논의를 촉구하는 듯하다.

ESG 경영과 전략적 HRD

기업에서 HRD는 구성원과 조직의 학습과 성과 향상 및 변화와 발전을 촉진하는 역할을 담당한다. 당면한 과제 수행을 지원하는 교육과 훈련, 성과 향상을 위한 인적·환경적 개입, 다양한 문제해결과 변화관리 활동을 수행함과 동시에 구성원의 리더십과 지속적인 경력의 개발, 조직 내 상호작용과 문화의 발전을 위한 다각도의 노력을 기울인다. 이러한 역할 수행의 과정에서 HRD의 역량도 성숙을 거듭하였고, 그 결과 조직의 비전과 목표 달성 및 공유 가치의 정립과 확산을 위한 또 다른 차원의 기여를 요구받는다(Davis et al., 2004; Torraco & Swanson, 1995). 영역 전문성에 기반한 지원적 역할의 수행과 함께 조직의 성공을 견인하는 보다 전략적인 역할 또한 요구되는 것이다.

이러한 전략적 역할은 비즈니스를 둘러싼 거시적 환경의 역동을 이해하고, 그러한 이해를 토대로 조직의 구조와 풍토 및 구성원들의 요구와 역량, 리더십 등을 유기적으로 정렬할 수 있을 때 완수될 수 있다. 생산성과 품질 향상, 경쟁우위 확보, 세계시장 개척, 정보화와 지식경영, 고객과 구성원 경험 제고, 디지털 전환 등 끊임없는 도전적 의제들 속에서 조직의 대응을 안내하기 위한 지식리더십(thought leadership) 또한 발휘해야 한다. 이러한 맥락에서 지속가능한 발전과 ESG 경영이 기업을 둘러싼 새로운 거대 담론이자 당면 과제로 확산하는 지금 HRD가 어떤 책무를 수행해야 할지에 대한 논의는 시급하고 중요하다.

이러한 논의에 있어 <그림 2>에 제시된 Garavan(2007)의 전략적 HRD 개념 모형이 유용한 틀로 활용될 수 있을 것이다. 모형은 조직을 둘러싼 거

시적 환경, 조직의 맥락, 다양한 이해관계자, HRD 전문가 등 네 개의 요소
가 중심에 자리한 전략적 HRD를 둘러싼 모습을 띠고 있다. 구체적으로 거
시적 환경 요소는 지역과 산업, 국가 및 국제적 측면에서의 법과 제도, 시
장, 기술, 사회, 문화에 대한 안목과 이해의 중요성을 강조한다. 조직 맥락
요소는 HRD 활동에 있어 조직의 전략·구조·문화, 각종 업무의 가치와 특
성, 구성원의 역량과 경력 등 조직을 구성하는 다양한 차원과 이들 사이의
관계와 역학이 고려되어야 함을 보여준다. 이해관계자 만족 요소는 주주, 구
성원, 유관 부서, 고객과 협력사 등 내외부 이해관계자들의 요구를 이해하고
이에 적절히 대응하는 전략과 활동의 필요성을 보여준다. 마지막으로, HRD
전문가 요소는 모형의 하단에 위치하여 HRD 전문가의 가치와 역량, 신뢰와
파트너십 구축 등이 토대가 되었을 때 제시된 모든 요소를 담아내는 전략적
HRD의 추진이 가능함을 시사한다.

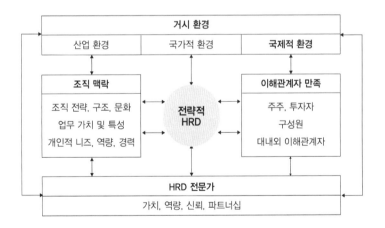

〈그림 2〉

출처: Contextual and Dynamic Framework for SHRD 재구성.

논의의 맥락 속에서 조금 더 살펴보면 첫째, 거시적 환경으로서 지속가능 발전과 ESG 경영은 비즈니스 전반에 걸쳐 심오한 변화를 내재하므로 이에 대한 민감도의 제고와 이해의 확장은 전략적 HRD의 출발점이다. 특히 여타의 도전들과 달리 ESG 경영은 기업 운영의 근간에 영향을 미치는 흐름으로 이에 대한 인식의 결여는 HRD 활동의 맥락성과 타당성을 흔드는 결과로 이어질 수 있다. 따라서 ESG 경영의 개념과 핵심 내용, 국제적 담론, 정부와 관련 기관들의 규제와 평가, 사회적 분위기와 문화의 변화 등에 대한 학습과 토론이 필수적이다. 기업 내 HRD 전문가라면 동종 업계의 움직임, 선도적 기업이나 경쟁자들의 대응 및 혁신 사례, 본인이 속한 기업의 ESG 경영 추진 방향과 실천 과제들에 대해서도 종합적으로 이해하고, 이미 실효성을 다한 기존의 방식에 대해서는 민첩하고 과감한 언러닝(unlearning)에 나서야 할 수도 있다. 이러한 일련의 활동이 선행되었을 때 ESG 경영의 조직 내 확산과 내재화를 주도할 동력과 지식리더십을 확보할 수 있다.

둘째, 조직 맥락 측면에서 ESG 경영은 기존의 경영 방식을 그대로 고수한 상태에서 부수적으로 실행되는 전술적 제스처가 아닌 전방위적 비즈니스 트랜스포메이션 전략이며, 이의 효과적 실천을 위해서는 일사불란한 전사적 노력이 필요하다. 이는 기존의 조직구조에 추가적 기능을 부여하거나 일부 업무 조정을 하는 등 지엽적 접근으로 추진될 수 있는 수준을 훌쩍 넘어선다. 조직은 합목적적으로 설계된 정교한 시스템이므로 비전과 목표가 진화하면 그에 부응하여 조직의 모든 전략과 시스템이 재구조화의 과정을 거쳐야 하고, 궁극적으로 문화와 체질의 개선으로 이어져야 한다. 따라서 HRD는 무엇보다 조직이 ESG 경영으로의 전환을 위해 제도와 체계를 어떻게 재설계해 나갈 것인지에 대한 이해와 관여가 필요하다. 각종 외부 기관의 평가 체계와 주요 지표 등에 대한 학습을 통해 통찰력 있는 지식을 제공하고, 액션러닝 등 조직의 리더들이 본 주제를 중심으로 실천적 논의를 이어갈 수 있는 장을 마련해야 한다. 일련의 과정을 통해 조직의 비전과 목표, 제도와 구조 등에 변화가 있었다면 이에 대해 구성원들이 공감할 수 있는 분위기와 문화를 조성해야 하고, 성과 평가와 교육 관련 지표의 개발과 정비도 필요하며, 각종 프로그램과 리더십 개발에 힘쓰는 일도 매우 중요할 것이다.

셋째, 이해관계자 요소는 HRD 활동의 추진에 있어 다양한 이해관계자의 존재와 그들의 요구를 인식하고, 이를 구체적인 활동의 목표에 세심하게 반영하며, 추진의 과정에서 이들과 소통하고 협력하는 것이 필수적임을 강조한다. 특히 ESG 경영은 비즈니스 활동이 이윤 추구의 과정에서 직간접적으로 연결된 많은 이들의 복리를 침해할 수 있음에 주목한다. 따라서 HRD는 주주 이익 극대화라는 일원적 프레임을 넘어 구성원의 만족과 경험에 더욱 관심을 기울이고, 조직 내 각종 제도와 프로세스에 내재한 구조적 문제를 발견하며, 협력사와 공급업체, 잠재 고객과 사회 일반 등 외부 이해관계자까지를 고려한 정책과 활동에 관심을 기울여야 한다. 사실 기존의 전략적 HRD 관점은 경영진의 의도와 목표에 따라 일사불란하게 움직이는 하향식(top down) 폭포 구조를 상정한 측면이 없지 않으나, ESG 경영 시대의 전략적 HRD는 다양한 이해관계자의 참여를 상정하는 플랫폼적 접근이 더욱 유효할 것으로 보인다. 또한, 초기 단계의 CSR 활동처럼 일방향적 활동이 아닌, 이해관계자들과의 소통 구조 속에서 크고 작은 과제를 부단히 탐구하고 실천해 나가야 한다.

마지막으로 HRD 전문가 요소는 이들이 어떠한 철학과 관점을 가지는지, 어떤 부분에 지식과 경험을 축적하고 있는지, 역할과 책임에 얼마나 성실하고 헌신적인지 등이 전략적 HRD의 기반임을 보여준다. 일례로 HRD 전문가가 지속가능발전이나 다중 이해관계자 관점에 대한 몰이해나 왜곡된 시각을 가지고 있다면 이를 위한 실천을 계획하기 어렵고, 마찬가지로 ESG 경영의 핵심 내용, 지표, 실천 방법 등에 대한 지식이나 역량이 없다면 내실 있는 활동을 준비할 수 없을 것이다. 이는 설사 조직 차원의 노력이 전개되더라도 HRD가 주도적이고 전략적인 역할을 이행하지 못할 것임을 시사한다. 달리 말해 HRD 전문가들은 기업 경영과 HRD에 대해 지금껏 유지해 온 근본 가정을 깊이 성찰하고 시대의 흐름을 반영한 가치의 재정립 및 그에 상응하는 업스킬링(upskilling) 노력을 기울일 필요가 있다. 기후변화와 생태계, 탄소 중립, 자원과 폐기물 등 환경 영역, 인권, 평등, 노동, 상생 등 사회 영역, 공정한 사업 관행과 투명한 경영 등 지배구조와 다중 이해관계자 영역에 걸친 다양한 주제에 대해 학습과 토론을 이어가야 한다(박윤주 외, 2021). 이러한 노력이 있을 때 ESG 경영에 대한 리더들의 행동을 안내하고, 구성원들의 참여를 북돋우며, 다양한 이해관계자들의 지지와 연대를 끌어낼 전략적 동반자로서의 과업을 적절히 수행할 수 있을 것이다.

나가며

HRD 분야가 기업 경영의 파트너가 되어야 한다는 전략적 HRD의 개념이 제안된 이후 그 방향과 접근에 대해 광범위한 공감대가 형성되었다. 하지만 이를 둘러싼 한때 활발했던 논의가 언제부터인가 다소 침체된 듯한 양상이다. 기업들은 4차 산업혁명, 디지털 전환, 코로나와 포스트코로나, 가치소비, 기후변화 등 굵직한 거시적 현안들이 출현할 때마다 효과적인 대응을 위해 사활을 건 분투를 벌이지만, 이러한 주제를 둘러싼 HRD 공동체의 연구와 실천이 같은 수준의 위기의식을 공유하는지 돌아볼 필요가 있다. 연장선상에서 기업들이 현재 당면한 ESG 경영의 과제를 풀어나가는 데 HRD가 적절한 파트너십을 형성하고 있는지도 점검의 지점이다.

바이든 미국 대통령은 취임 당일 이전 대통령 재임 시 탈퇴한 파리협약 재가입을 선언하였고, 유럽과 미국을 중심으로 그린딜(green deal) 정책과 탄소국경세 시행 움직임이 본격화되고 있으며, 우리나라도 기후변화 대응을 위한 목표의 구체화 및 이에 따른 산업 생태계의 변화가 가속화하고 있다. 기업들은 수년 내 재무 보고서와 함께 ESG 보고서도 의무적으로 공시해야 하고, 공정, 안전, 포용, 일과 삶의 균형 등 구성원 복리 향상과 조직문화 개선을 요구하는 목소리가 점점 높아지며, 시대착오적 사업 관행을 보이는 기업에 대해서는 주주와 고객과 사회가 (애덤 스미스가 주장한 것과는 다른 맥락에서) 보이지 않는 손으로 경고를 보내거나 결정적인 타격을 주기도 한다. 재무적 이익 창출을 통한 주주 가치 제고, 이 과정에서의 국가 경제 기여와 고용 창출 등 전통적 범위를 넘어 기업 경영에 있어 환경, 사회, 지배구조 측면에서의 적극적인 책임과 파트너십이 요구되는 ESG 경영의 시대는 이미 도래해 있다.

하지만 2017년 기준 우리나라의 ESG 수준은 58.3으로 OECD 평균 73.7에 크게 뒤처지는 것으로 나타난다(오성근, 2021). 우리 정책 당국이나 기업 경영진들의 문제를 말하기에 앞서 HRD 분야는 상응하는 노력을 하고 있는지 돌아보게 된다. 더 늦기 전에 ESG 경영을 위한 HRD의 전략적 역할에 대해 보다 적극적인 연구와 실천이 이어져야 할 것이다.

참고문헌

김재구, 배종태, 문계완, 이상명, 박노윤, 이경묵, 성상현, 이정현, 최종인(2018). K-매니지먼트 4.0: 기업의 미래를 여는 사회가치경영. 클라우드나인.

박윤주, 이준호, 최유화. (2021). 동반성장과 호혜를 고려한 ESG 투자동향 및 시사점. *The Journal of the Convergence on Culture Technology (JCCT)*, *7*(1), 37-41.

오성근 (2021). 환경·사회·지배구조(ESG)정보에 관한 공시제도의 개선방안 연구. *동북아법연구*, *14*(3), 101-143.

Carroll, A. B. (1991). The pyramid of corporate social responsibility: Toward the moral management of organizational stakeholders. *Business Horizons, 34*(4), 39-48.

Davis, P., Naughton, J., & Rothwell, W. J. (2004). New roles and new competencies for the profession. *Training and Development, 58*(4), 26–36.

Elkington, J. (1997). *Cannibals with forks: The triple bottom line of 21st century business.* Capstone Publishing.

Freeman, R. E. (1984). *Strategic management: A stakeholder approach.* Pitman.

Garavan, T. N. (2007). A strategic perspective on human resource development. *Advances in Developing Human Resources, 9*(1), 11-30.

Kramer, M. R., & Porter, M. (2011). Creating shared value. *Harvard Business Review, 89*(1/2), 62-77.

Sachs, J. D. (2015). *The age of sustainable development.* Columbia University Press.

Savitz, A. (2013). *The triple bottom line: How today's best-run companies are achieving economic, social and environmental success-and how you can too.* John Wiley & Sons.

Torraco, R. J., & Swanson, R. A. (1995). The strategic roles of human resource development. *Human Resource Planning, 18*(4), 10-21.

Werther, W. B., & Chandler, D. (2006). *Strategic corporate social responsibility: Stakeholders in a global environment.* Sage.

디지털 전환 시대, 개인과 조직의 회복탄력성 제고를 위한 학습조직

송영선(ksii2000@hanmail.net)

송영선은 중앙대학교 교육학과에서 박사학위를 취득하였다. 현재 건국대학교 글로컬캠퍼스 부교수로 재직중이며, 심리학과 창의성, 문제해결, 의사결정 관련 과목을 강의하고 있다. 연구 관심분야는 학습조직, 평생학습, 고등교육 및 평생교육 정책 등이다.

디지털 전환 시대, 개인과 조직의
회복탄력성 제고를 위한 학습조직

송영선

제4차 산업혁명과 디지털 전환

제4차 산업혁명은 모든 면에서 이전과는 비교할 수 없을 정도로 사회 및 산업구조, 경제체제를 획기적으로 변화시키고 있다(윤영득, 2020). Schwab (2016)은 제4차 산업혁명을 물리적 세계, 디지털 세계, 생물학적 세계의 경계를 없애는 기술적 융합이며, 속도(velocity), 범위(scope), 영향(impact) 측면에서 제3차 산업혁명과 다른 특정한 변곡점이라고 주장하였다. 사물인터넷, 빅데이터, 인공지능, 클라우드 컴퓨팅 등 주요 기술은 여러 산업을 융합하며 그 형태가 전환되고 있다.

디지털 전환(digital transformation)은 디지털 역량과 기술을 통하여 고객 경험 향상, 운영 프로세스의 간소화, 새로운 비즈니스 모델을 도입한 획기적인 개선을 의미한다. 디지털 전환의 목적은 디지털 기술을 기반으로 한 차별화된 서비스와 복잡한 문제를 해결할 수 있는 능력을 높이는 데 있다. 오늘날 조직이 디지털 전환을 강조하는 이유는 새로운 디지털 사업 모델을 개발하고 실행하여 비즈니스 기회를 창출하고, 디지털 리터러시, 디지털 역량을 가진 인재와 이를 운영할 수 있는 프로세스이기 때문이다(김종철, 고영희, 2020). 따라서, 직원은 필요한 직무를 예측하고 변화에 대응해야 하며, 조직은 성과 창출과 새로운 솔루션을 도출할 수 있는 경쟁력 있는 인재를 육성해야 한다. 여러 기업 및 관련 단체에서 제시한 디지털 전환의 개념 정의는 <표 1>과 같다.

〈표 1〉 디지털 전환 개념 정의

기업/단체	개념 정의
Bain & Company	디지털 엔터프라이즈 산업을 디지털 기반으로 재정의하고 게임 법칙을 근본적으로 뒤집음으로써 변화를 일으키는 것
AT Kearney	모바일, 클라우드, 빅데이터, 인공지능(AI), 사물인터넷(IoT) 등 디지털 신기술로 촉발되는 경영 환경상의 변화에 선제적으로 대응하고 현재 비즈니스의 경쟁력을 획기적으로 높이거나 새로운 비즈니스를 통한 신규 성장을 추구하는 기업 활동
PWC	기업경영에서 디지털 소비자 및 에코시스템이 기대하는 것을 비즈니스 모델 및 운영에 적용시키는 일련의 과정
Microsoft	고객을 위한 새로운 가치를 창출하기 위해 지능형 시스템을 통해 기존의 비즈니스 모델을 새롭게 구성하고 사람과 데이터, 프로세스를 결합하는 새로운 방안을 수용하는 것
IBM	기업이 디지털과 물리적인 요소들을 통합하여 비즈니스 모델을 변화시키고 산업에 새로운 방향을 정립하는 것
IDC	고객 및 시장(외부 환경) 변화에 따라 디지털 능력을 기반으로 새로운 비즈니스 모델, 제품 서비스를 만들어 경영에 적용하고 주도하여 지속할 수 있게 만드는 것
World Economic Forum	디지털 기술 및 성과를 향상시킬 수 있는 비즈니스 모델을 활용하여 조직을 변화시키는 것

출처: 한국정보산업연합회(2017). p. 5.

디지털 전환의 특징은 범위와 규모에서 확인할 수 있다(김준연 외, 2017). 첫 번째, 과거에는 순차적, 단방향으로 가치가 창출되었고, 경제의 주체들은 순차적으로 구성된 가치사슬에서 역할을 맡았고, 그 역할에 따라 조직의 활동 범위와 규모가 결정되었다. 반면, 디지털 전환 시대에서는 기업 간, 다양한 주체 간 상호작용과 협력 활동으로 가치가 창출된다. 두 번째, 기하급수적으로 가속화되는 디지털 전환 속도이다(김준연 외, 2018). 따라서, 디지털 조직으로 전환할 수 있으려면 상사와 팀원 간, 동료 간 끊임없이 소통하고 협력하며 문제를 해결하는 학습문화(learning culture)가 요구된다. 학습문화의 토대는 개인 간, 조직 상하 간 공유하는 조직문화이며 최종 지향점은 학습조직(learning organization)이다.

디지털 전환의 토대: 조직문화

조직문화(organizational culture)는 조직 내부에서 공유된 공동의 학습된 결과로, 직원에 의해 공유되고 무의식적으로 작용하고 조직과 환경에 관련되어 당연한 것으로 받아들여지는 기본가정(basic assumption)이다. 조직문화는 조직을 이끄는 동인이며 직원이 결합하고 바람직한 행동을 유도하는 중요한 요인이다. 조직의 지향점인 학습조직과 관련하여 볼 때 조직문화는 직원이 공유하는 가치로서 학습되고 전승되며 개인과 팀 및 조직 수준의 학습활동에 영향을 준다.

조직문화는 몇 가지 중요한 기능을 한다. 첫째, 조직문화는 기존의 개념으로는 설명하기 어려운 조직 현상을 설명해 주며, 둘째, 조직문화는 직원의 행위와 태도에 영향을 미치며, 셋째, 조직문화는 심리적·행동적으로 소속감과 일체감을 심어주며, 넷째, 조직문화는 직원을 결합하게 하여 문화적 동질성을 제공하며, 다섯째, 조직문화는 다른 조직과 차별되는 독특한 조직의 성격을 부여해준다.

학습조직과 관련하여 볼 때 조직문화는 직원이 공유하는 가치로서 직원의

사고와 행동에 방향과 힘을 주는 토대가 된다. 또한, 조직문화는 학습되고
전승되며, 개인, 팀 및 조직 수준의 학습활동에 영향을 준다. 따라서, 조직문
화는 강하든 약하든, 긍정적이든 부정적이든 조직 전체에 영향을 미치며 그
결과에 따라 조직의 성패가 좌우될 수 있는 중요한 요인이다. 결과적으로
조직문화는 경영환경 변화에 대하여 내적으로는 직원을 동질의 공동체로 만
드는 통합기능과 외적으로는 환경변화에 능동적으로 대처하는 적응기능을
한다고 볼 수 있다. Schein(1985)은 조직문화의 구성요소를 직원과 조직의
전체 행동에 영향을 주는 의식체계를 중심으로 <그림 1>과 같이 조직문
화 구성요소 상호 간의 관계를 통해 설명하였다.

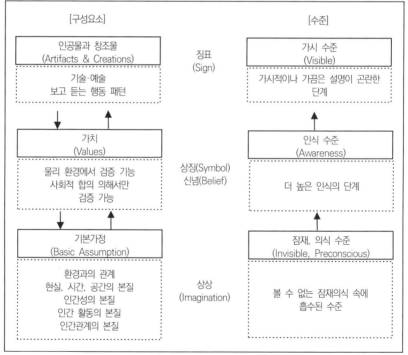

<그림 1> 조직문화 구성요소와 수준

출처: Schein, E. H.(1985) Three culture of management: Key to organizational learning. *Sloan
Management Review, 38*(1), p. 17.

직원과 조직의 행동은 가시(visible), 인식(awareness), 잠재·의식 (invisible, preconscious)의 세 가지 수준에서 의식체계가 작용한다. 조직문화의 가시 수준으로 인공물(artifacts)과 창조물(creations)은 표면적으로 나타나고 눈으로 볼 수 있는 물질이고 상징이다. 인공물과 창조물에는 제품과 기술, 기구와 도구, 방침과 규율, 서류와 문서, 전통과 일화, 의례와 의식, 행동 패턴 등이 해당한다. 이 인공물과 창조물들은 조직에 대한 전체적인 인상과 이미지, 조직의 문화적 특성을 형성하는데 직접적이고 가시적인 구성 요소로 작용한다.

인식 수준으로 가치(values)는 직원이 일반적으로 인식하고 있는 행동 지침으로 가시 수준의 인공물과 창조물을 지배한다. 가치는 직원의 상황 및 행동 그리고 직원을 판단하는 평가의 기초로 작용한다. 가치는 조직의 진정한 목표, 이상, 표준, 문제의 결정에 있어서 직원이 선호하는 수단으로 개인 존중, 창의성, 개방적 의사소통, 참여와 합의의 중요성 등이 해당한다.

잠재 수준으로서 기본가정은 가치와 밀접한 관계가 있는 개념으로 공유된 기본가정은 조직문화의 핵심이다. 기본가정은 조직이 직면하는 모든 현실과 사실, 시간과 공간에 있어 직원이 겪게 되는 사건과 상태, 당면한 상황과 문제에 대해 그들의 의욕과 동기, 태도 형성에 결정적인 역할을 한다. 예를 들면, 직원의 협력과 경쟁, 갈등과 조정, 커뮤니케이션을 저항을 받거나 좌절할 때 모든 직원 상호 간에 무엇이 올바르고 그릇된 활동과 관계인지 판단하는 기준으로 작용한다.

기본가정은 직원의 가치와 행동 그리고 궁극적으로는 조직문화의 형성에 가장 근본적인 요소로 작용한다. 즉, 기본가정은 직원의 직감과 느낌, 사고방식과 태도와 행동 형성에 결정적인 역할을 하며, 조직문화의 형성에 다양하게 영향을 준다. 그러나 기본가정은 조직마다 차이가 있다. 이 차이는 각 조직의 독특한 문화와 조직 내의 하위문화 형성에 영향을 준다. 결국, 조직 문화는 한 조직의 직원이 공유하고 있는 기본가정을 바탕으로 중시되는 공유가치나 신념이 다양한 형태의 문화적 표상물로 나타난다. 따라서, 이 기본

가정이 조직의 문화를 형성하거나 조직을 활성화하는 데 지대한 영향을 미치므로 장기적으로 학습을 통해 내재화해야 한다.

학습조직 개념과 수준

◆ 학습조직 개념

학습조직 개념은 1990년대부터 Senge에 의해 본격적으로 논의되었다. Senge(1990)는 직원이 원하는 성과를 달성하기 위하여 지속해서 능력을 키우고 새롭고 포괄적인 사고능력을 갖기 위해 학습 방법을 공유하고 배울 수 있는 학습조직을 강조하였다. 이론적 배경은 Argyris와 Schön(1978)의 조직학습(organization learning) 이론과 Dewey(1933)의 무형식 학습(informal learning) 이론이다.

시스템 사고 관점에 기반을 둔 학습조직(Senge, 1990) 개념부터 전략 지향 관점(Garvin, 2000), 학습지향 관점(Pedler, Burgoyne, & Boydell, 1991), 통합지향 관점(Watkins & Marsick, 1993; 1996)에 이르기까지 다양하다. 학습조직의 통합론자인 Watkins와 Marsick(1996)은 학습조직을 지속적인 학습과 이를 통한 지식의 창출, 획득 및 활용 그리고 이러한 일련의 과정을 통해 조직의 성과 창출로 이어지는 조직이라고 하였다. 더 나아가 조직의 미시적 수준인 사람(people level)과 사람으로 인하여 발생하는 결과를 조직의 거시적 수준인 구조(structure level)에 연결하였다(현영섭, 김준희, 2005).

송영선(2008)은 학습조직을 개인과 조직의 목적을 위하여 조직 수준(개인, 팀, 조직)별 학습이 지속해서 이루어지고, 상황에 맞는 사람(person)과 구조(structure)를 통해 자기주도학습 능력개발과 환경변화에 효과적으로 대응할 수 있는 조직이라고 하였다. 궁극적으로 학습조직은 조직의 모든 수준에서 지식이 창출되고, 이에 기초하여 변화된 환경에 적응하고, 조직의 경쟁력을 증대시키는 조직 자체를 말한다.

학습조직 구축의 핵심인 지식의 창출과 활용은 학습을 통해서 이루어지며, 지식의 창출, 공유, 활용되는 과정이 바로 학습이다. 학습조직에서의 학습은 사람과 조직의 인식, 행위, 신념, 정신적 모델, 전략, 정책, 절차를 변화시키며, 전략적으로 사용되는 지속적인 프로세스이다. 이 프로세스는 직무와 동시에 진행되며 직무와 통합된다. 따라서, 학습은 개인의 발전뿐만 아니라 조직의 지속적인 경쟁력 향상의 주요한 방법으로 기능한다고 볼 수 있다. 따라서, 학습조직은 제4차 산업혁명 시대에 디지털 전환을 요구하는 조직이 추구해야 할 이상적인 조직이라고 볼 수 있다.

◆ 학습조직 수준

학습조직은 개인학습(individual learning), 팀 학습(team learning), 조직학습(organizational learning)의 세 가지 수준으로 구성되며, 모든 차원에서 밀접하게 학습이 이루어진다. 개인학습은 팀 학습을 일어나게 하고, 팀 학습은 조직학습의 근본 바탕이 되며, 개인학습은 직접 조직학습으로 이어진다. 반대로 조직학습은 개인학습이나 팀 학습을 촉진하고 지원한다. 이처럼 학습조직은 조직 전체 차원에서 학습이 이루어지고 지식이 창출된다. 따라서, 학습조직은 개인학습, 팀 학습, 조직학습의 활성화를 통하여 복합적으로 이루어진다고 볼 수 있다.

개인학습은 조직을 구성하는 가장 기본단위인 개인이 주체가 되는 학습이다. 개인학습은 조직의 교육시스템, 직무 경험, 자기 계발, 관찰, 상호교류 등을 통해 개인이 받아들이는 학습을 의미한다. 개인학습은 팀 및 조직의 학습을 형성한다는 측면에서 학습조직의 필요조건이 된다. 즉, 학습하는 개인을 통해서만 조직학습이 이루어지고 모든 차원에서 학습하는 개인이 없으면 학습조직은 불가능하다.

개인학습에 있어서 학습조직의 역량은 직원에 달려있으며, 직원의 학습은

조직학습에 필수 불가결한 전제조건이다. 그러므로 조직은 개인들이 학습할
수 있도록 하는 상황적 여건을 조성하고, 개인학습을 조직적으로 확장함으
로써 학습할 수 있도록 해야 한다. 따라서, 조직 내부에서 개인의 학습활동
이 조직 활동으로 승화·발전되기 위해서는 무엇보다도 조직이 추구하는 전
체 맥락과 같이해야 하며 다른 직원과의 공유과정이 절대적으로 필요하다고
볼 수 있다.

팀 학습은 팀원의 상호작용을 바탕으로 개인의 지식과 경험을 팀 지식으
로 변환시켜주는 중요한 요소이다. 학습의 기본단위는 개인이 아니라 팀이
며, 팀은 일을 통한 학습의 장이다. 팀 학습은 개인학습과 조직학습의 중간
단위 학습으로 직원의 경험 공유와 공동 과제의 수행 등을 통해 이루어지는
모든 학습을 말한다. Senge(1990)는 팀 학습 개념을 직원이 목표로 설정한
결과를 만들어 내기 위해 팀 역량을 조율하고 개발하는 일련의 과정이라고
정의하였다. 팀 학습은 다른 팀이나 집단과 개인에게 전파, 확산하여 조직
전체의 학습활동에 영향을 미친다. 즉, 팀 학습은 직원의 개인학습 결과로
얻은 지식이나 경험 등이 팀 학습을 통해 소규모 조직 단위의 집합 학습으
로 전이된 후, 조직 전체 차원에서의 교류와 공유를 통해 조직학습으로 발
전한다. 팀 학습은 팀의 성장과 경쟁력 제고를 위한 필수 요인이다(Hult &
Ferrell, 1997; Watkins & Marsick, 1993). 따라서, 팀 학습이 중요한 이유는
개인학습과 조직학습을 동시에 활성화하고 촉진하는 역할을 하기 때문이다.

조직학습은 조직이 주체가 되어 수행하는 학습을 말한다. 조직 전체의 목
표 달성을 위하여 개인학습과 팀 학습이 모두 통합된 학습 결과가 조직 전
체 차원으로 승화 발전된 학습 형태이다. 조직학습은 개인학습으로부터 시
작한다. 즉, 조직학습은 개인학습의 결과로 얻은 직원의 경험, 새로운 사실
발견과 그 결과에 대한 해석 활동이 메커니즘을 통해 모든 직원이 공유하는
과정으로 존재할 때 비로소 조직 수준의 학습활동이 발생한다고 할 수 있다.

그런데, 조직학습은 조직이 계속 학습활동을 통해 조직의 능력을 향상하
는 과정이라고 단정하게 되면, 조직학습은 일정한 과정이 있으며, 어떤 조직

은 학습을 촉진하기도 하고, 어떤 조직은 학습을 방해하기도 한다는 것을 유추하게 된다. 조직학습 과정상에 학습활동을 촉진하거나 저해하는 요인은 다음과 같다.

<표 2> 조직학습 과정상에 학습활동 촉진·저해 요인

학습단계	학습 장애물	학습 촉진물	사용 도구 및 방법
획득하기	· 전통적인 데이터 출처 의존 · 잡음과 신호 분리의 어려운 편파적이고 여과된 자료 수집 · 제한된 정보 창고	· 학습기여자 및 데이터 출처의 광범위한 기반 · 다양한 관점 공유를 위한 프로세스 · 모순되고, 예기치 않은 결과물을 기꺼이 받아들이려는 마음	· 브레인스토밍, 새로운 아이디어 생성 및 창의적 사고 촉진 · 정기적인 벤치마킹
해석하기	· 편향적이고 부정확한 추정 · 원인과 결과에 대한 부적합한 인과관계 · 판단에 대한 과신	· 기존의 관점을 테스트하는 갈등 및 논쟁 과정 · 시기적절하고 정확한 피드백 제공	· 상세하게 고찰하고 도전하는 정신 · 변증법적 탐구 · 감사팀
적용하기	· 행동 변화를 좋아하지 않음 · 새로운 기술을 연습할 시간 부족 · 실패에 대한 두려움	· 새로운 접근방식을 장려하는 보상시스템 · 학습을 위한 공간 창출 · 심리적 안정감	· 승진, 급여와 새로운 아이디어 및 기술 개발을 상호연결하기 · 새로운 과제가 추가되면 불필요하고 낡은 작업 제거 · 시스템 문제, 예상하지 못한 사건 또는 미숙으로 인한 실수 용납하기

출처: Garvin, D. A., 저 유영만 역(2001), 살아있는 학습조직. 서울: 세종서적.

조직학습은 일정한 순환과정을 거쳐 일어나게 마련이다. 조직학습은 개인이나 조직 내 특정 집단이 다른 조직 혹은 과거의 실패나 성공 경험 등으로부터 새로운 지식을 습득한다(지식 창출). 이렇게 습득한 지식을 다양한 네트워크를 통해 조직 내 다른 개인과 집단에 전파하여 공유한다(지식공유). 공유된 지식을 매뉴얼이나 업무 관행 등으로 공식화하여 사용하고(지식저장), 기존에 조직이 가지고 있었던 지식을 폐기(지식폐기)하는 순환과정을 통해 일어난다. 그런데, 어떤 조직은 조직학습이 촉진되지만 어떤 조직은 그렇지 못한다면, 조직학습을 하는 데 능숙한 조직을 학습조직이라고 할 수 있다. 다시 말하면, 조직학습은 학습조직 구축을 위한 조직차원의 지속적인 학습 결과의 개념이다.

여기에서 주의할 점은 결과로서 학습조직의 개념으로, 결과는 모든 조직 학습 활동이 영원히 종료된 시점에서 최종적으로 나타나는 것이 아니라 다음 단계의 학습활동을 전개하기 위한 중간 결과물이라는 것이다. 이러한 점에서 학습조직은 구축된 최종결과물이 아니라 직원에 의한 지속적인 학습과정이다. 결과적으로 조직학습은 학습을 통한 직원의 임파워먼트와 조직의 성과향상을 기하도록 하는 조직변화관리의 체계화된 활동이다.

학습조직 구축요인

Watkins와 Marsick(1996)은 <그림 2>와 같이 학습조직 구축요인으로 지속적인 학습 기회 제공(continuous learning), 대화와 탐구 촉진(inquiry and dialogue), 팀 단위 조직학습화(team learning), 자율적 임파워먼트 (empowerment), 지식의 조직 체계화(embedded system), 조직과 환경연계(system connection), 전략적 리더십(strategic leadership)을 들고 있다. 그들은 개인, 팀, 조직 간 관계와 학습이 포함된 하부구조로 팀의 본질과 학습조직을 개인의 집합과 조직으로 묘사하고 있다.

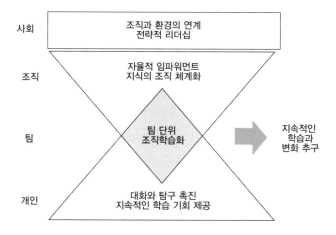

〈그림 2〉 학습조직 모형

출처: Yang, Watkins, & Marsick(2004). The Construct of the learning organization. 15(1), 14.

Watkins와 Marsick(1996)은 학습조직 구축 일곱 가지 요인을 사람 차원 (people level) 및 구조 차원(structure level)으로 구분하였다. 사람 차원에는 지속적인 학습 기회 제공, 대화와 탐구 촉진, 팀 단위 조직 학습화, 자율적 임파워먼트의 네 가지 요인이다. 구조 차원에는 조직과 환경연계, 지식의 조직 체계화, 전략적 리더십의 세 가지 요인이 있다. 이들 두 차원과 일곱 개의 요인은 개인, 팀 및 조직 수준에서 학습조직을 위해 독립적이면서 상호연관되어 영향을 준다. 이와 같은 학습조직 모형을 근거로 하여 Watkins 와 Marsick(1996)은 학습조직 개념을 지속적인 학습과 변화를 창출할 수 있도록 사람 차원과 구조 차원을 통합시키는 역량을 갖춘 조직이라고 포괄적으로 정의하였다.

학습조직의 일곱 가지 요인 중 '지속적인 학습기회 제공' 요인은 직원 모두에게 지속적 학습 기회를 제공하는 조직의 노력을 의미한다. 직무 안에서 학습이 계획되고 직원은 직무 현장에서 학습할 수 있다. '대화와 탐구 촉진'

요인은 표면적인 현상의 근본 원인에 관하여 탐구하는 자세를 갖고 서로에게 솔직한 피드백을 자유롭고 공개적으로 주고받으며 타인의 의견을 주의 깊게 경청하는 등의 조직문화를 만드는 조직의 노력을 말한다. '팀 단위 조직 학습화' 요인은 팀의 효과적 운영을 가능하게 하는 기술이나 팀 정신을 의미한다. '자율적 임파워먼트' 요인은 공동의 비전을 만들고 모든 직원이 이를 공유하도록 하며 직원이 갖는 비전과 현실의 인식 차이를 파악하는 조직 내 프로세스를 의미한다. '지식의 조직 체계화'는 조직 내 학습을 공유하고 파악할 수 있는 체계를 말한다. '조직과 환경연계'는 조직 내외의 다양한 채널과 환경을 올바르게 인식하고 관련된 역할을 찾는 것을 의미한다. '전략적 리더십'은 조직 내에 변화를 만들어 내고 조직의 미래에 대하여 전략 판단을 할 수 있도록 학습 환경을 만들어내는 리더의 역할을 의미한다. 따라서, 학습조직은 개인, 팀, 조직 수준과 사람 차원과 구조 차원에서 지속적인 학습 및 지식을 생성하고 공유하고 저장할 수 있어야 한다.

학습조직 진단 도구

Watkins와 Marsick(1993)은 통합적 학습모델을 토대로 학습조직의 활성화 정도를 측정하기 위해 DLOQ(dimensions of learning organization questionnaire)를 개발하였다. DLOQ는 학습조직의 통합적인 개념 틀을 제공하면서 개인과 팀, 조직 차원뿐만 아니라 사회 차원까지 범위로 확대하여 진단하는 것뿐만 아니라 학습조직 정도를 일곱 개의 요인에서 진단할 수 있는 특징이 있다(송영선, 2008). 또한, DLOQ는 학습조직의 주요 조건, 학습조직 변화과정과 그 성과에 대한 체계적 진단이 가능하며, 이미 다수의 기업에서 진단 및 컨설팅으로 활용되고 있다. DLOQ는 일곱 가지 변인을 측정할 수 있는 문항과 재정적인 성과와 지식성과를 측정할 수 있는 문항으로

구성되었다. <표 3>은 학습조직의 두 가지 차원에 따른 세 가지 수준과
일곱 개의 요인을 정리한 것이다.

〈표 3〉 학습조직의 두 가지 수준에 따른 세 가지 차원과 일곱 가지 변인

차원	수준	요인	핵심질문
사람차원	개인	지속적인 학습 기회 제공	계속적으로 학습기회가 창출되는가?
	개인	대화와 탐구 촉진	대화와 탐구가 촉진되고 있는가?
	팀	팀 단위 조직학습화	팀 단위의 학습이 조직화 되어 있는가?
	조직	자율적 임파워먼트	공동의 비전을 달성하기 위하여 임파워먼트가 되어 있는가?
구조차원	조직	지식의 내재적 체계화	조직에서 학습을 공유하고 찾아내는 시스템이 구축되어 있는가?
	조직	내외 환경의 연계	조직과 환경이 적절하게 연계되어 있는가?
	조직	전략적 리더십	학습을 위한 리더십은 전략적인가?

　　Marsick과 Watkins는 학습조직을 구성하는 전체를 기본적인 인프라와 다
양한 운영 및 행위 시스템, 인프라와 시스템이 기본가정이 되는 문화의 영
역으로 구분하였다(김영생, 장영철, 2005). 학습조직 영역으로서 '인프라'는
학습조직을 구축하고 실천하는 데 필수 요소로 학습을 위한 시간, 필요한
자원의 배분 등이 해당된다. 학습에 가장 기본적인 지원체계가 이루어질 때
다양한 수준에서 학습할 수 있다. '시스템'은 체계화된 행동 체계로 인간관
계를 결정하고 그것에 의해 형성되는 인간 행위의 패턴이다. 시스템에는 팀
학습에 사용되는 팀 회의나 팀 논의 등이 해당한다. 팀 회의 방식과 의견교
환 방식은 단순한 행동의 연속이 아닌 체계화된 인간관계의 학습 결과다.
'문화'는 좀 더 포괄적인 개념이다. 인프라와 시스템이 근거하고 있는 가치
와 기본가정이 문화 속에 존재하는 것이다. 학습조직의 세 가지 차원과 세
가지 영역에 따른 해당 요인들을 도표화하면 <표 4>와 같다.

〈표 4〉 학습조직의 세 가지 수준과 세 가지 영역에 따른 요인

수준＼영역	인프라	시스템	문화
개인	· 학습 기회 보장	· 학습방식 · 자유로운 토의 및 참여	· 협력성 · 문제를 학습 기회로 인식 · 질문격려 및 존중
팀	· 팀 제안, 토론, 연구 활동 체제구축 · 팀 업무 개선 기여 인정 및 보상	· 팀 학습 및 기회 제공 · 팀 문제해결 권한 부여	· 팀에 대한 공정한 문화
조직	· 금전적/비금전적 학습 지원 보상 · 쌍방향 소통 · 인적자원 관리체계 · 성과관리 · 훈련결과 및 평가시스템 · 업무 전문성역량 강화	· 관리자 리더십 · 정보제공 및 공유 · 제안 존중 및 결정 권한 부여 · 위험 감수와 협력 분위기 부여 · 임파워먼트	· 연구 및 학습활동 존중 · 목표 및 비전 공유 · 삶과 일의 조화 · 벽 없는 문화

결과적으로 개인, 팀, 조직 수준에서 다양한 학습이 일어남으로써 전통적인 학습과 달리, 일과 삶이 융합되는 과정에서 학습, 새로운 지식의 창출, 혁신, 성과로 이어지는 선순환이 일어날 수 있도록 치밀한 설계가 필요하다. 이처럼 DLOQ는 학습조직의 통합적인 개념적 틀을 제공하면서, 개인·팀·조직 수준과 나아가서는 사회까지를 범위로 구분하여 진단하는 과정을 설명하고 있다는 점과 조직의 학습화 정도를 일곱 가지 변인에서 어떤 수준과 어떤 영역에서 어떤 문제가 있는지를 정확하게 밝힐 수 있다는 데에 강점이 있다.

학습조직 수준별 역량

◆ 개인 수준: 학습 민첩성
학습 민첩성은 경험으로부터 터득한 학습 의지 및 능력으로, 처음으로 직

면한 환경에서도 빠르게 배우고, 생각과 행동을 유연하게 변화시켜 나갈 수 있는 역량을 말한다. 학습 민첩성이 높은 직원은 적극적으로 자기 자신을 노출하고, 자기 계발을 위하여 도전적인 목표를 끊임없이 설정하고, 학습하는 과정에서 자기성찰뿐만 아니라 다른 사람의 피드백을 지속해서 요구한다. 또한, 학습 능력이 뛰어난 직원은 학습을 통해 다른 직원의 비난에서 벗어나고, 자신의 약점을 극복하며, 타인에게 의존하지 않으려는 경향이 있다. 따라서, 학습 민첩성은 학습조직 구축을 위한 직원 수준의 디지털 전환 역량으로 적합하다.

◆ 팀 수준: 집단지성

집단지성(collective intelligence)은 다양한 직원이 함께 성과를 내는 팀에서 복잡한 문제를 해결하는 대안이다. 집단지성 수준이 낮으면 정보의 신뢰와 생산된 정보가 새로운 지식 창출로 이어질 것인가에 대한 비판이 제기되지만, 학습 수단으로 활용되는 것은 사실이다(민병원, 2005). 즉, 집단지성은 직원이 체험한 지식을 합하는 과정을 통해 직원이나 팀이 가진 문제를 해결하거나 문제해결의 가능성을 가지는 과정이며, 팀 내의 직원이 지식을 모아가는 과정이다(김경숙, 2012). 집단지성은 다양한 관점을 가진 직원이 대화를 통해 고차원적이고 창의적인 결과물을 도출해 내기 때문에(Atlee, 2003), 일상 업무 활동 속에서 직원이 적극적으로 학습에 참여하고, 직원이 가지고 있는 지식과 기술을 공유하며 조직 전체가 끊임없는 변화를 일으켜 나가는 학습조직과도 맥을 같이 하고 있다. 따라서, 집단지성은 학습조직 구축을 위한 팀 수준의 디지털 전환 역량으로 적합하다.

◆ 조직 수준: 조직회복 탄력성

조직회복 탄력성은 복잡하고 불안정한 환경에서 조직이 잘 대응하는 데 필요한 가장 중요한 능력이다. 조직회복 탄력성은 위기 시 기대되는 수행 수준으로 빠르게 회복하는 것뿐만 아니라, 새로운 역량 개발, 새로운 기회를 창출하는 확장된 능력 개발을 포함한다. 조직회복 탄력성은 조직의 전체 운영 환경에 대한 이해와 지각하는 역량으로 조직이 위기 시에도 안정적인 프로세스를 제공하고 견고하게 대응한다. 따라서, 조직회복 탄력성은 의사결정 과정에 참여하고 강화된 권한과 능력을 갖추고 창의적인 해결책을 만들어 내기 때문에, 학습조직 구축을 위한 조직 수준의 디지털 전환 역량으로 적합하다.

학습조직 구축을 위한 제언

디지털 전환 시대에 조직의 경쟁력을 강화하기 위해서는 개인, 팀, 조직 수준부터 시스템, 인프라, 문화 영역까지 시스템을 구축해야 한다. 이 논고에서는 한 가지 대안으로 개인, 팀, 조직 수준에서 학습이 지속적으로 이루어지는 조직의 학습조직화를 제안하였다. 학습조직의 중심개념에는 끊임없는 학습, 학습 수준, 지속적인 변화, 직원과 조직의 학습 환경 제공, 성과 창출, 환경의 적응 등이 있다. 학습조직 구축을 통해 직원을 위한 학습 기회를 제공하거나 팀 학습을 통한 성과 창출, 아이디어 및 문제해결 공모제안, 성과에 대한 적절한 인정과 보상, 예비 리더로서 핵심 인재를 육성하게 된다. 디지털 전환 시대에 학습조직 구축을 위해 몇 가지 제언하면 다음과 같다.

첫째, 조직은 창의성을 발휘할 수 있는 근무환경을 조성해야 한다. 창의성은 직원의 다양성이 존중되고, 일할 수 있는 여건과 환경이 주어질 때 조직 차원까지 이어진다(송영선, 김정민, 2021). 근무환경은 직원의 주의 및 몰입과 인지적 에너지를 새롭고 유용한 아이디어를 생산하는 방향으로 전환되어 창의적 성과를 촉진하게 한다(Shalley 1991). 또한, 창의성은 조직에 의해 존중되고 지지된다고 인식될 때 발휘된다(Scott & Bruce 1994). 창의성이 발현되기 위해서는 전문적 지식(expertise), 창의적 사고능력(creative thinking skills), 동기 수준(motivation) 요인이 유기적으로 연결되었을 때 가능하다(Amabile, 1998). 따라서, 개인 창의성에 대한 성격 및 환경적 결정요인을 확인하여 그 구성 요인을 문제해결 과정과 연계할 수 있는 문화를 조성해야 한다. 창의성은 개인이 처해 있는 업무환경인 직무특성, 직무환경, 동료와 상사와의 관계와 관련된 환경 특성에 의해 영향을 받기 때문이다(Shalley et al., 2004).

둘째, 신기술에 대한 동향과 정보를 빠르게 습득하고 이해해야 한다. 디지털 전환으로 인해 리더는 가속화된 재택근무, 수시 채용, AI 면접, 화상교육, 상시 평가 등의 새로운 근무 형태에 대응하기 위해 쏟아져 나오는 새로운 기기, 각종 플랫폼 등의 first mover와 early adapter가 되어야 한다. 또한, 새로운 경영환경과 신기술을 업무에 적용하기 위해 직원은 지속적으로 학습해야 한다. 예를 들면, zoom 등을 다양하게 활용한 학습과 회의 클럽하우스를 통한 교류, 유튜브 강좌, 온라인 독서클럽 등 플랫폼을 활용하는 것이다.

셋째, 수평적 조직문화가 조성되어야 한다. 직원이 조직 내에서 일의 의미를 느끼는 전제조건은 수평적 조직문화이다. 수평적 조직문화는 직원 간 의견을 자유롭게 공유할 수 있는 심리적 안정감이 필수이다. 심리적 안정감을 느낀 직원은 자신의 성장을 위해 업무에 의무를 부여하며 끊임없이 노력하게 된다. 또한, 조직 내 현상을 들여다보며 'Why?'에 대해 자유롭게 논의할 수 있는 여건 역시 필요하다. 그 논의 과정은 직원이 업무에 관한 관심을 유발해 일에 대해 의미 부여를 하는 과정이 된다. 특히, 수평적 조직문화는 직원 간의 소통을 통해 지식과 정보를 공유하는 것이 문화로 형성되어 조직의 발전으로 이어질 수 있다.

넷째, 직원의 다양성이 집단지성까지 발전되는 인적자원 관리가 되어야 한다. 다양성이 중요한 이유는 다양한 아이디어 및 관점의 원천을 제공하기 때문이다. 최근 다양성은 포용과 함께 '다양성과 포용(diversity & inclusion)'이라는 용어로 통합되어 사용되고 있다. 직원의 다양성이 갖는 긍정적 가치는 차이에 대한 포용적 분위기와 유연한 조직문화를 조성하는 수준 높은 인적자원 활동까지 요구된다. 다양성이 높은 조직일수록 다양한 정보와 경험을 제공하고, 문제를 바라보는 새로운 관점을 부여한다. 채용부터 평가와 보상, 육성, 배치, 승진 및 이직 관리 등에 이른 제반 관행과 제도를 다양성이라는 관점에서 바라보는 것이다. 사회적 관심사인 일–생활 균형(work–life balance), 적극적 고용개선과 여성 인력 확보, 모성보호와 유연근무제 역시 다양성이라는 관점에서 해석되고 수용될 때 집단지성으로 작용할 수 있다.

다섯째, 개인뿐만 아니라 조직 차원까지 회복탄력성 역량을 높이기 위한 노력이 요구된다. 회복탄력성은 조직 신뢰에도 긍정적인 영향을 미치며(백유성, 2018), 이는 회복탄력성이 높은 직원일수록 자신이 속한 조직을 긍정적으로 생각하고 따른다는 것을 의미한다(백유성, 장영희, 김유정, 2017). 회복탄력성이 높은 리더를 조직 단위의 역량으로 체계화하기 위해서는 구체적으로 전략을 짜고, 올바른 접근법으로 접근하여 훨씬 많은 가치와 긍정적, 사회적 영향을 창출하는 기회로 전환해야 한다(Renjen, 2020). 이를 위해 변화하는 상황 속에서 직원은 변화된 상황인식뿐만 아니라 정확한 자기 인식과 성찰을 해야 한다. 또한, 조직문화 내 세대 갈등을 해결하기 위해 자신을 스스로 성찰하도록 만드는 프로그램부터 심리적인 탈진, 불안 진단 및 명상, 심리 조절 프로그램 등의 불필요한 불안 심리에 빠지지 않기 위해 자신을 돌아보고 경계할 수 있도록 팀 또는 조직 차원까지 역량을 높여야 한다. 더 나아가 직원의 회복탄력성을 지속해서 유지하는 심리 자원, 메타능력, 효능감을 통합하는 방안을 제공해야 한다.

여섯째, 직원이 팀 학습하는 과정에서 비전을 공유할 수 있는 장치가 마련되어야 한다. 개인학습을 조직학습으로 연결하는 성패는 개인학습 경험을 다른 직원과 어느 정도 공유하느냐에 달려있다(Senge, 1990). 비전은 직원이 팀 학습을 해야 하는지에 대한 이유부터 팀 학습의 목표와 과업을 명료하게 해주는 지침이 된다. 따라서, 팀 학습에 대한 기준 설정과 진단, 더 나아가 원하는 이상과 실제 모습 간의 불일치된 간격을 줄이기 위한 모니터링이 지속해서 이루어져야 한다.

일곱째, 팀 학습이 제도화되고 활동할 수 있는 행정적 지원을 제공해야 한다. 팀 내에서 관계를 중시하고 팀원과의 경험을 공유하며 협력하는 것은 팀 성공의 핵심 요인이다. 또한 학습은 직원 간 지식의 이동이 전제되며, 공유와 확산을 통해 개인 및 조직의 효과성 제고를 목표로 한다(Gupta & Govindarajan, 1991). 팀 학습은 팀에 의해 새롭게 구축된 지식의 집합체로써, 지식을 구축하는 팀의 사회적 맥락과 그 과정으로서 직원 간의 상호작용이다(Brooks, 1994). 직원은 팀 학습을 통해 성찰과 탐구의 기회를 얻게 되며, 팀 학습은 비공식적인 네트워크의 임무를 수행하게 되는 매개 역할을 하게 된다. 팀 학습은 개인이 해결할 수 없는 복잡한 문제나 조직의 핵심 문제를 해결하도록 직원의 아이디어를 받아들이고 해결책을 찾아내는 데 효과가 있기 때문이다. 따라서, 리더는 팀 학습을 활성화하는 데 방해가 되는 장애 요인을 제거하고 성공 요인을 발굴하고 확산해야 한다.

참고문헌

김경숙 (2012). 성인학습자 온라인 학습공동체 활동에 나타난 집단지성 연구. 박사학위
    논문. 아주대학교 대학원

김영생, 장영철 (2005). 학습조직으로서 직장 내 평생학습체제가 조직성과 개선에 미치
    는 영향에 관한 연구: DLOQ를 활용한 유한 킴벌리에 대한 학습조직 차원의
    평가와 케이스 분석을 중심으로. 서울: 뉴패러다임 센터.

김종철, 고영희 (2020). 디지털 트랜스포메이션 성공요인 우선순위에 대한 기업과 정부의
    인식차이 연구. *Korea Business Review, 24*(3), 105-124.

김준연, 박강민, 강송희, 조원영, 유재흥 (2018). 디지털 신산업의 혁신 생태계 연구. 소
    프트웨어정책연구소.

민병원 (2005). 복잡계로 풀어내는 국제정치. SERI연구에세이(28). 서울: 삼성경제연구
    소.

백유성 (2018). 회복 탄력성, 조직몰입, 조직신뢰 간의 구조적 관계. *대한경영학회지
    31*(8), 대한경영학회, 1573-1587.

백유성, 장영희, 김유정 (2017). 회복 탄력성이 직무 스트레스에 미치는 영향: BWF의 매
    개효과를 중심으로. *경영교육연구 32*(3), 1-19.

송영선 (2008). 조직문화 유형과 학습조직 수준이 조직효과성에 미치는 영향. 박사학위
    논문. 중앙대학교 대학원.

송영선 (2020a). 중소기업의 학습조직 수준과 조직몰입 관계: 변화지지행동의 매개효과와
    상사 신뢰 및 자기효능감의 조절효과. *중소기업정책연구(여름호)*, 125-158.

송영선 (2020b). 진정성 리더십과 조직몰입 관계에서 팀 학습의 매개효과와 회복 탄력성
    의 조절효과. *역량개발학습연구, 15*(3), 205-232.

송영선, 김정민 (2016). 중소기업의 조직문화가 조직몰입에 미치는 영향: 학습조직 사람
    수준과 구조수준의 매개효과. *역량개발학습연구, 11*(4), 77-103.

송영선, 김정민 (2018). 중소기업 진정성 리더십이 학습조직에 미치는 영향 관계에서 긍
    정심리자본의 매개효과. *학습자중심교과교육연구 18*(15), 335-360.

송영선, 김정민 (2021). 중소기업의 다양성과 문제해결 능력 관계에서 창의성의 매개효과. *문화와 융합*, *43*(8), 729-753.

송영선, 이희수 (2009). 조직문화 유형 및 학습조직 수준과 조직효과성과의 관계. *HRD연구*, *11*(2), 115-151.

송영선, 이희수(2013). 평생교육 기관의 학습조직화를 위한 구성원의 다문화 탐색: 무형식 학습과 집단지성의 연계를 중심으로. *평생학습사회*, *9*(2), 1-22.

윤영득 (2020). 4차 산업혁명 시대의 기술혁신, 탈중앙 그리고 창조성. *문화산업연구*, *20*(3), 23-33.

임창현, 위영은, 이효선 (2017). 학습민첩성(Learning Agility) 측정도구 개발 연구. *HRD연구*, *19*(2), 81-108.

현영섭, 김준희 (2005). 기업체의 학습조직 구축요인과 학습전이 간의 관계: 학습조직 구축요인의 위계적 관계를 가정한 모형을 중심으로. *한국교육학연구*, *11*(1), 171-196.

Amabile, T. M. (1998). *How to kill creativity*. Harvard Business Review, 76(5), 77-87.

Argyris, C., & Schön, D. (1996). *Organizational Learning II: Theory, Method and Practice*. MA: Addison-Wesley.

Atlee, T. (2003). T*he Tao of democracy: Using co-intelligence to create a world that works for all. Cranston*. RI: The Writers' Collective.

Brooks, A. K. (1994). Power and the production of knowledge: Collective team learning in work orientations. *Human Resource Development Quarterly, 5*(3), 213-235.

Dewey, J. (1933). *How we think: a restatement of the relation of reflective thinking to the educative process*. Boston: Health and Company.

Garvin, D. A., (1993). 살아있는 학습조직[Learning in action: a Guide to putting the learning   Organization to Work]. (유영만 역). 서울: 세종서적.

Gupta, A. K., & Govindarajan, V. (1991). Knowledge flows and the structure of control within multinational corporations. *Academy of Management Review, 16*(4), 768-792.

Hult, G., & Ferrell, O. (1997). Global organizational learning capacity in purchasing: Construct and measurement. *Journal of Business Research*, *40*(2), 97-111.

Pedler, M., Burgoyne, J., & Boydell, T. (1991). *The learning company: A strategy for sustainable development*. London, UK: McGraw-Hill.

Renjen, P. (2020). *The heart of resilient leadership: responding to COVID-19*. Deloitte Insights.

Schein, E. H. (1985) Three culture of management: Key to organizational learning. *Sloan Management Review, 38*(1), 9-20.

Schwab, K. (2016). 제4차 산업혁명[The Fourth Industrial Revolution], (송경진 역), 서울: 메가스터디북스. (원전은 2016에 출판).

Senge, P. M. (1990). *The Fifth Discipline: The art and practice of the learning organization*. NY: Double day.

Shalley, C. E. (1991). Effects of productivity goals, creativity goals, and personal discretion on individual creativity. J*ournal of Applied Psychology*, 76(2), 179-185.

Watkins, K. E., & Marsick, V. J. (1993). *Sculpting the learning organization: Lessons in the art and science of systemic change*. San Francisco. CA: Jossey-Bass.

Watkins, K. E., & Marsick, V. J. (1996). Creating the learning organization. *in action Series, 1*(1), VA: ASTD.

Yang, B., Watkins, K. E., & Marsick, V. J. (2004). *7he construct of the learning organization: dimensions, measurement, and validation*. 15(1), 31-55.

한국기업 여성관리자의 경력성공과 경력장벽 및 극복방안에 관한 연구

박지원(jwpark5252@koreatech.ac.kr), 유지은(jyou@valdosta.edu), 조연주(ycho@uttyler.edu)

박지원은 현재 한국기술교육대학교 HRD학과와 테크노인력개발전문대학원 인력개발학과 부교수로 재직중이다. 미국 펜실베니아 주립대학교에서 Workforce Education and Development 전공으로 박사학위를 취득하였다. 연구 관심분야는 경력개발, 리더십, 직원몰입, 직업능력개발 등이다.

유지은은 미국 오하이오주립대학교에서 Workforce Development and Education 전공으로 박사학위를 취득하였다. 현재 Valdosta State University의 Leadership, Technology, and Workforce Development 학과의 조교수로 재직중이다. 연구 관심분야는 조직학습, 여성 리더십 및 경력개발, 일의 의미, 사회자본 및 관계망 등이다.

조연주는 현재 University of Texas at Tyler의 HRD학과 교수로 재직 중이고 Human Resource Development Review 편집장으로 재직 중이다. 한국통신과 KAIST 테크노경영대학원에서 경력을 쌓았고, UT Tyler 전에는 Indiana University (Bloomington) 교육공학과 교수를 역임하였다. 연구분야는 action learning, 여성리더십, 질적 연구 등이고 관련 분야 세 권의 저서를 출판하였다. AHRD 학회 board member (2016-2018)를 역임하였고 5개 국제 저널(ADHR, EJTD, HRDI, HRDQ, Action Learning: Research and Practice, Asian Women)의 editorial board member이기도 하다.

* 이 글은 연구자들이 지난 2014년부터 진행했던 여성관리자 대상 6편의 연구에서 활용한 인터뷰 자료를 재분석하여 작성한 것임.

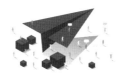

한국기업 여성관리자의 경력성공과
경력장벽 및 극복방안에 관한 연구

박지원, 유지은, 조연주

서론

최근 불안정한 고용환경으로 인해 평생직장의 개념이 사라지고 평생직업으로 일에 대한 인식이 변화되었으며 이에 따라 조직 근로자들은 변화된 환경에 맞춰 스스로 경력의 방향을 설정하고 내적 가치에 따라 개인이 주도적으로 경력개발을 위해 힘쓰고 있다(Briscoe & Hall, 2006). 이처럼 업무수행 및 경력개발의 방향 수립에 있어 개인의 내적 동기 및 내재적 가치가 중요해짐에 따라, 개인이 일과 경력에서 성공한 정도를 판단하는 데 있어서 조직 내 직급의 상승, 임금, 보상 등 객관적 기준보다는 개인이 인식하는 경력에 대한 심리적 만족감과 성취감, 행복이 더욱 중요한 요인으로 자리잡고 있다(Akkermans & Kubasch, 2017).

경력(career)은 개인의 생애 전반에 걸쳐 일과 관련하여 갖는 총체적 경험을 의미하는 것(Greenhaus, 1988)으로 개인이 일에서 경험하는 일정한 패턴과 이러한 경험에 대한 주관적 인식을 탐구하는 것은 조직에서 구성원 개인의 맞춤화된 경력개발 지원의 방향을 수립하고 경력유지의 걸림돌이 되는 다양한 장애요인을 제거하는데 매우 중요한 정보가 될 수 있다. 특히 우리나라 여성관리자의 경우, 경력개발에 있어 경력단절을 포함한 다양한 어려움을 겪고 있다. 과거에 비해 여성 교육기회의 확대, 여성근로자에 대한 인식의 변화, 여성의 권리와 지위에 대한 인식 확장으로 세계적으로 여성고용률은 크게 증가하는 추세에 있으나, 우리나라의 경우 상대적으로 크게 개선되지 못하고 있는 실정이다. 예를 들면, 2021년 우리나라 여성의 경제활동 참가율은 60.0%로 경제협력개발기구(OECD) 37개 회원국 가운데 33위이며, 여성 고용률은 57.8%로 31위를 기록하였다. 여성의 경제활동 참여를 제약하는 가장 큰 요인으로 65%가 육아 및 가사부담으로 나타나(통계청, 2021) 여성이 육아와 가사부담으로 인해 노동시장에서 방출되는 경력단절 현상을 해소하기 위한 다양한 노력이 요구된다.

경력장벽(career challenges)은 경력과 관련된 여러 경험들을 수행하는 과정에서 개인의 경력선택, 동기 및 목표, 포부 등에 영향을 미치거나 역할에 따른 행동을 저해하는 부정적 사건이나 상황을 의미한다(윤지혜, 김명옥, 2020). 이러한 장벽은 개인특성, 직무특성, 상사특성, 조직특성 그리고 사회특성 등 다양한 차원에서 발생할 수 있으며, 따라서, 이러한 문제 해결을 돕고 개인의 경력유지 및 개발을 지원하기 위해서는 근로자 개인 특성뿐 아니라, 근로자를 둘러싼 상황적, 문화적 맥락을 고려한 다양한 차원에서 지원방안이 검토되어야 한다(Higgins, 2001). 앞서 기술한 바와 같이 여성관리자의 경우, 육아와 가사에 따른 다중역할로부터 발생하는 갈등과 어려움이 경력장벽으로 크게 작용함에도 불구하고, 현재 경력연구(career research) 분야에서 "성별 차이(gender)"와 "일과 삶의 균형(work−life balance)"이 미치는 긍정적 또는 부정적 영향에 대한 면밀한 검토가 수행되지 못하였다(Kossek, Perrigino, & Rock, 2021). 따라서, 현재 근로자의 경력개발과 관련된 문제를 개선하기 위해 기업과 정부에서 다양한 투자와 정책이 확대되고 있지만, 여전히 조직내 여성관리자가 겪는 경력개발에 대한 어려움 중 일과 삶의 균형 문제가 두드러지게 나타나 이에 대한 보다 면밀한 탐색이 필요하다.

이에 본 연구는 우리나라 기업에 근무하는 여성관리자가 인식하는 경력성공의 의미와 경력장벽 요소들을 탐색하고, 이러한 경력과정에서 여성들이 겪는 어려움을 제거하고 경력성공을 이루기 위해 필요한 다양한 차원의 극복 전략에 대해 탐색해 보고자 한다. 이를 위해 최근 7년 동안 111명의 국내 기업의 여성관리자를 대상으로 진행된 질적 연구의 인터뷰 자료를 재분석하여 2차 자료로 활용, 분석했으며 구체적인 문제제기는 다음과 같다. 첫째, 여성관리자가 인식하는 주관적 경력성공의 의미는 무엇인가? 둘째, 여성관리자가 경험하고 있는 경력장벽은 무엇인가? 셋째, 여성관리자가 경험하고 있는 경력장벽을 해소하고 경력성공을 달성하기 위한 개인 및 가정, 조직, 정부 및 사회적 차원에서의 경력개발 전략은 무엇인가?

이론적 배경

본 장에서는 우리나라 여성관리자의 주관적 경력성공의 의미, 경력장벽, 경력장벽 극복을 위한 개인 및 조직차원의 극복전략을 탐색하기에 앞서 관련된 선행연구에서 논의된 주요 내용을 살펴보았다. 크게 주관적 경력성공, 경력장벽, 경력장벽의 극복전략 세 부문으로 나누어 정리하였다.

◆ 주관적 경력성공(Subjective Career Success)

개인의 가치가 다양해지고 조직 간의 이동이 자유로워짐에 따라 스스로 판단할 수 있는 내재화된 욕구나 목표가 경력성공의 평가대상이 되고 있다 (Hall, 2002). 특히 과거에 강조되었던 보상, 승진, 지위와 같은 객관적 경력성공의 기준보다는, 개인적으로 의미있는 경력의 성과를 달성하기 위한 개인의 내적인 인식과 성공에 대한 주관적인 판단이 중요하게 작용하고 있다

(Shockley et al., 2016). 우리나라 기업 근로자 126명을 대상으로 경력성공 인식에 대해 설문조사를 실시하고 이를 토픽모델링 분석한 결과 경력성공은 크게 사회적 인정, 조직내 근속, 전문성, 경제적 보상, 개인적 의미추구 등 다섯 가지로 인식하는 것으로 나타났다(이재은, 채충일, 2019). 이처럼 주관적 경력성공의 의미는 직무만족이나 경력만족 등과 같은 개인의 심리적 만족감뿐 아니라, 경력목표에 대한 자기평가, 동료와의 비교 등 개인의 동기부여 수준과 일−삶의 균형과 삶의 만족 등 개인 삶의 영역까지 다차원적인 개념으로 확대되고 있다.

주관적 경력성공의 개념이 복합적이고 다차원적인 이유는 개인이 속해 있는 조직의 문화에서부터 직업군이 갖는 특성 그리고 국가 차원의 문화적 특성까지 개인이 인식하는 경력은 다양한 맥락 안에서 형성된 것이기 때문이다(Briscoe et al., 2012). 예를 들어, Chiang와 Birtch(2005)의 경력성공의 의미와 국가별 차이를 살펴본 연구에 따르면, 영국, 캐나다, 홍콩 등 남성적 성향이 뚜렷한 문화권에서는 핀란드와 같이 여성적 성향이 강한 문화권보다 경력성공에 있어 경제적 차원을 더욱 중요시하는 것으로 나타났다. 이처럼 경력성공의 준거에 있어서 문화권, 직군, 산업별 등 차이를 본격적으로 규명하고자 하는 연구도 실시되고 있다. 글로벌 경력연구자 모임인 5C(The Collaboration for the Cross−Cultural Study of Contemporary Career)는 다양한 문화권을 포괄하는 글로벌 차원의 광범위한 경력성공의 개념을 재정립하여 문화권별 차이를 규명하고자 영어문화권, 서유럽문화권, 동유럽문화권, 유교문화권, 아프리카/중동문화권, 라틴아메리카문화권 등 여러 문화권 나라를 대상으로 연구를 진행하였다(Briscoe et al., 2012). 이 중에서 한국 근로자를 대상으로 실시된 연구결과를 살펴보면, 주관적 경력성공의 개념은 크게 학습/경험, 관계/인정, 사회적 도움, 경제적 안정, 일과 삶의 균형, 부의 축척, 자아실현, 평생직장, 사회적 지위, 행복/즐거움, 자기기업 등 11가지 준거로 나누어졌으며, 이러한 각 준거별 중요성에 대한 인식은 개인의 다양한 특성(예: 나이, 성별, 학력 등)이 영향을 주는 것으로 나타났다(김나

정, 차종석, 2014). 구체적으로, 우리나라 여성 근로자들은 경력성공에 있어
서 경제적 안정, 일－삶의 균형, 평생직장, 행복/즐거움 등을 더 중요하게
인식하고 있는 반면, 남성 근로자들은 자기기업을 더 중요한 성공기준으로
인식하였다. Cho et al. (2017)의 연구에서 여성관리자들은 경력성공을 일
과 삶의 균형, 가족으로부터의 존경, 사회적 관계 등 경력성공의 의미를 개
인의 삶 전반과 폭넓게 연결하여 인식하는 반면, 남성관리자들은 성과달성,
인정, 승진, 직위상승 등 조직내 객관적 성공의 판단 준거와 유사하게 경력
성공을 인식하는 것으로 나타났다. 이러한 연구결과들은 개인이 소속된 집
단의 사회문화적 맥락과 함께 성별 차이와 같은 인적 특성들이 경력성공에
대한 개인의 내재적 가치와 인식에 영향을 미치기 때문이다(Cho et al.,
2017; Higgins, 2001).

◆ 경력장벽(Career Challenges)

남성과 여성의 경력성공의 정의에 있어서 인식의 차이가 존재하는 것처
럼, 남녀가 일에서 경험하는 경력장벽 또한 근본적인 차이를 보인다. 대체로
우리나라 여성들의 경우 결혼, 임신, 출산, 육아 등의 이유로 경력이 단절되
는 경향이 있으며, 이러한 이유로 한국 여성의 연령대별 고용패턴은 M자형
곡선을 그리고 있다(임희정, 이지은, 2017). 다시 말하면 직장과 가정에서
이중 역할을 병행하다 보니 20대 후반, 30대 초반에 결혼 및 출산으로 인해
직장을 그만두고 육아를 마친 40대 이후가 되어 다시 직장을 구하는 경력의
단절이 발생하게 되며, 이로 인해 지속적으로 경력을 개발하는 것 자체가
여전히 여성들에게는 도전적인 과제로 남아있다(우성미, 최명빈, 2018). 경
력단절의 경험과 경력몰입을 저하시키는 가정 내 여성의 성역할 강조는 여
성 근로자가 장기적 관점에서의 경력을 개발하기보다는 당장 어떤 직무를
수행할지에 더욱 초점을 두게 하고, 즉각적이고 내재적인 자기만족 중심으
로 경력개발이 이루어지게 한다. 지금까지 여성의 경력개발의 어려움을 밝
히기 위한 다양한 연구가 진행되어 왔는데 이러한 선행연구에서 나타난 여

성의 경력장벽은 크게 개인적 요인과 조직적 요인으로 나누어 볼 수 있다.

먼저 개인적 요인은 사회·문화적 성 고정관념과 편견으로 인해 여성 스스로 자기효능감과 기대감 등이 결여되는 심리적 요인을 말한다. 여성의 성 역할에 대한 기대와 리더에 대한 기대 사이의 역할 불일치로 인해 발생하는 부정적 평가에 대한 경험과 인식은 여성의 고위직 진출에 대한 열망이나 자신감 등을 약화시키고, 경력추구에 있어 자신의 역량과 능력을 충분히 발휘하지 못하게 만드는 것으로 보인다(이은형, 2015; Galinsky, 2015). 경력개발에 대한 도전의식 부족, 여성 스스로 목표의식 상실, 편안한 근무환경 선호 등 역시 여성의 고위직 진출을 저해하는 것으로 나타났다(오지현, 2017). 또한 경력단절과 같은 공백은 소속감의 부재, 공허감과 무기력, 미래에 대한 불안, 경력복귀에 대한 부담감 등 심리적 불안정을 야기하기도 한다(박랑규, 윤진영, 2020). 여성이 일차적 책임으로 되어있는 출산 및 육아, 가사에 따른 물리적 어려움의 경우 가사에 대한 여성의 의무는 가정과 직장의 갈등의 원인이 되어 왔고, 심리적인 스트레스와 소진(burnout)에도 영향을 미치는 것으로 나타나, 여성의 경력몰입과 개발을 위해서는 일-가정 균형을 위한 적극적 일-가정 양립지원과 제도가 요구되고 있다(Bilodeau et al., 2020; Cerrato & Cifre, 2018). 특히 자녀가 있는 여성의 경우 가족에게 요구되는 시간이 크게 증가함에 따라 일-가정 갈등의 남녀 차이가 나타났다(Shockley et al., 2017). 우리나라의 경우에도 직장여성 중 만 5세 이하의 자녀가 있는 여성은 육아로 인해 자신의 경력개발을 촉진시키는 데 많은 어려움을 느낀다고 보고하였다(이은형, 2015).

조직적 요인으로는 눈에 보이지 않는 장벽으로 존재하는 남성 중심적인 조직문화를 들 수 있다. 국내 기업이 갖는 장시간 노동, 회식, 위계질서, 군대식 문화, 집단주의(collectivism)와 같은 조직적 특성은 가사 및 자녀양육에 일차적 책임이 있는 여성 근로자에게 불리하게 작용하여 상위직급으로 나아갈 수 있는 여성의 승진기회가 박탈되고 임금의 격차를 크게 만든다(김수한, 신동은, 2014; Cho et al., 2016; Cho et al., 2017; Cho et al., 2019;

Cho et al. 2020; Cho et al., 2021; Kwon et al., 2020). 승진에 있어 남녀 차이에 대한 선행연구에서 남성 중심적 회사관행(36.7%), 여성의 조직에 대한 헌신도 부족(30.2%), 여성의 리더십 부족(25.8%), 여성에 대한 관리자들의 저평가(25.0%), 조직 내 여성에 대한 유리천장(6.0%) 등이 여성의 승진에 영향을 미치는 요인으로 보고되었다(김난주 등, 2015). 유리천장(glass ceiling)이라는 용어는 여성들이 승진과정에서 겪게 되는 보이지 않는 장벽이나 차별을 뜻하는 말로, 겉으로 보기에는 투명해 보이지만 막상 나아가면 더 이상 올라갈 수 없는 장벽이라는 의미로 사용된다(Catalyst, 1994). 2022년 영국 이코노미스트지가 발표한 "유리천장지수(Glass−Ceiling Index)"에서 OECD 29개 회원국 중 한국은 10년 연속 최하위를 기록하였으며, 2021년 세계경제포럼(WEF)의 성별차이지수(Gender Gap Index, GGI)에서도 156개 국가들 중에서 한국은 캄보디아와 같은 개발도상국과 비슷한 수준의 102위를 기록하였다(World Economic Forum, 2021). 이러한 결과는 여전히 우리나라의 성불평등 문제가 심각한 수준임을 보여주는 것으로, 조직차원에서도 이를 개선하기 위한 보다 적극적인 노력이 요구된다.

또한 조직 내 차별적인 직무와 이에 따라 발생되는 문제점들도 장벽으로 인식되었다. 구체적으로, 직무의 성별 분리는 여성들의 관리 경험의 부족과 네트워크 형성의 어려움을 야기하여 여성이 관리자로서 성공하기 어렵게 한다(이은형, 2015; Cho et al., 2016). 국내 여성공무원 대상으로 실시된 경력장벽과 직무 스트레스의 관계 연구에서 직무 적합성이 결여되고 상사의 지원 및 멘토링이 부족한 경우 직무 스트레스가 유의하게 높아지는 것으로 나타났다(홍혜승, 류은영, 2020). 또한 은행권 여성 임원의 고위직 진출 장애 요인에 관한 연구에서도 여성관리자를 단순 여성으로 바라보는 동료의 시선뿐 아니라 조직 내에서 멘토 역할을 수행할 여성 롤 모델의 부재가 경력장벽으로 나타났다(오지현, 2017). 따라서, 여성관리자의 경력개발을 위해서는 고위직급으로 올라가는데 필요한 다양한 직무 경험의 기회 제공과 네트워크 확장의 중요성이 강조된다.

◆ 경력장벽 극복전략(Coping Strategy)

그렇다면 여성의 경력개발에서 발생하는 어려움을 어떻게 극복할 수 있을까? 여성들이 겪는 경력장벽을 극복하기 위한 전략을 살펴보면, 대다수의 선행연구에서 여성들의 적극적이고 자기주도적인 경력개발 태도가 경력성공을 이끄는 특징적인 요소로 나타난다. 예를 들면, Cho et al. (2019)과 같이 한국의 다국적 기업 여성 CEO 대상으로 실시한 질적 연구에 따르면, 여성 CEO들은 경력개발전략으로 다양한 직무 경험과 리더십 교육훈련 참여, 전문가 협회 및 세미나 등을 통한 네트워크 확장, 멘토링 경험 등을 언급하였다. 오지현(2017)의 연구에서도 유사하게 교육참여, 학위 및 자격증 취득, 독서 및 다양한 경험을 통한 역량 확보, 조직 내 지지세력 확보를 위한 인적 네트워크 강화 등이 대표적인 경력개발 전략으로 나타났다. 여성의 경력성공과 영향요인들 간의 구조적 관계 연구에서도 여성의 다양한 업무 경험과 조직 내 네트워크는 현재 직무 및 경력의 만족 정도를 나타내는 주관적 경력성공에 긍정적인 영향을 주는 것으로 나타나(문세연, 2021), 인적 자본과 사회적 자본의 확충은 여성의 경력개발과 경력성공에 큰 영향을 주는 요인임을 알 수 있다.

그러나 여성 개인의 자기주도적인 경력태도 및 행동만으로 여성이 겪는 다양한 경력장벽을 극복하고 기대하는 경력성공을 이루는 데 한계가 있으므로 조직차원에서 여성의 경력개발 지원을 위한 적극적 개입이 필요하다. 선행연구에서 조직 내 멘토 유무, 여성친화적 근로자지원제도, 유연근무제도 등 조직의 여성친화적인 지원제도는 여성관리자의 주관적 경력성공에 주요한 긍정적 영향요인으로 나타났으며(우성미, 최명빈, 2018), 반대로 남성중심적 조직문화는 여성관리자의 주관적 경력성공 인식에 부정적인 영향을 주는 것으로 나타났다(임희정, 이지은, 2017). 또다른 연구에서는 조직 내 절차 공정성과 상호작용 공정성과 같은 조직풍토가 여성의 유리천장 지각효과를 완화시켰으며(박무규, 강숙영, 2020), 경력단절 여성 대상의 맞춤형 집단 상담 프로그램은 경력단절 여성의 자신감 회복 및 대인관계 능력향상에 있어 실질적인 효과가 있는 것으로 나타났다(박랑규, 윤진영, 2020). 이러한 연구 결과를 요약하면, 조직에서의 다양한 직무 경험 기회 제공, 경력상담 프로그램 제공, 가족친화적 제도 확대, 양성 평등의 조직풍토 및 문화개선 등의 조직적 노력은 여성 근로자가 겪는 경력의 어려움을 극복하고 경력성 공을 지원하는데 매우 중요한 요소임을 알 수 있다.

마지막으로, 여성의 경력개발 어려움을 극복하기 위한 경력개발 전략과 지원방안에 대해 다룬 국내 선행연구 중 사회적 차원의 시사점을 제공하는 연구는 비교적 부족한 것으로 보인다. 제한적으로 실시된 관련 연구를 살펴 보면, 우선 법률 및 정책적 개선이 필요함이 강조되었다. 즉 지금까지 정부 의 정책은 여성의 고용확대를 위한 "적극적 고용개선조치(Affirmative Action)"와 경력단절을 최소화하기 위한 "일－가정 양립 지원제도"에 많은 초점을 맞추어 왔으나, 여성이 조직에서 상위 직급까지 도달하지 못하는 경 력문제를 해소하기 위해서는 고용 문제에서 한발 더 나아가 "여성관리자비 율제" 등 보다 적극적으로 여성관리자 확대를 위한 조치가 필요하다(이은형, 2015; 한국여성정책연구원, 2020). 더불어 현재 시행되고 있는 다양한 정부 지원사업의 실효성이 미비한 원인에 대해서도 적극적 해결을 위한 학계와 정부의 연구와 노력이 필요하다.

요약하면, 지금까지 여성의 경력개발에 대한 연구는 여성 개인의 주도적 인 경력개발과 문제해결안 모색을 통해 경력 목표를 이룬 사례들에 대한 탐 색과 개인차원의 경력성공 또는 경력장벽인식의 영향요인에 대한 연구가 주 를 이루었다(Akkermans & Kubasch, 2017; Baruch & Sullivan, 2022). 반 면 상대적으로 개인중심의 경력개발의 패러다임으로 전환된 뉴커리어(new career) 시대에 회사에게 요구되는 조직적 경력개발 지원 방안과 정부 및 사 회적 차원의 필요한 제도와 시스템에 대한 연구는 다양하게 진행되지 못하 여 이 연구에서는 여성관리자의 경력장벽을 해소하는데 필요한 조직적, 그 리고 사회적 차원의 지원방안에 대해 함께 살펴보고자 한다.

연구방법

본 장에서는 연구자들이 지난 2014년부터 진행했던 여성관리자를 대상으로 한 6편의 연구에서 활용한 인터뷰 자료를 재분석하였다. 기존의 연구에서 국내에 위치한 대기업 및 다국적 기업에 재직 중인 여성관리자와 중소기업의 여성CEO를 대상으로 조직에서 여성의 경력개발에 관하여 묻는 인터뷰를 진행하였다. 이 연구에서는 위의 세 가지 연구문제에 응답하기 위하여, 기존의 인터뷰 자료를 취합하여 재분석을 진행하였다. 기존 연구의 자료들을 재분석하는 2차 분석은 새로운 연구문제를 가지고 기존의 연구에서 확인하지 않은 새로운 결과를 도출하고, 기존의 여러 연구에서 사용된 자료들을 취합하여 분석함으로써 자료의 수를 높여 연구의 신뢰도를 향상시킬 수 있다(Ruggiano & Perry, 2019). 특히, 본 연구는 기존의 연구자료들을 재분석함에 있어 방법의 엄격성(rigor)과 윤리성을 확보하고자 노력하였다. 본 연구의 자료분석을 담당한 연구자들의 경우 지난 6편의 연구에 모두 참여하지는 않았으며, 한 번의 연구를 제외하고는 동일한 연구에 참여한 것도 아니다. 이는 연구자들에게 연구자료에 대한 친밀성과 동시에 새로운 시각을 가질 수 있도록 함으로써 연구의 신뢰도를 높이도록 하였다(Cho et al., 2021b). 연구에 사용된 6편의 여성관리자들의 인터뷰 자료는 <표 1>과 같다. 이 연구는 지난 연구에서 수집한 총 117개의 인터뷰 자료 중에서 6명의 인터뷰 참가자들은 각기 다른 연구를 위해 2번 인터뷰에 참여하였으므로, 총 111명의 여성관리자들의 인터뷰 내용이 분석에 사용되었다. 인터뷰 참가자들은 인터뷰 당시에 국내 대기업 및 중소기업, 국내에 위치하고 있는 외국계 기업에 재직하고 있었다. 인터뷰 자료를 분석하기 위하여 이 연구는 질적자료 분석 프로그램인 NVivo를 사용하였으며, 분석 결과는 연구문제에 따라 총 3개의 주제, 즉 여성관리자가 인식하는 경력성공의 정의, 경력과정에서의 경력장벽과 극복방안, 여성의 경력개발을 위한 지원방안과 각 주제

에 해당하는 하위범주를 확인하였다. <표 2>는 3개의 주제 중 하나인 경
력과정에서의 어려움과 극복방안에 해당하는 하위 범주의 예이다.

〈표 1〉 인터뷰 참가자 현황

합계	연구 1 (Cho et al., 2015)	연구 2 (Cho et al., 2016)	연구 3 (Cho et al., 2017)	연구 4 (Cho et al., 2019)	연구5 (Cho et al., 2020)	연구 6 (Cho et al., 2021a)
117개 자료 (총 111명)	대기업 부장 이상	대기업 팀장 이상	대기업 및 외국계 기업 전무 이상	다국적기업 국내 대표	중소기업 대표	중소기업 대표

〈표 2〉 주제 및 하위 범주의 사례: 경력과정에서의 장벽과 극복방안

주제	범주	하위범주	내러티브 예시
경력과정에서의 장벽과 극복방안	경력장벽	개인	육아예요. 다 육아예요. 부장, 임원 정도 되어서 애들이 크면 중/고등학교, 대학이랑 이런 것들이 요즘은 다 엄마의 정보나, 엄마의 케어잖아요.
		조직	대기업에서는 아까도 이야기 했지만 남자들만의 세계가 더 강한 곳이에요 그런 틈에서 일하기가 뭔가 정보의 소외라던지 그런 부분은 어느 대기업이든지 느낄 수 있을 것 같아요
	극복방안	개인	눈에 보이지 않게 나만의 실력을 계속 쌓았던 거고, 회사 나와서 정말 열심히 일했죠. 열심히 일해서 성과로 보여지기까지는, 제가 권한이 없기 때문에
		가족의 지원	나는 시어머니가 있고 온전한 서포트를 해주기 때문에 한계없이 일할 수 있었고 그게 어떻게 보면 성과를 내고 그 다음에 리더로 갈 수 있는 밑바탕이 된 거예요
		네트워크	그러니까 많은 잘 도와 주시는 분들도 있었고, 그런 것들을 또 인정해주는 사람들도 있었던 걸 운이 좋았다고 생각하고, 회사에서도 그런 것들을 잘 도와주고 인정해주고 또 좋은 매니저도 만났고, 그런 면들이 운이 좋았다고 생각하죠.
		조직 관련	우리 조직을 관리하는 게 문제가 있다. 2006년부터 시스템을 구축하기 시작해서 저희는 시스템 구축에 대한 효과를 많이 봤고요.

연구결과

본 연구는 여성의 경력개발에 관하여 국내 기업에 재직하고 있는 111명의 여성관리자들을 대상으로 실시한 인터뷰 내용을 재분석하였다. NVivo를 사용하여 실시한 분석의 결과 본 연구는 여성관리자가 인식하는 경력 성공의 정의, 경력과정에서의 어려움과 극복방안, 여성의 경력개발을 위한 지원 방안의 세 가지 주제를 확인하였고, 각 주제에 관한 내용은 다음과 같다. 본 장에서는 연구결과의 신뢰도를 위하여 해당 내용을 언급한 응답자의 수를 표시하였다.

◆ 여성관리자가 인식하는 경력 성공의 정의

이 연구에서 여성관리자들은 본인이 생각하는 성공의 의미에 대하여 정의하였으며, 정의된 내용은 크게 주관적인 의미와 객관적인 의미로 나눌 수 있었다. 본 연구에서 본인이 정의하는 성공의 의미에 대하여 94명의 연구참여자들은 경력 성공을 주관적인 의미로 정의하였다. 경력 성공을 주관적으로 정의하는 응답의 경우 참여자들은 행복, 자기만족, 하고 싶은 일을 하는 경우 등으로 정의하였다. 이들 중 13명은 성공을 개인의 행복과 관련하여 정의하였고, 10명의 응답자는 성공은 객관적인 지표 또는 외부의 평가가 아닌 개인 스스로의 만족에 의해 정의된다고 이야기하였다.

> 성공은 자신이 행복해야 된다고 생각해요. 왜냐하면 주위에 있는 친구들 중에 사회적으로 성공한 훌륭한 친구들을 많이 알고 있거든요. 하지만 개인적으로는 많이 불행한 친구들이 대부분이에요. 그런면에서 사회적인 성공이 개인적의 행복과 직결되는 것은 아니라는 생각을 했고, 자신이 진심으로 자신의 삶에 대해서 행복하다고 느낄 때 그 인생이 의미있고 성공했다고 생각합니다. (다국적 기업 임원)

또한 참여자들은 조직에서의 역할 또는 조직 구성원들과의 관계와 관련하여 경력성공을 정의하였다. 구체적으로 여성관리자들은 조직원들과의 동반

성장, 직원들의 행복, 부하직원의 성공을 돕는 것 등을 언급하였다.

> 사실 직원들이 행복하면 제 성공이라고 봐요. 그게 되게 좋더라고요. (중소기업
> 대표)

또한 9명의 연구참여자들은 일과 가정, 또는 일과 개인적인 삶에서 균형을 이루는 것을 성공으로 정의하였다.

> 삶에서의 성공은 제가 잘 못해서 그렇기도 하지만, 여러 접시를, 접시 돌리기 같
> 은 것 같거든요? 역할이 늘어나면서 특히 여자들은 엄마 역할, 딸 역할, 아내 역
> 할 그 담에 회사에 오면 팀장 역할이 있는데 접시 안 깨뜨리고 필요할 때 적절할
> 때 딱 해가지고 얘가 계속 돌게끔 유지하는, 그런 걸 잘하는 게 성공인 것 같아
> 요. (대기업 임원)

대다수의 연구참여자들은 경력성공을 주관적인 의미로 정의하였으나, 9명의 여성관리자의 경우, 승진, 지위, 돈과 같은 객관적인 지표를 언급하며 성공을 정의하였다. 그러나 이들 역시 성공을 정의할 때 주관적인 요소들(예: 행복) 또한 함께 고려하였다.

> 이 회사에 와서 비로소 임원승진이란 걸 해야겠다라고 마음을 먹게 됐는데, 그러
> 면서 내가 임원승진을 왜 해야지? 〈중략〉 저는 좀더 내가 많은 의사결정을 할 수
> 있고, 좀더 리소스(resources)를 많이 쓸 수 있는 지위에 있고 싶다, 그래야 일
> 을 좀 크게 해볼 수 있으니까. 저는 사실은 의사결정을 하기를 좋아하는 사람인
> 것 같아요. (대기업 임원)

◆ 경력과정에서의 경력장벽과 극복방안

연구참여자들은 경력 과정에서 어떠한 경력장벽을 경험하였는지 설명하고, 이를 어떻게 극복하였는지 극복방안 및 전략에 대하여 언급하였다.

경력과정에서의 장벽: 인터뷰에 참여한 여성관리자들의 경우 경력과정에서 겪었던 어려움에 대하여 크게 개인적 차원과 조직적 차원에서 언급하였다. 개인적인 수준에서 어려움을 이야기한 40명의 여성관리자 중 60%인 24명이 출산 및 육아를 경력을 이어 나가는 데 가장 큰 어려움이라고 지적하였다.

> 일요일도 11시, 12시 어떨 때는 밤을 꼬박 새우면서 일했기 때문에 일주일에 한두번 철야하는 건 기본이고, 대개 퇴근하면 자정 12시에서 새벽 2시 사이. (중략) 제가 양육에 대해서 신경 쓸 수가 없었잖아요? (중략) 그런데 우리 아이가 욕조에 물 받는 아빠를 보고 문턱에 딱 올라서서 했던 말이, 제가 막 나가면서 들려온 얘기에요. "아빠, 저 사람도 아빠지?" 그게 잊혀지지가 않는 게, "저 사람도 아빠지?"라고 하니까. (대기업 임원)

출산 및 육아 이외에도 여성관리자들은 개인적인 차원에서 건강(4명), 심리적인 어려움(6명), 인간관계(4명) 등에서 어려움을 겪었다.

> 저도 저희 엄마가 말한 대로 약간의 high ego, high pride person인데 제가 그걸 그대로 받았어요. 그러니까 저도 나름 MIT 나오고 저에 대한 기대도 있고 저에 대한 ego도 있고 그랬기 때문에 어느정도 커리어도 이 정도 가야 되고, 그런 걸 제가 볶았던 스타일이 있었는데 그것 때문에 힘들었어요. 제 자신이 저를 볶아서 힘들었던 거지 남이 저에게 했던 건 아니었던 것 같아요. (대기업 임원)

연구참가자 중 74%에 달하는 82명의 여성관리자들은 경력상 어려움들이 그들이 속한 조직과 관련하여 발생한다고 이야기하였다. 특히 59명의 여성관리자들은 이러한 조직 수준에서의 어려움이 여성으로서 겪게 되는 것이라고 인식하면서 여전히 많은 기업 조직에서 여성에 대한 차별 또는 편견이 존재함을 보여주었다. 구체적으로 12명의 여성들은 조직 차원 또는 조직 구성원들 간에 여성에 대한 편견 또는 이중잣대가 존재한다고 지적하였다.

왜 그럴까? 남자 팀장은 저렇게 해도 남들이 뭐라고 안 하는데, 여자한테 잣대가 여자도 다르고 구성원이 여자든 남자든 리더가 여자든 남자든, 이 여자리더에 대한 잣대가 다 다른. 여자도 남자한테 기대하는 거하고 여자한테 기대하는 게 다르고. 전부 다 이 여자리더한테만 기대치가 달라요. 제가 그런 걸 되게 많이 느꼈거든요. 그래서 이 사람이 이탈하는 이유가 남자랑 딱 비교해 보면 특별히 눈에 띄는 것 아니야. 그런데 여자이기 때문에 이게 더 엄격한 거에요. (대기업 임원)

17명의 여성관리자들은 남성중심의 조직문화와 시스템 속에서 다른 조직 구성원 또는 고객들과 네트워킹을 하는 것에 어려움을 겪는다고 이야기하였다. 예를 들어 남성들의 술, 담배 등을 통한 남성들의 비공식적 네트워킹 활동에서 여성들은 종종 배제되고, 이것은 조직 내에서 주요한 정보들에 대한 접근을 제한하기도 한다.

팀원들끼리 다 모였는데, 우리 담배 피러 가자 하면서 그들만의 리그로 나가버렸을 때. 그런 상황이 생기면 조금 당황스럽더라구요. (대기업 임원)

어려웠다는 건 아무래도 남자 위주의 시스템이잖아요. 이미 사회가 남자 위주의 시스템이고, 회사는 더더욱 그렇다 보니까 커뮤니케이션의 주류가 아닐 수도 있는 확률이 높아요. 담배를 피러 간다거나 술을 마신다거나 당구를 치러 간다거나 한국 문화에서 더더욱이나. (대기업 임원)

특히 한국의 조직문화에서 술과 회식은 주요한 네트워킹의 수단이 되고, 이러한 남성 중심의 문화에서 여성들은 경력을 유지하거나 개발할 수 있는 자원과 네트워크에 접근하는 것에 어려움을 겪게 되는 점이 있었다.

또 한 번은 한 15년 전만 하더라도 한국에서 룸싸롱을 굉장히 많이 갔으니까. 전 2차 맥주 마시고 집에 갔는데 룸싸롱에 간, 저를 빼고는 나머지는 남자 직원이었으니까 가서 저 위 상사랑 업무 분장을 바꾼 거예요. 그 다음날 아침에 와서 나한테 얘기를 하는 거죠. 어제 이랬는데 업무를 바꾸기로 했다고. 제가 엄청 화가 나가지고. (중소기업 대표)

　이러한 남성 중심의 조직 문화에서 여성들이 겪는 어려움은 이들이 관리자로 승진한 이후에도 종종 이어졌다. 연구에 참여한 11명의 여성관리자들은 조직에서 임원 또는 관리자로 승진한 이후에도 조직에서 다른 남성 구성원들로부터 리더십을 인정받는데 어려움을 경험하였다.

　　상대들이 처음에는 이사가 내려와서, 알지도 못하는 여자가 집안에 있다, 별안간 나타나서 뭘 한다고 하는 게. 약간의 색안경을 끼고 지켜보는. 뭐 얼마나 하나 보자. 뭐 이런 것도 있었던 것 같고. 부침이 좀 있었어요. (대기업 임원)

　여성으로서 겪는 어려움 이외에도 17명의 여성관리자들은 사업을 운영하거나 업무를 수행하는 데 있어서 겪게 되는 어려움들(예: 과도한 업무량, 조직관리, 상사와의 어려움, 인력수급 문제 등)을 이야기하였다.

　　업무량이 너무 많은 거 같아요. 그러니까 요즘은 좀 괜찮은데 제가 이번 4년차인데 작년까지만 해도 15시간 근무 daily 그러니까 24시간 중에 잠자는 시간 빼고 그냥 다 여기서 15시간 있다 보니까, 일단 건강이 너무 힘들어가지고. (대기업 임원)

　이외에도 5명의 여성관리자들은 한국사회에 깔려 있는 보수적이고 남성 중심적인 문화를 여성으로서 경력을 이어 나가는데 어려움을 겪게 되는 원인으로 지적하였다.

　　처음 대학 들어와서 내가 여자라는 게 사회적으로 어떻게 느껴지는가를 경험하게 되었고 대학교 4학년 때 취직하면서 그때부터 남녀차별을 경험하기 시작한 거죠. 남자애들은 학점이 훨씬 안 좋았음에도 불구하고 4학년 8월에 다 100% 취직이 되고 그런데 저는 취직이 안 되는 거예요. 12월 1일 날 취직이 됐거든요. 애들은 8월에 되고. 그러니까 그 때 처음 알았죠, 직장이라는 것이 선택하는 곳에서 선택을 하는 거지 내가 선택하는 게 아니라는 것을. (다국적 기업 임원)

극복 방안 및 전략: 위와 같이 연구에 참여한 여성관리자들은 많은 어려움을 겪었음에도 불구하고, 다양한 방법을 사용하여 이러한 어려움들을 극복해 나가고 있었고, 이는 크게 개인 차원과 조직 차원에서의 극복방안 또는 전략으로 나눌 수 있다. 첫째, 개인적인 수준에서 연구참여자들은 다양한 노력을 하며 어려움을 극복해 나갔고, 이것은 크게 개인의 노력과 주변의 도움을 통한 극복방안을 포함하고 있다. 구체적으로 인내(2명), 배려(2명), 노력(5명), 순응(3명) 등 주어진 환경을 받아들이되 어려움을 극복하고자 노력하거나, 정면돌파(5명)를 통해 어려움을 타개하였다.

> 저는 혼자 감내하는 스타일이에요. 저는 혼자 감내하는 스타일이죠. 그래서 사실은 제가 결정을 했던 것 같고요. 회사에서도 빨리 승진해서 친구가 없어요. (다국적기업 임원)

> 보여 줬죠. 몸소 보여줬죠 맨 땅에 헤딩해서. 저의 별명이 M and H전문가에요. 맨땅에 헤딩 전문가. 뭐든지 새롭게 하고, 업계에 기준을 제시하고 만들어가고 있고, 산업 생태계를 만들어가고 있다고 보면 됩니다. (중소기업 대표)

육아 및 출산과 관련하여 많은 여성참여자들은 남편 및 부모님과 같이 가족으로부터 도움을 받거나(22명), 육아 도우미 등 외부의 도움(8명)을 통하여 어려움을 극복하였다.

> 애 낳고 난 후에 친정 엄마가 서울에 한 2년 와 있었어요. 아이를 키워주시고 아니면 서로 사원이라서 애 볼 사람이 없거든요. 그 다음 3년은 대구에 시댁에서 데리고 있었어요. (대기업 임원)

다음으로 여성관리자들은 조직에서 네트워크를 구축하거나(5명), 조직 내 선배 또는 상사에게 적극적으로 도움을 요청(4명)하여 문제를 타개하도록 노력하였다. 또한 업무나 부서에 변화를 주거나(3명), 업무에 있어서 성과를 내거나(2명) 새로운 기술을 개발(2명)하는 등 적극적으로 어려움을 극복하기 위하여 노력하였다. 나아가 소수이기는 하나 2명의 여성관리자는 부조리하다고 생각하는 조직문화를 스스로 개선함으로써 어려움을 극복하였다.

> 하지만 저는 회사 법인카드로 여자가 접대하는 술집, 골프장 등 결제 못하는 원칙을 만들고 접대문화 개선을 선포했어요. 우리 직원들도 고객들한테 불편하지만 평소에 인간관계를 하도록 문화를 바꾸게 했어요. 이런 것들이 제가 남자였으면 어쩔 수 없이 할 수밖에 없는 문화로 받아들였을 텐데, 제가 여자이기 때문에 안 할 수 있었어요. (중소기업 대표)

◆ 여성의 경력개발을 위한 지원방안

연구참여자들은 여성의 경력개발을 위해 조직 또는 정부차원에서 어떠한 지원이 필요한지에 대하여 이야기하였다. 여성들은 많은 지원방안 및 정책이 마련되고 있음에도 불구하고 여전히 조직(19명)과 정부 차원(41명)에서 여러 지원이 필요하다고 지적하였다. 특히 참여자들은 조직차원에서 이미 다양한 방법으로 여성구성원을 위한 육아프로그램 및 방안을 지원하고 있다고 이야기하였으나, 7명의 여성관리자들은 여전히 육아에 대한 지원이 필요하다고 지적하였다.

> 탁아소지. 직장 근처에 아이를 케어할 수 있는 시설이 되어 있다고 하면은 뭐 1층에서 우리 아이를 케어하고 있다고 하고 내가 윗층에서 일하고 있다, 그러면 그것처럼 아이와 엄마에게 안정감을 주는 게 없거든요. 그게 가장 중요한 것 같은데 왜 그렇게 활성화가 안 되는지 모르겠어. 우리나라 알아보니까 탁아소 만드는 것도 굉장히 까다롭더라고요. (대기업 임원)

또한 10명의 여성관리자들은 조직에서 지속적으로 여성의 경력개발 및 리더십 개발을 위한 교육기회를 제공하고, 나아가 네트워킹의 기회를 제공하는 것이 중요하다고 지적하였다.

저는 회사에서 보내줘서 여성 리더십 교육을 갔다왔어요. 여성 시니어를 위한 소위 선배들의 경험, 유리천장을 뚫고 가는 선배들의 경험은 참 좋은 것 같아요. 리더를 위한 것이 참 필요한데 오히려 리더를 위한 것은 없어요. (대기업 임원)

연구참여자들은 조직 차원에서는 이미 다양한 프로그램과 지원방안이 마련되어 있다고 지적하면서, 이를 지원하거나 실제로 활발하게 사용될 수 있도록 정부의 역할이 중요하다고 이야기하였다. 특히 13명의 여성관리자들은 육아지원이 조직 차원을 넘어 정부 차원에서 이루어져야 한다고 지적하였다.

정부 차원에서는 육아로 인해 경력단절이 일어나지 않도록 그런 인프라를 갖추어서 어린이집에서 사고가 일어나지 않도록 정부차원에서 안심하고 맡길 수 있는 환경을 만들어 주는게 중요하죠. (대기업 임원)

또한 참여자들은 정부에서도 여성의 경력개발을 위해 고용지원(1명), 네트워킹(3명), 교육기회 제공(2명), 여성할당제(5명) 등의 노력을 기울여야 한다고 이야기하였다. 특히 중소기업 CEO들의 경우 여성 벤처기업가들의 경력개발을 위해 정부가 여성기업인을 지원하거나(8명), 창업 활성화를 위한 지원(9명)을 위해 노력해야 한다고 지적하였다.

이제는 여성분들이 일 잘하시고 포지션도 점점 늘어나고 차지하고 있는데, 여성기업인들은 그렇지 않거든요. 뭐냐하면 지금 펀드 자금들이 있지만, 여성이 자금을 받기가 굉장히 어려워요. (중략) 그런 부분은 사실은 사회가 만들어줘야 되고 도와주지 않으면 안 된다는 생각을 저는 지금 갖게 된 거거든요. 사실 좀 선진국에서 하는 그런 게 있다라고 하면 많이 보완을 해서 대한민국의 여성기업인들이 그런 부분에 어떤 혜택을 받을 수 있도록 해주면 좋겠어요. (중소기업 대표)

논의 및 시사점

본 장에서는 연구결과를 간단히 요약하고, 연구의 학문적, 실무적 의미를 논의하고자 한다. 먼저 연구결과를 요약하자면 다음과 같다. 첫째, 연구결과에서 대다수의 여성관리자들은 경력성공을 자기만족, 행복과 같은 주관적 가치를 기준으로 정의하였고, 더불어 많은 참여자들이 경력성공을 개인의 삶에 한정하지 않고 구성원의 행복과 성공, 동반성장 등 사회적 관계 속에서 자신의 경력성공의 의미를 인식하고 있는 것으로 나타났다. 이러한 연구결과는 남성에 비해 여성의 경우 경력성공을 개인의 삶의 성공과 동일시 하거나, 삶 전반에 경력성공의 의미를 확장시켜 해석하는 경향이 있다는 선행연구와 일치하는 결과이다(김나정, 차종석, 2014; Cho et al., 2017). 특히 연구결과에서 여성관리자들이 경력성공의 정의에 있어서 관계적 의미가 부각되었는데, 이러한 점은 관계 중심의 한국의 조직문화와 여성리더십의 특성이 반영된 결과로 해석될 수 있다. 따라서, 구성원과의 사회적 관계 내에서 상호 호혜성을 추구하고, 섬세한 배려와 공감으로 구성원들에게 영향력을 미치는 리더십 과정 자체를 경력성공으로 인식하게 된 맥락과 그 과정에 대해 향후 자세히 살펴볼 필요가 있겠다.

둘째, 여성관리자가 인식한 경력장벽에 있어서 가장 큰 요인은 여성으로서 겪는 출산 및 양육 등 다중역할에 대한 어려움과 이로 인한 심리적 압박과 스트레스로 나타났다. 이러한 분석결과는 한국의 여성근로자들의 육아와 가사부담이 여전히 경력단절의 주된 요인이라는 최근의 연구결과와도 일치하는 부분이다(통계청, 2021). 또한, 직장 내에서 경험하는 어려움으로 여성관리자에 대한 편견과 남성중심의 비공적 네트워크, 회식 및 접대 위주의 조직문화 등으로 나타나, 남성 중심의 조직문화 안에서 여성이기 때문에 경험하는 경력상의 다양한 어려움이 여전히 존재함을 확인하였다. 특히 남성이 다수의 그룹을 형성하는 조직의 구조 안에서 소수의 여성으로 과도하게 주목받고, '여성'리더로서 리더십과 업무능력을 입증하여 보여주어야 하는 사실은 토크니즘(tokenism) 이론에서 설명하고 있는 특성과 유사하다 (Kanter, 1977). 또한 여성 관리자 비율이 낮고 남성중심적 조직문화가 높을수록 여성 근로자의 주관적 경력성공의 인식 수준이 낮아진다는 연구결과와도 맥락을 같이 한다(이지운, 2019). 이러한 연구결과는 여성의 교육적 수준이 높아지더라도 성역할 고정관념에 대한 사회적 인식과 조직 내 성차별적 구조가 변화하지 않는다면, 여성의 경력장벽에 대한 인식과 그로 인한 경력성공에 대한 기대는 좌절되기 쉽다는 사실을 시사한다.

셋째, 경력장벽을 극복하기 위해 활용한 전략으로 대다수의 여성관리자들은 개인적인 노력을 언급하였다. 예를 들어 어려운 상황을 해결하기 위해 개인적으로 인내하고 희생을 감수하면서 시간이 해결해주기를 기다리거나, 실패를 거듭하면서도 포기하지 않는 도전정신과 긍정적 마인드로 극복하였다고 하였다. 구체적으로 조직 내에서 활용된 전략을 살펴보면, 인적 네트워크를 확장하거나, 조직 내 멘토의 도움을 받는 등 개인주도의 경력개발을 위한 노력이 주요 전략으로 나타났으며, 리더십교육 등 조직에서 제공하는 경력개발 프로그램도 도움이 된 것으로 나타났다. 이러한 결과는 멘토링과 네트워킹이 개인의 업무성과에 중요한 내외부 자원과 정보에 대한 접근성을 높여 경력성공의 가능성을 향상시킨다는 연구 결과와 일치한다(서동희, 전희정 2019; 우성미, 최명빈, 2018; 한수진, 강소라, 2018; Cho et al., 2016; Cho et al., 2017; Hezlett & Gibson, 2007). 한편 가사와 육아부담의 경우 부모 또는 배우자의 적극적 지원이나 외부자원의 활용을 통해 어려움을 극복한 경우가 다수 있었는데, 이러한 결과는 여성리더의 경력성공의 외부 영향요인 중 하나로 배우자의 가사지원 및 도움으로 나타난 선행연구와 유사한 결과이다(Cho et al., 2017; Cho et al., 2020).

이러한 연구결과를 바탕으로 살펴본 본 연구의 이론적 함의는 다음과 같다. 첫째, 111명의 우리나라 여성관리자가 인식하는 경력성공의 주관적 의미와 경력장벽, 그리고 경력장벽을 극복하는데 활용된 전략을 참여자들의 인터뷰자료 재분석을 통해 심층적으로 파악하였다는 점에서 의미가 있다. 지금까지 수행된 국내 선행연구들은 여성 근로자의 주관적 경력성공과 관련된 영향변인들의 상관관계를 밝히는 양적연구들이 다수를 차지하였다. 이러한 선행연구에서는 주관적 경력성공을 경력이나 직무, 더 나아가 일과 삶의 균형에 대한 주관적 만족 정도만을 제한적으로 포함하고 있었으나, 본 연구 결과에서 여성관리자들이 인식하는 주관적 경력성공의 의미는 자기행복, 하고싶은 일을 하는 것, 직원행복 등 보다 다양하게 도출되었다. 이러한 연구 결과는 개인이 삶과 경력과정에서 겪은 경험과 이에 대한 인식, 소속된 조직의 문화, 더 나아가 사회문화적 맥락 등이 영향을 미쳐 다양한 경력성공의 개념이 형성되었을 것이라 판단되므로(Briscoe et al., 2012; Higgins, 2001), 향후 이러한 인적 특성과 사회문화적 맥락을 고려한 주관적 경력성공에 대한 다차원적인 개념을 탐색하는 연구가 수행될 필요가 있다. 또한 여성관리자들이 인식하는 경력성공의 정의는 그들의 주관성이 크게 작용하기는 하였으나, 일부의 경우 승진, 지위, 돈 등 객관적 경력성공 요인을 개인의 경력성공의 준거로 삼고 있는 여성관리자들도 있어 향후 객관적 경력성공과 주관적 경력성공과의 관계를 보다 심도깊게 살펴보는 연구도 필요하겠다.

둘째, 여성관리자가 인식한 다양한 경력장벽 요인들과 관련하여서 앞서 기술한 바와 같이, Kanter(1977)의 토크니즘 이론에서 제시하고 있는 특성들과 매우 유사하게 도출되었다. 이러한 결과는 한국의 여성관리자들의 내러티브를 통해 토크니즘의 이론적 견해를 실증적으로 살펴보았다는 것에 의미가 있다. 그러나 여성관리자들의 여성성이 불필요하게 가시화되고, 남성 중심의 내집단 네트워크에서 여성관리자가 제외되고 고립감을 느끼는 등과 같은 유사한 특성들도 나타났지만, 일부의 경우 토큰으로서 경험하는 상황을 반전시키기 위한 저항(resistance)의 모습(예: 조직문화 개선을 위한 소극적 또는 적극적 행동)도 표출되었다(Cho et al., 2021b). 이렇게 새롭게 난 연구결과가 한국 여성관리자에게서만 나타나는 독특한 특성인지에 대해서는 향후 더 구체적으로 살펴볼 필요가 있다. 또한 일부 여성관리자들이 조직의 지배적인 분위기와 문화에 흡수되지 않고, 자신만의 스타일을 고수하거나 새로운 조직의 문화와 규범(norm)을 만드는 적극적인 모습을 보였는데, 이러한 저항적 행동에는 상사와 조직의 적극적 지지와 더불어 개인의 높은 자존감, 독립심, 도전정신 등 강인한 심리특성적 요인이 바탕이 되었다는 점도 의미를 갖는다(Cho et al., 2021b). 향후 연구에서는 근거이론 연구방법론을 활용하여 새롭게 도출된 국내 기업 여성관리자들의 변화지향적, 저항적 행동과정과 이에 영향을 미친 맥락 및 상호작용에 대한 보다 깊이있는 탐색이 필요하겠다.

셋째, 본 연구는 여성관리자의 경력장벽 극복을 위한 다양한 차원(가정, 조직, 국가)에서 요구되는 극복전략을 탐색하였다. 특히 연구결과에서 우리나라 여성관리자가 겪는 경력 상의 장벽 중에서 다중역할에 대한 어려움을 극복하기 위해서는 남편을 포함한 가족의 지지가 매우 중요하였으며, 조직 및 정부의 제도적 지원은 여전히 미흡하여 효과적인 정책과 제도가 필요하다는 내용이 도출되었다. Kossek et al.(2021)은 학계가 경력 연구분야(career research)는 주로 남성중심의 전통적인 조직 내 경력에 관한 연구를, 일과 삶의 연구분야(work life research)는 여성의 일과 삶의 균형 문제에 대해 주로 다루었기 때문에 여성의 경력과 일−삶의 균형이라는 두 주제에 대한 학계 간 통합적인 고찰과 연구가 미흡하였다고 비판하였다. 본 연구에서도 여전히 우리나라 여성관리자의 경력장벽에 있어 일과 삶의 균형과 관련된 요인들이 주요하게 도출되어, 여성의 경력과 일−삶의 균형 문제를 동시에 통합적으로 살펴보는 것이 필요하다는 의견을 뒷받침한다. 특히 우리나라 정부에서 유연근무제도 정책 확대, 가족친화인증제도 도입 등 여성을 포함한 조직 근로자의 가정생활과 직장생활 조화롭게 병행하기 위한 다양한 제도를 적극 시행하고 있음에도 불구하고, 여전히 참여자들의 제도적, 사회적 지원이 미흡하다는 인식이 드러났다. 따라서, 현재 시행되고 있는 가족친화적 정책과 사업의 실효성 검증과 함께 개선방안에 대한 체계적인 연구가 요구된다.

다음으로 연구결과를 기반으로 실무적 시사점을 제시하면 다음과 같다. 첫째, 연구결과 여성관리자들은 조직 내 경험하는 경력장벽을 극복하기 위해 주어진 상황을 받아들이되, 포기하지 않고 인내하거나 또는 노력하였다. 구체적으로 도출된 극복전략들은 인적 네트워크 확장, 주변에 도움 요청, 업적달성을 통한 능력 입증 등 상황을 극복하기 위해 여성관리자가 스스로 찾은 전략들이 주를 이루었다. 이러한 연구결과는 연구에 참여한 여성관리자들이 대체로 자기주도적인 문제해결 방식을 통해 성공적으로 조직 내 관리자로 성장한 것을 시사하며, 반대로 이처럼 개인 스스로 경력장벽을 해소할 방안을 찾지 못하였을 경우에는 대다수의 여성들이 경력의 과정에서 관리자로 성장하지 못하고 이탈하였음을 짐작할 수 있다. 따라서, 조직 내 여성근로자가 겪는 경력상의 어려움을 개인 스스로 해결하기를 기대하기보다는 다양한 업무기회 제공, 리더십 교육, 멘토링, 네트워크 프로그램, 일-가정 양립지원제도, 유연근무제 등 개인의 어려움을 고려한 실질적이고 맞춤화된 경력개발 지원 프로그램을 통해 조직적으로 어려움의 해소를 도울 필요가 있다(문세연, 2021; 오지현, 2017; 우성미, 최명빈, 2018; 이지운, 2019; Cho et al., 2016; Cho et al., 2017). 특히 앞서 기술한 것처럼 상사의 적극적인 지지와 지원이 여성 개인의 강인한 심리특성적 요인과 동시에 맞물려 불평등한 조직문화와 풍토를 개선하는 데 영향을 주었다는 점(Cho et al., 2019; Cho et al., 2021b)에서 국내 기업의 여성 관리자 육성을 위해 리더(상사)의 인식변화 및 리더십 역량개발도 중요하겠다.

둘째, 연구결과 여성경력 개발을 위한 사회적, 제도적 지원방안으로 여성기업인을 포함한 여성리더 양성을 위한 효과적인 정책과 제도가 필요함을 언급하였다. 특히 조직차원의 지원요구보다 여성리더 양성을 위한 정부차원의 지원요구(예: 여성취업을 위한 지원, 여성리더 네트워크 확대, 여성관리자 할당제, 여성벤처 지원 등)가 더욱 많았다는 점에서 중요한 시사점을 갖는다. 이러한 연구결과는 한국의 경제적 위상 상승과 발전에도 불구하고 여전히 여성들이 양육과 가사부담으로 경력단절과 고용시장의 재진입의 어려움을 겪고 있으며, 따라서, 조직 내 상위 직급으로 승진과 CEO로서 창업은 더더욱 어려운 문제라는 것이다. 이러한 상황은 수년째 한국의 성평등지수가 다른 선진국에 비해 하위권에서 제자리 걸음이라는 사실이 입증한다(World Economic Forum, 2021). 그러나 기업의 성별다양성 확보 부족은 조직의 다양성 실패로 이어져 결국 의사결정의 질을 떨어뜨리고 상호학습의 기회를 빼앗음으로써 조직의 경쟁력을 약화시킬 뿐 아니라(아시아 투데이, 2019년 10월 16일; 중앙일보, 2021년 8월 3일), 나아가 우리나라의 생산성과 성장에 부정적 영향을 끼칠 수 있다는 점에서 정부의 보다 적극적인 개선 조치가 요구된다. 구체적으로 제도와 정책이 있는가는 실질적으로 잘 작동되고 있는가와 다른 문제이다. 기업의 탁아소 수 증가와 정부의 어린이집 지원 확대는 나아졌지만, 지속적으로 발생하는 어린이집 아동학대 문제는 결국 여성 근로자들이 경력단절을 선택하게 만들고 있다. 마찬가지로 가정친화인증제도는 시행되고 있지만, 가정친화 인증기업에 여성근로자의 취업이나 이직이 증가하지 않아 실효성 있는 정책으로 인식되지 않는다. 향후 정부는 이러한 경력개발 지원을 위한 정책과 제도의 미비점이 무엇인지 보다 면밀히 파악하여 정책과 제도의 효용성을 높이는 노력을 기울여야 한다.

참고문헌

김나정, 차종석 (2014). 한국 근로자들의 경력성공 인식에 관한 탐색적 연구. *Andragogy Today: Interdisciplinary Journal of Adult & Continuing Education, 17*(4), 253-287.

김난주, 강민정, 박건표, 전병유, 박미연 (2015). 2015년 여성관리자 패널조사. 한국여성정책연구원.

김난주, 홍지현, 이선행, 심혜빈, 신규수 (2020). 적극적고용개선조치 제도의 여성고용 효과 분석. 한국여성정책연구원.

김수한, 신동은 (2014). 기업 내 여성관리자의 성차별 경험. *한국사회학, 48*(4), 91-125.

박랑규, 윤진영 (2020). 경력단절 여성과학기술인 지원을 위한 집단상담 프로그램 개발: 예비연구. *한국콘텐츠학회논문지, 20*(2), 636-648.

박무규, 강숙영 (2020). 조직공정성이 호텔종사원의 유리천장에 미치는 영향에 관한 연구: 성(Gender)의 조절효과를 중심으로. *Tourism Research, 45*(4), 235-252.

서동희, 전희정 (2019). 여성관리자의 직급에 따른 주관적 경력성공 영향요인 연구. *한국자치행정학보, 33*(2), 165-183.

아시아 투데이 (2019년 10월 16일). 여전한 유리천장. 상장법인 중 여성임원 비율 고작 4%. 출처: www.asiatoday.co.kr/view.php?key=20191016010008574

오지현 (2017). 여성 고위직 진출 촉진 및 장애요인 분석 연구: 은행권 여성임원 사례를 중심으로. 기업교육과 인재연구, 19, 87-127.

우성미, 최명빈 (2018). 여성관리자의 경력성공에 관한 종단연구. *여성연구, 99*(4), 31-63.

윤지혜, 김명옥 (2020). 비서직종사자가 인지하는 경력장애요인이 주관적 경력성공에 미치는 영향에 관한 연구-프로티언 경력태도의 조절효과를 중심으로. *비서·사무경영연구, 29*(1), 77-100.

이은형 (2015). 한국기업의 여성임원 확대를 위한 탐색적 연구: 정책 대안 모색을 중심으로. *여성경제연구, 12*(2), 89-113.

이지운 (2019). 여성의 경력장벽이 주관적 경력성공에 미치는 영향: 가족친화제도 이용용이성과 CEO 성평등 지원의 조절효과. 박사학위논문. 서강대학교 대학원.

이재은, 채충일 (2019). 기업근로자 경력성공 인식의 다차원성과 차이: 토픽모델링의 적용. *한국*

콘텐츠학회논문지, 19(6), 58-71.

임희정, 이지은 (2017). 여성관리자의 경력성공에 관한 연구: 개인변수, 가족변수, 조직변수를 중심으로. *한국정책과학학회보, 21*(4), 23-42.

중앙일보 (2021년 8월 3일). 성과 추구하는 경영자라면 여성인재로 눈 돌려라. 출처: www.joongang.co.kr/article/24119827#home

통계청(2021). 비경제활동인구조사.

한수진, 강소라 (2018). 여성 관리자의 경력만족에 영향을 미치는 경력열망 그리고 멘토링/교육훈련의 효과. *대한경영학회지, 31*(4), 1-18.

홍혜승, 류은영 (2020). 공무원의 경력장애요인 및 경력개발이 직무만족에 미치는 영향: A 중앙부처 공무원을 대상으로. *한국인사행정학회보, 19*(2), 197-221.

Akkermans, J. & Kubasch, S. (2017). Trending topics in careers: A review and future research agenda. *Career Development International, 22*(6), 586-627.

Baruch, Y. & Sullivan, S.E. (2022). The why, what and how *of career research: A review and recommendations for future study.* Career Development International, 27(1), 35-159.

Bilodeau, J., Marchand, A., & Demers, A. (2020). Work, family, work-family conflict and psychological distress: A revisited look at the gendered vulnerability pathways. *Stress and Health, 36*(1), 75-87.

Briscoe, J. P., & Hall, D. T. (2006). The interplay of boundaryless and protean careers: Combinations and implications. *Journal of Vocational Behavior, 69*(1), 4-18.

Briscoe, J. P., Hall, D. T., & Mayrhofer, W. (2012). *Careers around the world: Individual and contextual perspectives.* Routledge.

Catalyst (1994). *Cracking the Glass Ceiling: Strategies for Success.* www.catalyst.org/research/cracking-the-glass-ceiling-strategies-for-success/

Cerrato, J., & Cifre, E. (2018). Gender inequality in household chores and work-family conflict. *Frontiers in Psychology, 9*, 1-11.

Chiang, F. F., & Birch, T. A. (2005). A taxonomy of reward preference: Examining country differences. *Journal of International Management, 11*(3), 357-375.

Cho, Y., Kim, N., Lee, M., Lim, J. H., Han, H., & Park, H. Y. (2015). South Korean women leaders' struggles for a work and family balance [Special issue]. *Human Resource Development International*, 18(5), 521-537.

Cho, Y., Park, J., Ju, B., Han, S. J., Moon, H., Park, S., Ju, A., & Park, E. (2016). Women leaders' work-life imbalance in South Korean companies: A collaborative qualitative study. *Human Resource Development Quarterly, 27*(4), 461-487.

Cho, Y., Park, J., Ham, S. J., Ju, B., You, J., Ju, A., Park, C. K., & Park, H. Y. (2017). How do South Korean female executives' definitions of career success differ from those of male executives?. *European Journal of Training and Development, 41*(6), 490-507.

Cho, Y., Park, J., Han, S. J., & Ho, Y. (2019). "A woman CEO? You'd better think twice!": Exploring career challenges of women CEOs at multinational corporations in South Korea. *Career Development International, 24*(1), 91-108.

Cho, Y., Han, S. J., Park, J., & Kang, H. (2020). Business startups and development of South Korean women entrepreneurs in the IT industry. *Advances in Developing Human Resources, 22*(2), 176-188.

Cho, Y., Park, J., Han, S. J., Sung, M., & Park, C. (2021a). Women entrepreneurs in South Korea: motivations, challenges and career success. *European Journal of Training and Development, 45*(3), 97-119.

Cho, Y., Kim, S., You, J., Han, H., Kim, M., & Yoon, S. (2021b). How South Korean women leaders respond to their token status: Assimilation and resistance. *Human Resource Development International, 24*(4), 377-400.

Galinsky, A. (2015). It's good to be the Queen..but it's easier being the king. *McKinsey Quarterly*, October, McKinsey & Company.

Hezlett, S. A., & Gibson, S. K. (2007). Linking mentoring and social capital: Implications for career and organization development. *Advances in Developing Human Resources, 9*(3), 384-411.

Higgins, M. C. (2001). Changing careers: The effects of social context. *Journal of Organizational Behavior, 22*(6), 595-618.

Kanter, R. M. (1977). Some effects of proportions on group life: Skewed sex ratios and responses to token women. *American Journal of Sociology, 82*(5),

965-990.

Kossek, E. E., Perrigino, M., & Rock, A. G. (2021). From ideal workers to ideal work for all: A 50-year review integrating careers and work-family research with a future research agenda. *Journal of Vocational Behavior, 126,* 1-18.

Kwon, K., Park, J., & Byun, S. Y. (2020). Gender, nonformal learning, and earnings in South Korea. *Compare: A Journal of Comparative and International Education, 50*(2), 202-215.

Rowley, C., Kang, H.-R., & Lim, H.-J. (2016), Female manager career success: The importance of individual and organizational factors in South Korea. *Asia Pacific Journal of Human Resources, 54*(1), 98-122.

Ruggiano, N., & Perry, T. E. (2019). Conducting secondary analysis of qualitative data: Should we, can we, and how?. *Qualitative Social Work, 18*(1), 81-97.

Shockley, K. M., Ureksoy, H., Rodopman, O. B., Poteat, L. F., & Dullaghan, T. R (2016). Development of a new scale to measure subjective career success: A mixed-methods study. *Journal of Organizational Behavior, 37,* 128-153.

Shockley, K. M., Shen, W., DeNunzio, M. M., Arvan, M. L., & Knudsen, E. A. (2017). Disentangling the relationship between gender and work-family conflict: An integration of theoretical perspectives using meta-analytic methods. *Journal of Applied Psychology, 102*(12), 1601-1635.

World Economic Forum (2021), *The global gender gap report 2021.* https://www3.wef orum.org/docs/WEF_GGGR_2021.pdf

조직 내 학습상황에서의 정서의미

오석영(syoh@yonsei.ac.kr), 고미라(paper2steel@yonsei.ac.kr), 정혜윤(edu_hy@yonsei.ac.kr)

오석영은 미국일리노이대학(어바나-샴페인)에서 인적자원교육전공으로 박사학위 (Ph.D)를 받아 연세대학교 교육학부에서 인적자원개발, 조직학습과 관련된 연구 및 강의를 하고 있다. 최근 관심연구분야는 일터 학습정서, 중소기업 조직학습, 학습조직 등이다.

고미라는 연세대학교 교육학과 박사과정을 수료했으며 한국국제협력단, 한국문화정보원, 세종학당재단에서 인사,교육, 평가 등의 직무 경력을 쌓았다. 연구 관심분야는 공공기관 조직학습, 경력개발, 조직문화 및 정서 등이다.

정혜윤은 연세대학교 교육학과를 졸업하고 동대학원에서 석사학위를 취득하였다. 현재 아주대학교 의과대학 의학교육학교실 소속 특임연구원으로 재직중이다. 연구 관심분야는 조직학습, 학습조직, 학습정서 등이다.

조직 내 학습상황에서의 정서의미

오석영, 고미라, 정혜윤

들어가며

전통적으로 정서는 성인교육학이나 조직이론에서 중요하게 다뤄지지 않았다. 90년대 이후 조직을 사회공동체로 보는 관점이 활발해지면서 일터에서의 정서(emotion at work) 혹은 조직 내 정서(emotion in organization)에 대한 연구가 특정 주제로 연구되는 전문 학술지가 발간되면서 주목을 받게 되었지만 조직 내 정서는 개인의 내면 현상으로 제한적으로 다뤄지었고, 학습이론에서도 인지적 영역의 하위 영역으로 설명되어 HRD 연구에서 정서에 관한 연구는 아직 미진하다(Fineman, 1997; Hökkä, et al., 2020).

이는 조직 내 학습활동에 대한 연구가 기존에 조직 이론에서 주류로 설명된 기능적, 관료적 사고에 기반 된 데에서 크게 벗어나지 못하고 있음을 설명한다. 조직 내 활동을 사회문화적 현상, 즉 상호신뢰와 협력, 정치활동과 권력관계 등으로 이해할 경우 조직 내 학습활동을 구성원들의 정서적 경험과 반응이 제외된 개념으로 설명하기 어렵다. 또한 조직 커뮤니케이션과 조직 침묵, 조직 몰입과 '조용한 퇴직'과 같이 상반된 현상들이 하나의 조직에서 동시에 발생되는 현실을 감안한다면 인지적 영역의 학습특성으로 일터학습을 설명하는 데에는 한계가 있다. 개인과 조직 간의 상호의존성을 인정하고 학습이 발생되는 맥락의 결(texture)과 상호작용의 질성이 반영된 의미생성과정을 이해하는 데 있어 정서의 역할은 중요하다 할 것이다 (오석영, 정혜윤, 2022). 따라서, 정서의 개념을 개인적, 사회문화적 관점에서 이해하고 학습에서 정서의 의미를 탐구한다.

정서의 개념과 분류

개인의 정서 및 정서적 경험을 지칭하거나 설명하는 데 사용되어 온 개념에는 정동(affect), 정서(emotion), 기분(mood) 등이 있다. 정동과 정서는 연구에 따라서는 동일한 의미로 사용되기도 하지만(Ainley, 2006) 심리학자들은 정서라는 용어를 주로 이용하고 임상 전문가들은 정동라는 용어를 더 애용한다는 차이가 있다(김광수, 한미라, 박병기, 2013). 정서와 기분이라는 두 용어는 서로 중복으로 사용되기 때문에 분명하게 구분되지 않는다. 하지만 정서와 기분은 개념상 차이가 있는데 기분은 명백한 자극이나 대상이 없어도 존재할 수 있고 이유도 모르는 채 경험될 수 있지만, 정서는 구체적이고 유의미한 사건에 대해 반응한다(Gendola, 2000). 기분이나 감정(feeling) 등은 기질이나 개인의 성격적 특성이 우세하게 드러나는 것이라면, 정서는 환경과의 상호작용 과정에서 일어나는 개인의 반응, 경험의 과정의 형태를 띤다는 점에서 좀 더 개인의 '상태'를 강조한다고 할 수 있다(Frijda, 2000).

정서는 자연적인 선택에 의해 형성되고 위협에 대응하고 기회를 얻기 위해 심리적이고 행동적인 반응을 조정한다(Scherer et al. 2001). 또한, 정서는 감정과 인지 사이의 융합이며, 사고에 정서가 배어 있듯이 정서는 사고의 배경을 구성하고 있다(Benozzo et al., 2012). 이렇듯 정서는 단순히 기분, 감정, 느낌보다는 더 확장된 개념으로 인지적, 환경적 특성들을 같이 감안하는 것을 알 수 있고, 이런 정서들을 분류하고 분석하기 위해 다양한 관점에서 다차원적으로 구분하는 시도들이 있어왔다. 그간 많은 연구들은 2차원 공간에서 '긍정－부정' 또는 '쾌－불쾌'로 대변되는 정서의 유인가를 한 축으로, 강도, 활성화 및 각성 정도 등을 다른 하나의 축으로 하여 관련 논의를 진행해왔다. Russell(1980)은 28개의 감정형용사 쌍에 대한 유사성 추정연구에서 다차원척도법으로 분석한 결과를 2차원으로 나타냈다. 이를 근거로 정서의 원형 모형(circumplex model)을 제시하고 (<그림 1> 참고), 상호 연관된 정서들을 '쾌－ 불쾌'의 수평 차원과, '활성화(각성)－비활성화(이완)'의 수직 차원에 따라 배열했다. 수평 차원은 긍정과 부정을 나타내는 정서의 '유인가'를, 수직 차원은 생리적 '각성 정도'를 보여주면서 모호한 정서를 간결하게 분류하는데 기여했다.

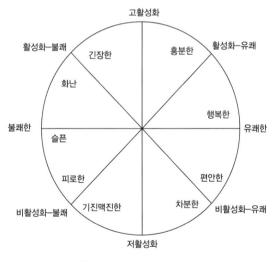

〈그림 1〉 정서의 원형 모형

출처: 김광수·한미라·박병기(2013), p.966

한편, 인간이 경험하는 것의 일부는 정서에 의해 만들어진다는 구성이론 (construct theory)은 정서가 경험을 개념화한다는 구성개념체계(construct systems)를 설명하였다. 여기서 구성개념이란 자신의 세계를 보는 유형 또는 현실을 지각하고 해석하는 일관된 양식으로, 개인이 고유하게 사상을 범주화하고 집단화하는 방법을 나타낸다. 이에 따르면 정서는 개인이 구성개념체계를 재정의하는 과정에서 발생하고, 상황에 대한 대응 전략의 일부로 시간에 따라 연속적으로 펼쳐진다. 예를 들어 일터에서 공정하다는 느낌과 의미를 만들어 내는 구성개념은 이전의 신뢰라는 개념 속에 현상이 주는 유사성과 차이를 감지하는 정서를 작동하게 하여 정동적 적소(affective ni-che)를 형성한다(Barrett, 2017). 정동적 적소는 상황에 대한 집중과 몰입으로 상황을 내면화시키고 구체적인 행동으로 연결시키는 정서적 판단을 가능하게 한다. 이를 보다 체계적으로 살피면 정서는 크게 자아의 무효화 (invalidation of the self)정도와 상황의 친숙함(familiarity of the situation) 정도라는 두 차원으로 조합으로 설명된다(Kelly, 1955, 1963; McCoy, 1977). 첫 번째 차원은 상황에 속에서 나에 대한 해석이 불편하고 부정적인 정서를 유발하는지(invalidation), 아니면 만족스럽고 긍정적인 정서를 유발하는지(validation)로 구분되는 차원이다. 두 번째 차원은 예상하기 어려운 낯선 사건(unfamiliarity)에 의해 정서가 활성화되는지, 또는 예상하기 쉬운 익숙한 사건(familiarity)에 의해 정서의 활성화 되는지로 구분된다(<표1 참조>). 즉, 경험에서 발현되는 긍정적 정서는 익숙함에서도 나타날 수 있지만 낯섦에서도 나타나며, 부정적 정서 역시 익숙함과 낯섦 모두에서 나타날 수 있다는 것이다. 이러한 경험의 친숙함 및 낯섦의 정도에 따라 나타내는 정서는 상황에 대한 평가의 기능을 하게 되고 정서의 사례를 구성하여 주변의 인지적 개념에 경험을 대입시키며 상황을 판단한다. 따라서 인지적 개념은 고정된 것이 아니라 정서를 통해 재구성되고 상황적 개념을 만들어 낸다.

〈표 1〉 구성이론에서의 정서 구분

	유효화(Validation)	무효화(Invalidation)
익숙함 (Familiarity)	편안함(comfort) 평온 (calm) 편안 (comforted) 느긋함 (relaxed)	좌절감(frustration) 낙담 (dejected) 피로 (fatigued) 실망 (disappointed)
낯설음 (Unfamiliarity)	즐거움(excitement) 열정적 (enthusiastic) 기쁨 (happy)	위협(threat) 두려움 (fearful) 화 (angry) 불안 (anxiety)

출처: Kelly(1955, 1963), McCoy (1977)

학습상황에서 정서

Perkun 외(2002)는 학습상황에서 경험되는 정서를 학업정서(academic emotion)로 설명하였다. 이는 학교에서의 교실 수업 및 학업성취, 학습 등을 포함한 전반적인 학습상황에서 학생들이 경험하는 정서적 반응을 말한다. 학업정서 개념은 학교의 교수학습활동 내 발생하는 크고 작은 사건에 대한 평가(appraisal)가 정서를 일으킨다는 가정에서 시작한다. Pekrun(2000, 2006)은 이러한 정서의 평가 이론(appraisal theory)을 기반으로 '통제-가치 이론(control-value theory)'을 제안하였는데 '통제'는 성공과 실패가 얼마나 학습자의 통제하에 있는지를 의미하며 '가치'는 성공적인 수행이 개인에게 얼마나 가치가 있고 의미가 있는지를 의미한다. 즉, 학습자의 통제와 가치의 수준에 따라 정서가 결정되고 분류될 수 있다고 보는 것이다. Pekrun의 분류방식에서 주목할 점은 정서의 발현에서 '통제'의 요소를 기대와 가치의 요소와 결합하여 부정적 정서라도 통제하에 있으면 학습을 촉진할 수 있는 가능성을 보인다는 점이다(김민성, 2009). Pekrun(2006)은 이 정서들을 성취과정에서 발생되는 대상에 따라 더 세부적으로 구분하였다. 성취정서는 성과달성 활동과 결과에 직접적으로 연관된 정서로 활동

정서와 결과정서로 구분된다. 활동정서는 과업을 수행하는 과정에서 발생되는 정서이고, 결과정서는 '기대되는 결과정서'와 '회고적인 결과정서'로 구분된다. 기대되는 결과정서는 희망, 불안, 가망없음과 같이 미래에 성공할 수 있는지 또는 실패를 피할 수 있는지 등과 연관된 정서로 불확실한 특성을 보인다. 회고적인 정서는 결과가 자기 자신에 의해 일어나는지 아니면 타인 또는 외부 환경에 의해 일어나는지와 관계되어있다. 즉 성공을 기대했지만 개인의 역량 부족으로 실패했을 때는 수치심을 느끼고, 타인에 의해 성공했을 때는 감사한 정서가 일어나는 것이다. 활동 정서는 성취를 위한 활동 과정에서 통제와 가치가 행동에 영향을 주는 것을 말한다. 따라서 결과가 아닌 행동에 초점이 맞춰져 있다. 아래 표는 평가와 정서 사이의 연결성을 세 개의 초점에 따라 이론의 기본 가정을 보여준다.

〈표 2〉 통제-가치 이론 : 통제, 가치, 성취 정서에 대한 기본 가정

대상 초점		평가		정서
		가치	통제	
결과	기대되는 결과	긍정(성공)	상	기대 기쁨
			중	희망
			하	가망(희망)없음
		부정(실패)	상	기대 안도
			중	걱정
			하	절망
	회고적인 결과	긍정(성공)	상호 관계적	기쁨
			자신	자신감
			타인	감사
		부정(실패)	상호 관계	슬픔
			자신	부끄러움
			타인	화
활동		긍정	상	즐거움
		부정	상	화
		긍정/부정	하	좌절
		없음	상/하	지루함

출처: Pekrun, R. (2006, p. 320)

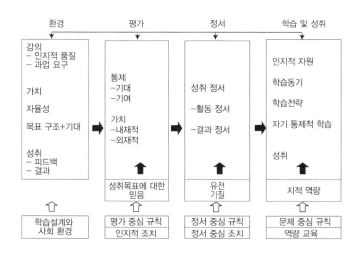

〈그림 2〉 성취정서의 통제-가치 이론 : 선행조건과 정서, 사이의 상호 연결성

출처: Pekrun, R. (2006, p. 328)

통제-가치이론에서의 인지적 평가는 정서를 발생시키기도 하지만 정서
가 인지적 평가에 다시 영향을 주는 상호작용을 한다. 인지적 평가가 정서
에 영향을 준다는 관점은 상황에 대한 통제성과 가치에 대한 인지적 판단이
결과정서와 활동정서에 영향을 미치는 과정을 비중 있게 설명하지만 이러한
관계가 환경과 상호작용하여 학습활동과 성취활동으로 이어짐을 궁극적으로
강조한다. 또한 학습 및 성취 활동 역시 환경적 기대나 평가, 정서에 상호작
용하는 순환적 과정을 가져 정서의 조절을 돕는다(위 그림 참조). 정서에 대
한 조절은 긍정적인 정서를 증가시키고 부정적인 정서를 감소시키는 노력으
로, 조절의 기본 요소는 자신의 정서를 인식하고 이해하는 것이다. 나아가
감정을 유도, 변조 또는 방지하여 관리하고, 행동과 목표 달성을 위해 정서
를 사용하는 데까지 확장되기도 한다. 따라서 학습자는 통제-가치 평가에
따라 각기 다른 성취정서를 경험하고, 이는 그들의 인지적, 동기적, 자기조

절 과정에서 정서를 관리함으로써 학습과 성취를 예측할 수 있게 한다.

김민성(2009)은 Pekrun의 성취정서 통제-가치 이론에 Frijda(1988)의 정서의 발현법칙을 연계하여 정서를 설명한다. 정서적 경험은 개인의 상황을 과거 경험에 비추어 해석하는 과정에서 상황적 의미를 만들어 내며, 개인의 관심사에 비추어 반응하는 일종의 정서의 법칙을 지닌다. 또한 개인은 상황을 현실적인 것으로 자각해야 그 중요성을 인식하는 현실성의 법칙, 타인이나 자신의 과거와 상황을 비교하는 상대적 비교법칙을 가진다. 마지막으로 결과 고려의 법칙은 앞선 그림에서 나타난 정서와 인지적 평가의 상호작용 속 파생되는 이차, 삼차적 정서를 결과에 맞게 조절하려는 성향이 정서적 반응에 내재되어 있다는 것을 의미한다. 이와 같은 다섯 개의 정서법칙은 학습과정에서 정서는 행동에 대한 안내자, 정보처리 과정의 촉진자, 인지-동기-행동의 매개자 역할을 한다 (아래 그림 참조). 정서의 대상이 자기 자신인지, 과제인지, 타인인지에 따라 인지적 평가의 내용이 달라지고 인지적 평가에 상황적 의미가 고려되어 정서적 반응을 만들어 학습에 영향을 미치는 모습을 나타낸다. 즉 이 모형은 Perkun의 통제-가치 이론의 모형에 상황적 의미를 정서 반응 전에 결합시킴으로써 보다 세부적으로 발전시킨 것으로 볼 수 있다.

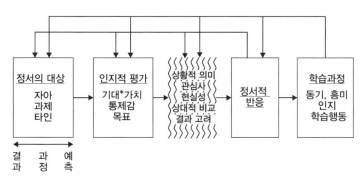

〈그림 3〉 학습정서의 인지적 원천과 표현기재 : 동기-인지-정서의 통합적 상호연결

출처: 김민성(2009, p.90)

일터, 조직 학습 상황에서 정서

학습자 개개인에게 정서는 학습활동에서 통제되어야 할 대상으로 연구되어왔다. 이러한 시각에서 정서는 개인 내면의 심리적 현상이므로 쉽게 다른 정서로 전환되는 (예: 부러움은 쉽게 분노 또는 질투로 변함) 양가적 성격을 지니고 있는 것으로 이해된다. 또한 학습과정에서 이성(rationality)은 정서가 주는 골치아픈 감정적 동기들을 합리화과정의 기제를 통해 정리해줌으로써 정서는 이성보다 열등한 것으로 간주되어 왔다.

하지만 정서를 사회구성적 관점에서 볼 때 다음과 같은 특성을 갖는다. 첫째, 정서는 감정과 달리 사회적 현상이다. 사회적 상호작용에 대한 개인적 반응인 감정(feeling)과 달리, 정서는 문화에 매개되어 문화적으로 형성된다. 둘째, 정서는 언어를 통한 행동의 기술(description) 속에서 구성되고, 타자와의 사회적 관계에서 상황 특수적으로 발생되어 관계의 위치(position), 지위(status), 권위(authority)에 의존하여 형성된다. 셋째, 정서는 대체로 비이성적이지 않으며 실용적(practical)이다. 이는 많은 경우 정서가 이성을 매개하지 않고 맥락적 질성에 반응하여 특정 실천적 행동을 유발함을 의미한다. 이는 인지적 측면이 작동되기 전의 정서의 속성으로 정서가 반드시 인지적 평가 다음에 발생되지 않는다는 주장과 결을 같이한다. 또한 사회적으로 형성된 정서는 구성원들이 생각할 필요도 없이 '당연히 그래야 하는' 태도와 실천을 직접 작동시킨다(Antonacopoulou & Gabriel, 2001).

  Hökkä 외(2020)은 일터에서의 학습을 조직학습이론에 기반을 둔 실천기반 전문성개발(practice-based professional development)로 설명하며 정서의 역할을 강조한다. 실천 기반 학습은 학습이 상황이 주는 실천적 경험을 통해 일어나는 것으로 간주하며, 경험에는 지식이 다루는 이성적 측면뿐 아니라 상황 속에 있는 표상의 발견과 해석, 과제에 대한 조율과 타협, 타인과 관계에서의 모델링 등이 관여된다고 본다. 따라서 학습적 경험은 이해나 사고의 문제를 넘어 지각과 행동, 나아가 정서의 차원에서 다뤄져야 한다고 본다. 따라서 실천기반 학습은 사회적·물질적 자원과 이들이 주는 행위유도성(affordnace)에 주목한다. 예를 들어 실행공동체는 학습 조건을 결정짓는 중요한 행위유도적 사회자원이다. 또한 여기서 생성되는 사회 구조와 관계, 역할은 구성원 개개인과 상호작용하여 일터에서의 학습을 중재하는 문화적 도구로 사용된다. 하지만 이러한 과정에서 실천기반 학습은 구성원을 사회적, 물질적 맥락에 종속된 존재로만 보지 않고, 개인이 경험과 학습을 통해 맥락 속에서 직업적 정체성을 찾아가는 과정으로 본다. 따라서 일터에서의 학습은 직업적 정체성을 찾아가는 협상, 재협상의 과정으로 설명되고 이는 직업 집단의 작업 관행의 개발인 동시에 전문직의 정체성, 관련 기술, 지식의 개발 과정인 것이다. 따라서 일터학습 과정에서 정서적 경험은 사회적, 물리적 환경과 상호작용하며 전문 직업적 정체성을 형성하는데 의미 부여(meaning-giving)와 의미형성(sense-making)과정으로 매개된다고 본다.

  직업적 정체성 형성 과정에 초점을 두어 정서의 역할을 설명한 연구에서는 조직이 부여한 사회적 정체성과 개인의 전문직으로서의 정체성이 충돌할 때 정서의 역할을 강조한다. 정책의 변화 및 개혁의 정도가 직업 정체성의 변화를 요구할 때 개인은 환경과 협상함으로써 정체성 형성을 행사한다. 이 때 긍정적 경험이나 추론과 행위의 과정에서의 불확실성이 주는 불안함이 의미 부여와 공유의 과정으로 전환될 때 정서는 자신의 정체성을 재형성하는 역할을 한다. 이와 같은 정체성의 재형성 과정은 시간이 지남에 따라 정서에 영향을 받아 이행될 수도, 정체될 수도 있다(Eteläpelto, et al., 2014).

과업 전문성에 대한 정체성 형성 과정에서 정서의 역할은 Illeris의 일터학습(workplace learning) 모형에서도 설명된다. Illeris(2011)는 학습을 상호작용(interaction)과 습득(acquisition)의 두 가지 과정과 인지(cognitive)·정서(emotion)·사회(social)의 세 가지 차원으로 설명한다. 상호작용은 개인과 환경을 연결하는 과정이고, 내면적 습득은 상호작용으로부터의 자극(impulse)이 기존의 학습 결과에 연결되는 과정을 말한다. 이때 정서적 차원에는 지식의 습득에 필요한 정신적 에너지(동기, 관심, 감정, 자유의지 등)로서 기능하고, 정서 자체도 인지적 영역의 지식과 능력에 의해 영향을 받으며 사회와 상호작용을 하며 과업 정체성을 형성한다. 특히 정서는 작업을 신체로 기억하고 정체성의 방어역할을 한다. 작업의 기억은 작업 내용에서 결함이 있거나 오류가 발생하였을 때 학습 동기로 전환시켜준다. 또한 이성과 별도로 작동하며 업무의 자율성이 제한적이라고 느낄 때 반사적으로 관련된 학습활동을 위축시킨다. 정체성의 방어는 직업의 전문성에 대한 자부심으로부터 생겨난 정서적 현상으로, 변화를 정체성 형성에 반영시키거나 새로운 변화에 저항하는 방식으로 발생한다. 이러한 정서의 저항적 역할은 능동적이고 의식적인 결정을 야기시켜 정서가 사회적 맥락에서 '자기주도성'을 발휘하는데 동력을 제공한다고 볼 수 있다. 학습자 개인의 (인지와 정서 간의) 심리적 습득 과정과 사회적 상호작용 과정이 교차하는 지점에서 형성되는 과업의 정체성(work identity)은 일하는 개인(working individual)으로서, 일하는 집단(working fellowship)의 일부로서 자신의 정체성을 형성하며 일터학습은 이러한 정체성 과정으로 이해되는 것이다. 정서는 또한 일터 내 공정성, 신뢰 및 민주주의 등의 요소와 관련되어 학습에의 참여 여부를 결정하는데 크게 작용하기도 한다. Illeris에 따르면 학습 환경은 계획적이고 기능적인 방향으로만 움직이지 않으며 정치 및 권력과 같은 혼란스러운 양상 역시 수반하는데, 개인의 심리적 습득 과정과 사회적 상호작용 과정이 교차하는 지점에서 정서는 정체성 형성과정에서 사회적 가치를 방어적 판단 기준으로 활용한다고 설명한다

정서는 직업적 정체성 형성과정에서 자신만의 주관적 판단을 촉진하는 기능을 한다. 이는 정체성 형성의 협상 과정으로도 설명되는데, 학습자는 직무를 수행하는 자신만의 방식을 구축하고 실무과정에서 자신에게 가장 중요할 수 있는 것들에 대한 결정을 내리며 자신의 주체성을 확인하고 실천한다. 이러한 자유 선택의 경험이 되풀이 될수록 정서적 불안감은 해소되고, 직업적 자아 토대로 환경과 소통할 힘을 준다. 이는 어떤 상황에서도 적절한 행동을 할 수 있다는 자신에 대한 기대와 신념을 형성하는 직업 정체성의 방어적 과정이다.

지금까지 실천기반 학습에 근거하여 맥락과 상호작용하며 의미를 생성하고 정체성 형성에 관여하는 정서의 역할을 살펴보았다. 정리하면 정서는 학습적 맥락에서 맥락에 대한 주관적 기대감이라 볼 수 있고 맥락과 상호작용하며 인지적 학습과 결합하여 의미를 (재)생성하는 학습의 질적 속성이라할 수 있다.

한편 정서를 조직 내 관리 가능한 학습 촉진 역량으로 보는 관점이 있다. 이러한 시각에서는 정서가 조직 구조와 프로세스에서 일정 규칙을 가지면 학습을 촉진시키는 기능을 가지고 있다고 본다. 모든 조직에 일괄적으로 적용되는 원리를 도출하기는 어렵겠지만, 다음과 같은 정서에 대한 이해를 통해 조직 내 학습을 촉진하고, 궁극적으로 조직의 성과를 달성하고자 하는데 그 목적을 둔다.

Scherer과 Tran(2001)은 정서 및 정서적 분위기(emotional climate)가 조직 내 학습의 과정에 미치는 영향을 다루면서 조직 내 학습을 활성화시킬

수 있는 방안을 제시하였다. 앞서 Pekrun(2006), 김민성(2009) 등 다수의 연구들이 정서의 인지적 평가이론에 기초한 바와 같이, Schere과 Tran(2001) 또한 인지적 과정이 유발되는 자극이나 사건에 대한 평가 및 정서적 과정이 정서에 대한 조절과 관련되어 있음을 강조한다. 정서적 분위기란 조직 내에서 공유되고 수렴된 정서를 뜻하며, 이는 개인들의 정서의 합을 넘어서고 행위에도 내재된 개념이다. 즉, 정서적 분위기는 구성원들이 사건을 유사한 방식으로 평가하는 공유된 성향(disposition)으로 구성원들의 반응, 나아가 조직학습에 중요한 영향을 미치는 것이다.

이들은 크게 조직학습의 과정을 학습의 준비, 새로운 정보의 탐색과 처리, 중요성의 부여, 기억의 저장, 전이 및 일반화, 재생산(disposition to re-production)으로 구분하고, 선행연구를 바탕으로 각 단계에서의 정서의 학습에 대한 영향에 대해 검토하였다. 먼저 학습 준비와 관련하여 집단적 공포와 불안의 정서는 새로운 경험에의 노출을 꺼리게 만들어 학습 준비도를 저해하는 반면, 이를 관심과 흥미 등의 긍정적 정서로 전환 시키는 사회적 개입은 문제에 관심을 집중시키고 학습 이외의 목표를 상대적으로 억제하는 역할을 한다. 새로운 정보의 처리 과정에서 관심은 새로운 정보에 대한 적극적 탐색과 유입된 정보의 자체평가적 동기로 작용한다(Izard, 1993). 새로운 정보를 마주하며 경험하는 놀라움, 짜증 등의 불편한 정서는 기존 지식 및 의미구조에 대한 성찰(Argyris & Schön, 1978)을 가져오기도 한다. 한편, 정서는 조직의 목표나 필요에 기초하여 특정 상황 및 사건의 중요성을 평가하는 것과도 관련된다. 특히, 저자들은 우연에 의한 과거의 성공에 매몰되어 기존의 전략을 계속해서 반복하는 오류인 미신적 행동(superstitous behavior)에 대해 지적한다. 조직의 성과와 요인들 간의 관계를 착각하여 실제로는 성과창출에 무익한 행동에 시간과 노력을 투자하는 이와 같은 오류(Zollo, 2009)는 기대감 및 만족감을 비롯한 긍정적인 정서로부터 비롯될 수 있다는 것이다.

또한, 정서는 집단적 기억의 저장을 촉진하기도 저해하기도 한다. 정서를 유발하는 특정 사건들은 높은 정확도로 기억되면서 과거에 성공적이지 못했던 전략에 대한 경계를 유발하지만, 특정 사건에 대한 구성원 간 해석의 충돌은 불안과 좌절 등의 부정적 정서와 관련되어 특정 기억으로의 편향 또는 기억의 억압을 야기하는 경우도 있기 때문이다. 한편, 전이와 일반화는 기존의 지식을 특정 상황에 적용하고 일반화하는 것을 뜻하는데, 처벌과 같은 과거의 부정적 경험에 기초한 두려움의 정서가 지배적일 경우 탐색적 활동을 방해하고 그 결과 창의성이 저해될 수 있다. 마지막으로 학습된 기억을 재생산하는 데에도 정서는 조직 내 권력 등의 요인과 관련되어 영향요인으로 작용한다. 학습한 내용을 실제로 구현하지 못하는 현상은 조직의 권력 구조 내 위치와 무관하지 않으며 변화를 추진하려 하여도 기존의 권력 구조 내 이해관계자들이 이를 받아주지 않으면 높은 수준의 불안감이 발생하고 학습 과정의 실현을 방해한다. 조직 내 역동성(예: 순응(conformity), 권력, 파벌 형성(coalition formation) 등)에 관한 연구들은 정서가 발생하는 권력 관계와 구조에 주목하며 정서가 통제되거나 억제되는 현상을 통해 조직 내 학습이 왜곡되거나 부분적으로만 활성화되는 것을 지적한다. 이는 정서의 조직화(organizing emotion)로도 설명되는데 조직 구조와 프로세스가 정서의 학습과 통제를 어떻게 구성하는지를 제시해주며 정서의 조직화의 한계를 지적한다.

위의 논의를 종합하여 Scherer과 Tran(2001)은 조직에서 발생할 수 있는 정서를 접근(approach), 성취(achievement), 저지(deterrence), 위축(withdrawal), 적의(antagonistic)의 다섯 종류로 구분하고, 각 정서가 조직 내 학습의 과정에 미치는 영향을 아래 표와 같이 제시하였다. 예를 들어 접근의 정서는 새로운 탐색과 발달을 촉진시키지만 저지는 과거의 경험으로부터의 일반화를 통해 제한된 판단을 줄 수 있다. 또한, 각각의 정서는 양가성(ambivalence)을 갖는데 위축의 경우 치유(healing)나 재구조화(restructuring)와 같은 회복의 힘으로 작동할 수도 있지만, 구성원들을 소진시켜 학습을 방해할 수도 있는 것이다.

〈표 3〉 정서의 분류와 조직 내 학습에 미치는 영향

정서의 분류	대표적 정서	조직 내 학습에 미치는 영향
접근 (Approach)	관심(interest) 희망(hope) 즐거움(joyful) 기대(anticipation)	탐색(exploration)과 발달 촉진 지속적인 목표 지향적 활동을 위한 동기적 기반 제공
성취 (Achievement)	안도감 (relief) 만족감 (satisfaction/contentment) 기쁨(joy) 자부심(pride) 의기양양함(elation)	성취를 긍정적으로 강화 긍정적 변화 성과에 대한 반응 개인적 능력의 과다 귀인(overattribution)을 나타내고, 침체(stagnation)를 조장할 수 있음
저지 (Deterrence)	불안(anxiety) 공포(fear) 고민 (distress) 비관주의(pessimism)	과거의 경험으로부터 일반화를 통해 임박한 위험이나 부정적 결과에 대한 경고로 기능 발달과 탐색을 방해하여 전체적으로 학습을 저해할 수 있음
위축 (Withdrawal)	슬픔(sadness) 체념(resignation) 수치(shame) 죄책감(guilt)	통제할 수 없는 상실 또는 중대한 개인적 결점을 발견한 후에 힘의 회복과 내부 적응을 촉진하는 역할을 함 구성원으로부터 에너지를 빼앗고, 조직이 활발한 학습을 추구하는 것을 축소시킴
적의 (Antagonistic)	짜증(irritation) 화(anger) 혐오(hate) 공격성(aggressiveness)	목표 달성에 대한 장애물을 강제적으로 극복하고, 개인 또는 조직의 이익과 지위를 주장하는데 기여함 자기 주장(self-assertion)이 그 자체로 목표가 되고, 갈등이 정상적인 관계와 상호작용을 방해하거나 영구적으로 해칠 수 있음

출처: Scherer & Tran, (2001, p.388)

한편, 팀 정서와 팀 학습을 다룬 Håkonsson 등(2020)은 Scherer과 Tran(2001)과 유사하게 팀 학습과정의 각 단계에서 정서가 미치는 영향에 대해 검토하였다. 이들의 논의는 팀 정서를 크게 최종상태로서의 팀 정서(end-state team emotions)와 지속적 상호작용으로서의 팀 정서로 구분했다는 특징을 보이지만, 일터학습 내에서의 정서를 인지적 평가와 관련하여 정의내리고 이해하기보다는 일반적인 의미에서 정서로써 받아들이고 있다는 점에서 한계를 보인다. 이들은 팀 학습의 과정을 지식 공유, 지식 생성, 지식 평가, 그리고 지식 결합을 구분하고(Argote, 2013), 각 과정에 정서가 어떻게 영향을 미치는지를 선행연구를 바탕으로 정리하였다.

첫째, 지식 공유 단계에서 긍정정서는 기존의 선호에 대한 만족 및 수용도를 높임으로써 정보공유를 촉진하는 반면, 부정정서는 보다 높은 빈도의 정보 교환과 반복과 연관되는 것으로 나타났다. 둘째, 지식 생성 단계에서 긍정적 팀 정서는 새로운 정보에 대한 구성원의 집중력을 확장하고, 보다 넓은 관점과 유연한 인지적 처리를 유도하여 새로운 아이디어를 창출할 수 있게 한다. 셋째, 지식 평가 단계에서 부정정서는 구성원들로 하여금 새로운 정보를 폭넓게 고려하고 처리할 수 있게 만든다. 마지막으로, 지식을 결합하여 새로운 지식을 창출하는 단계에서 긍정적인 팀 정서는 학습촉진적인 역할을 한다. Tsai 등(2012)은 이러한 긍정적 팀 정서의 기능이 발현되기 위해서는 팀 신뢰가 낮아야 함을 강조하기도 한다. 긍정적 팀 정서는 팀 신뢰가 높을 경우 현 상황에의 자기안주(complacency)로 이어져 오히려 역기능적으로 작용할 수 있기 때문이다.

나가며

왜 조직 내 학습활동을 설계하고 운영하는데 정서에 대한 이해가 필요한가는 본 장의 근원적 질문이다. 전통적으로 학습을 다양한 객관적 지식을 획득하는 것으로 간주하였다면 정서는 학습에서 지식을 생성하는 맥락과 과정에 초점을 두고 지식의 내재화와 실천을 강조한다. 기업의 핵심 역량이 머리로 이해하는 것에 그치지 않고 행동으로 실천되기 위해서는 정서적 공감과 몰입이 선행되어야 한다. 듀이(Dewey)의 경험학습이론에서 강조된 질성적 사고 또한 지식에 의한 사고 보다는 상황 전체에 퍼져있는 상황 요소를 느끼고, 내적으로 소화하며, 맥락적으로 의미를 포착하는 상태를 말한다. 따라서 정서가 고려된 학습은 질적으로 높은 수준의 학습을 가능하게 한다. 이처럼 정서가 고려된 학습은 학습이 지식의 구조에 근거한다는 전통적인 교육적 개입에 전반적인 재고를 요청한다. 직무 맥락 속의 경험을 공유하고 유발된 문제에 대해 서로 다른 이해관계자 간의 토론을 통해 상황적 지식을 발생시키며, 실천의 과정으로 앎(knowing)을 확인, 조율하고 검증하는 과정이 필요하다. 학습자가 맥락 속에서 존재하고 있음을 느끼고 본인이 활동을 통해 참여하며 이를 확인할 때 정서적으로 몰입되고 높은 수준의 학습으로 이어질 수 있다(Chiva & Habib, 2015).

이를 위해 몇 가지 제언을 하면 다음과 같다.

첫째 학습자의 주관적 가치와 목표 확인이 필요하다. 조직 목표를 이해하기 전에 구성원들의 개별 목표와 개인적 가치를 성찰하게 하고 조직에게 기여할 수 있는 부분을 스스로 정하여 성장목표로 제시하는 것이 필요하다. 개인의 주관성은 자기주도성이 강하다. 주관적 기대이므로 주변과 상호작용하며 목표가 변동될 수도 있다. 하지만 이를 통해 자신과 조직에 대한 통합적 이해가 시작된다.

둘째, 업무와 연관된 학습 자원을 조직 내부로부터 생성할 필요가 있다. 다른 기업의 사례는 방향을 제시할 정도로 활용할 뿐 실제 업무를 향상할 수 있는 경험지와 사례는 내부로부터 생성하여 학습자료로 활용한다. 내부에서 생성된 자료는 생동감을 갖고 공감력이 높다. 이를 통해 업무에 대한 성찰과 업무정체성을 형성할 수 있다.

셋째, 다양한 테크놀로지를 활용하여 정보를 투명화하고 학습자료에 대한 접근성을 높인다. 정보의 투명성은 권력을 분산시키고 정보를 공유하는 데 권력을 사용하게 한다. 테크놀로지의 활용과 같이 새로운 방식은 기존에 소외된 새로운 세대가 학습의 주도권을 잡고 조직에 대한 신뢰와 공정성을 회복하는 계기를 줄 수 있다. 다만 특정 대상을 위한 테크놀로지의 권력화는 경계해야 한다.

마지막으로 조직을 사회 공동체로 인식하고 소통과 유대감을 높여야 한다. 집단적 정서는 자신과 자신이 동일시하려는 공동체를 통해서 형성된다. 지식은 네트워크를 통해 전파되지만 정서는 공동체를 통해 형성된다. 공동체 내에서의 집단적 정서 교류는 타인을 깊게 이해하고 암묵지를 발굴하는 미래에 대한 기대를 활성화시킬 것이다.

참고문헌

김민성 (2009). 학습상황에서 정서의 존재: 학습정서의 원천과 역할. *아시아교육연구*, *10*(1), 73-98.

김광수, 한미라, 박병기 (2013). 학업정서의 다차원 구조 탐색. *교육심리연구*, *27*(4), 961-987.

오석영, 정혜윤 (2021). 조직학습 실증연구에서 나타난 조직 내 학습정서. *역량개발학습연구*, *16*(3), 101-134

Antonacopoulou, E. P. & Gabriel, Y. (2001). Emotion, learning and organizational change: Towards an integration of psychoanalytic and other perspectives. *Journal of organizational change management*, *14*(5), 435-451.

Argote, L. (2013). *Organizational learning: Creating, retaining and transferring knowledge* (2nd Ed.). New York, NY: Springer Science+Business Media.

Argyris, C. & Schön, D. A. (1978). *Organizational Learning: A Theory of Action Perspective, Reading*, MA: Addison Wesley.

Barrett, L. F. (2017). How emotions are made: The secret life of the brain. Boston: Houghton Mifflin Harcourt.

Benozzo, A. & Colley, H. (2012). Emotion and learning in the workplace: critical perspectives. *Journal of workplace learning*, *24*(5), 304-316.

Chiva, R., & Habib, J. (2015). A framework for organizational learning: Zero, adaptive and generative learning. *Journal of management & organization*, *21*(3), 350- 368.

Eteläpelto, A., Vähäsantanen, K., Hökkä, P., & Paloniemi, S. (2014). Identity and agency in professional learning. In *International handbook of research in professional and practice-based learning* (pp. 645-672). Springer, Dordrecht.

Fineman, S. (1997). Emotion and management learning. *Management Learning, 28*(1), 13-25.

Frijda, N. H. (1988). The laws of emotion. *American psychologist, 43*(5), 349-358.

Frijda, N. H. (2000). The psychologists' point of view. In M. Lewis & J. M. Haviland-Jones (Eds.), *Handbook of emotion* (2nd ed., 59-74). NY: The Guildford Press

Frijda, N. H. (2004). The psychologists' point of view. In M. Lewis & J. M. Haviland-Jones (Eds.) *Handbook of emotion* (2nd. pp. 59-74). NY: The Guildford Press.

Gendola, Guido. H. E. (2000). On the impact of mood on behavior: An integrative theory and a review. *Review of general psychology, 4*(4), 378-408.

Hökkä, P., Vähäsantanen, K., & Paloniemi, S. (2020). Emotions in learning at work: A literature review. (1), 1-25.

Håkonsson, D. D., Mitkidis, P., & Wallot, S. (2020). Team emotions and team learning. In L. Argote & J. M. Levine (Eds.), *The Oxford handbook of group and organizational learning* (pp. 453-474). Oxford University Press.

Illeris, K. (2011). The Fundamentals of Workplace Learning : Understanding How People Learn in Working Life. Taylor & Francis Group.

Izard, C. E. (1993). Four systems for emotion activation: Cognitive and non-cognitive processes. *Psychological review, 100*(1), 68-90.

Kelly, G. A. (1955/1991). The psychology of personal constructs, Two volumes. London, UK: Routledge.

Kelly, G. A. (1963). *A theory of personality: The psychology of personal constructs.* New York : W. W. Norton & Company.

McCoy, M. (1977). A reconstruction of emotion. In D. Bannister (Ed.), New perspectives in personal construct theory (pp. 93-124). London: Academic Press.

Pekrun, R. (2000). A social-cognitive, control-value theory of achievement emotions. In J. Heckhausen (Ed.), *Motivational psychology of human development: Developing motivation and motivating development* (pp. 143-163). Oxford, UK:Elsevier.

Pekrun, R. (2006). The control-value theory of achievement emotions: Assumptions, corollaries, and implications for educational research and practice. *Educational psychology review, 18*(4), 315-341.

Scherer, K., & Tran, V. (2001). Effects of emotion on the process of organizational learning. In Dierkes, M., Child, J., & Nonaka, I. (Eds.), *Handbook of Organizational Learning* (369-392), NY:Oxford.

Tsai, W. C., Chi, N. W., Grandey, A. A. & Fung, S. C. (2012). *Positive group affective tone and team creativity: Negative group affective tone and team trust as boundary conditions. Journal of organizational behavior, 33*(5), 638-656.

Zollo, M. (2009). Superstitious learning with rare strategic decisions: Theory and evidence from corporate acquisitions. *Organization science, 20*(5), 894-908.

한국인력개발학회 HRD 총서 5

전환의 시대의 일과 삶 그리고 학습

초판발행	2023년 1월 27일
중판발행	2023년 12월 15일

엮은이	오석영, 김우철, 정홍인
지은이	오석영 외 18인
펴낸이	노 현

편 집	배근하
표지디자인	BEN STORY
제 작	고철민·조영환

펴낸곳	㈜ 피와이메이트
	서울특별시 금천구 가산디지털2로 53 한라시그마밸리 210호(가산동)
	등록 2014. 2. 12. 제2018-000080호
전 화	02)733-6771
f a x	02)736-4818
e-mail	pys@pybook.co.kr
homepage	www.pybook.co.kr
ISBN	979-11-6519-368-3 93370

정 가   18,000원

박영스토리는 박영사와 함께하는 브랜드입니다.